CIUG | **城市治理理论与实践丛书**
总主编　姜斯宪

从"锈带"转向"秀带"
杨浦"睦邻家园"
的创新实践

陈高宏　吴建南　张录法◎主编

上海交通大学出版社
SHANGHAI JIAO TONG UNIVERSITY PRESS

内容提要

　　本书以案例的形式展现了杨浦"睦邻家园"在营造社区治理共同体方面的新探索，特别是在优化社区空间、培育睦邻精神和构建睦邻体系方面的实践。全书包括绪论、睦邻党建、睦邻民生、睦邻空间、睦邻创新和睦邻文化6个部分，共计31个案例。

　　本书适合政府管理部门相关人员、基层社区治理参与人员以及城市治理相关领域的专家、学者参考阅读。

图书在版编目（CIP）数据

　　从"锈带"转向"秀带"：杨浦"睦邻家园"的创
新实践/陈高宏,吴建南,张录法主编.—上海：上
海交通大学出版社,2021.12
　　（城市治理理论与实践丛书）
　　ISBN 978-7-313-24193-1

　　Ⅰ.①从…　Ⅱ.①陈…　②吴…　③张…　Ⅲ.①城市管
理—研究—杨浦区　Ⅳ.①F299.275.13

　　中国版本图书馆CIP数据核字（2021）第176776号

从"锈带"转向"秀带"：杨浦"睦邻家园"的创新实践
CONG "XIUDAI" ZHUANXIANG "XIUDAI": YANGPU "MULIN JIAYUAN"
DE CHUANGXIN SHIJIAN

主　　编：陈高宏　吴建南　张录法
出版发行：上海交通大学出版社　　　　　地　　址：上海市番禺路951号
邮政编码：200030　　　　　　　　　　　电　　话：021-64071208
印　　制：苏州市越洋印刷有限公司　　　经　　销：全国新华书店
开　　本：710mm×1000mm　1/16　　　　印　　张：17.25
字　　数：236千字
版　　次：2021年12月第1版　　　　　　印　　次：2021年12月第1次印刷
书　　号：ISBN 978-7-313-24193-1
定　　价：128.00元

城市治理理论与实践
丛书编委会

总主编
姜斯宪

副总主编
吴建南　陈高宏

本书编委会

主　编
陈高宏　吴建南　张录法

编委会委员
（以姓氏笔画为序）

王奎明　许德娅　吴建南　张录法　陈高宏

赵　吉　俞俊利　韩志明　熊　竞　薛　敏

"城市治理理论与实践丛书"序

　　城市是人类最伟大的创造之一,是人类文明发展的重要结晶。人类迄今为止的文明史,也是一部城市发展和进步的历史。体现人类文明发展水平的各种要素,大多都是在城市中兴起的,也是在城市中不断延续和发展的。从古希腊的城邦和中国龙山文化时期的城堡,到当今遍布世界各地的现代化大都市,以及连绵成片的巨大城市群,城市已经为人类文明的重要空间载体,也成为人类文明持续进步的主要引擎,承载着人们对于美好生活的向往。

　　21世纪是城市的世纪。联合国发布的《2018年版世界城镇化展望》报告显示,目前世界上有55%的人口居住在城市,到2050年,城市人口占比预计将达到68%。改革开放以来,中国的城镇化率持续稳步提升,2011年首次突破50%,2019年已经超过60%。越来越多的人享受到城市文明的红利。城市无可置疑地成为经济、政治、文化、社会等活动的中心,在国家和地区发展中具有举足轻重的地位,也成为国家治理的重要舞台。

　　城市,让生活更美好!美好的城市生活,离不开卓越的城市治理。城市化进程推动了人口和资源的聚集,形成了高度分工基础上的比较优势,发展出辉煌灿烂的物质文明和精神文明,但人口膨胀、环境污染、交通拥堵、资源紧张、安全缺失与贫富分化等问题也接踵而至,成为城市健康发展的瓶颈,困扰着广大的城市居民,考验着城市政府。无论是推进城市的可持续发展,还是化解迫在眉睫的"城市病",都亟须全面提升城市治理能力,努力实现城市善治。

　　党的十八大以来,党和政府审时度势,高屋建瓴,先后召开了中央城镇化工作会议、中央城市工作会议等一系列重要会议，对城市工作做出了科学的安排和重大的部署。习近平总书记高度关注城市工作，多次就"城市治理"发表重要讲话，先后提出了"城市管理要像绣花一样精细""一流城市需要一流治理""人民城市人民建、人民城市为人民"等诸多重要论述，廓清了城市工作的思想迷雾，指出了城市管理的目标、方向和路径。

卓越的城市治理离不开必要的理论指导和智慧支持。2016年10月30日，在上海市人民政府的支持下，上海交通大学联合上海市人民政府发展研究中心创立了中国城市治理研究院，旨在建成国际一流新型智库、人才汇聚培养基地和国际交流合作平台。中国城市治理研究院自成立以来，依托上海交通大学文、理、医、工、农多学科优势，围绕城市工作中的重大理论和现实问题，积极开展有组织的系统研究，取得了丰硕的研究成果，形成了广泛的决策影响力和社会影响力。

系列研究著作是打造学术影响力的重要举措。上海交通大学中国城市治理研究院决定推出"城市治理理论与实践丛书"，旨在打造一套符合国际惯例，体现中国特色、中国风格、中国气派的书系。本套丛书将致力于全面梳理和总结城市治理的重要理论，以中国城镇化和城市治理的实践为基础，提出具有中国特色的本土性、原创性和指导性的理论体系；深度总结、积极推广上海和其他地区城市治理的先进经验，讲好城市治理的"中国故事"，唱响城市发展的"中国声音"，为全球城市治理贡献中国范本。

相信"城市治理理论与实践丛书"的推出，将有助于进一步推动城市治理的理论研究，打造中国特色的城市治理理论体系，也为深入解决城市治理中的难题和挑战、实现城市治理体系和治理能力现代化贡献更多的智慧！

上海交通大学党委书记
上海交通大学中国城市治理研究院院长
2018年1月

前　言

改革开放40多年以来，随着单位体制的解体、城乡壁垒逐渐被打破，我国进入城镇化快速发展的新时期，大量人口涌入城市，分散到一个个社区，给城市的经济社会发展带来了无限的活力，也是中国增长奇迹的缔造者和发展成果的共享者。经过多年的发展，我国城镇化率由改革开放初期的19.4%，提高到2020年的63.89%，目前已经超过世界平均水平近8个百分点。从农业大国到工业强国，从农村支援城市到城乡一体化发展，从乡土中国到城市中国，中国不断推动城市治理体系与治理能力现代化，走出了一条具有鲜明中国特色的城市化发展道路，为世界城市化的发展提供了中国方案，展示了中国道路。

城市治理体系与治理能力现代化不是一句口号，而是要切切实实落实到城市治理的细节，解决人们日常生活中的问题，不断推动城市精细化治理，满足广大人民群众对美好生活的期待。其中，城市基层社区是人们日常生活的空间和交往的场所，是城市治理的重要组成部分，是城市社会治理的神经末梢和基本单元。与过去社会资本高度发达的熟人社会不同的是，现代城市社区聚集了大量来自不同地域、从事不同职业的人员，相互之间的价值观念和生活习惯有较大差别，难免产生各种各样的矛盾和冲突。据统计，上海市"12345"热线接到反映问题中，有50%以上都是社区层面的，比如邻里纠纷、物业冲突和家庭矛盾等。

这些看似鸡毛蒜皮的小事在城市社区大量存在，基层政府往往难以全部亲力亲为，如果没有处理好，又很有可能会演化为更大的矛盾冲突。因此，如何充分发挥社区治理主体的作用，激活社区社会力量的活力，将各种各样的矛盾问题消解在社区，有效缓解国家治理负担，就成为推进城市基层基层社会治理体系与治理能力建设的重要命题。在此背景下，全国各地涌现了大量实践创新，试图通过党建引领、社会参与、技术应用、文化营造和空间重构等方式，创新城市社区治理机制，解决社区矛盾纠纷，整合社区治理资源，优化社区公共服务，提高社区生活品质，打造社区治理共同体。

2010年1月，上海市首家睦邻中心——"延吉社区第一睦邻中心"正式对外开放，成为上海市推动社区治理创新，以睦邻共治促社区治理的开端，也开启了杨浦区"睦邻家园"建设的序幕。十多年来，杨浦区"睦邻家园"项目不断发展壮大，形成了一系列创新实践活动，已经成为上海市推动城市基层社会治理体系与治理能力建设的品牌项目。"创智农园""一线工作法""一脉三园"等一个个创新实践品牌的背后，不仅展示了杨浦区在社区治理中取得的成效，更体现了杨浦区对于营造社区治理共同体的独到理解与阐释。因此，对杨浦区睦邻家园建设经验的全面总结，讲述城市社区治理的杨浦故事，是非常有必要的。

为了系统地梳理杨浦区在"睦邻家园"中的创新实践，提炼城市基层治理中的上海经验，上海交通大学中国城市治理研究院、上海市杨浦区地区工作办公室联合组织编写了《从"锈带"转向"秀带"：杨浦"睦邻家园"的创新实践》一书。本书以案例的形式展现了杨浦区"睦邻家园"在营造社区治理共同体方面的新探索，特别是在优化社区空间、培育睦邻精神和构建睦邻体系方面的实践及其良好效果。2018年，杨浦区启动了案例素材的搜集工作，初步推选了72个案例。基于创新性、时效性、典型性和可复制性等因素的考量，最终选出了31个案例编入本书。上海交通大学中国城市治理研究院多次召集十余位专家学者通过召开研讨会、实地调研等多种形式，对案例素材进行了梳理、剖析和点评，特别是对案例的实践价值、可推广性和创新机制进行了深刻的点评。

本书包括绪论、睦邻党建、睦邻民生、睦邻空间、睦邻创新和睦邻文化六个部分。其中，绪论部分对中国社区治理的宏观背景、杨浦区"睦邻家园"建设的基本情况和实践效果进行了总体概述；其余各个部分以典型案例的形式，分析和点评了杨浦区"睦邻家园"的探索路径及经验。

最后，衷心地感谢案例的写作和点评专家的辛勤付出。本书的主要案例素材来源于杨浦区相关职能部门，在此一并表示感谢。

目　录

■■■■||　绪　论

■■■■||　睦邻党建

018　引言

023　"红"进三区："大家微讲堂·社区政工师"项目开创思政教育新
　　　模式

030　临时支部：以"5+X"方式推进支部进工地的探索实践

036　青出于蓝：探索培训"小巷总理"的有效路径

043　筑巢引凤：以"党建+"三位一体模式推动园区党建

050　全能跨界：纵横交错多元深度融合的区域党建

057　体系重构：党建联盟圈引领功能区实现新发展

064　点线圈面：社区党建服务中心服务能力的拓展升级

070　案例评析

■■■■||　睦邻民生

074　引言

077　博施济众：社区基金会助力社区治理新作为

084　凝心聚力：统一战线服务基层社会治理

091　博采众长："业委会朋友圈"找准社区治理新支点

098 多管齐下："清运卡"搭起小区建筑垃圾管理之道

105 多元协作：敲开加装电梯的"四重门"

112 内外兼修：老旧小区华丽蜕变为"白天鹅小区"

119 案例评析

■■■Ⅱ 睦邻空间

126 引言

129 人为"园"融："创智农园"自然体验助推社区融合

136 睦邻之门：党建引领共建共治的五角场实践

143 民事民议：江浦路"一脉三园"的建设之路

150 众智众创：公共空间的微更新与品质提升

156 空间激活：四平路街道老工人新村创生行动

162 内涵延展：延吉社区睦邻中心打造创新式服务

168 案例评析

■■■Ⅱ 睦邻创新

174 引言

177 模式创新：重塑敦亲睦邻新机制

183 方法创新：推进一线工作法实践

188 合作创新：激发社区组织新活力

193 党建创新：织密基层组织之网

200 法治创新：落实社区法治专员制

206 技术创新：构建智能城区强平台

211 案例评析

▆▆▎▍ 睦邻文化

216　引言

218　协作文化："三区联动"引领杨浦创新驱动发展

225　创新文化："人文行走"传承杨浦"三个百年"文明

231　家园文化：睦邻家园建设提升杨浦温度

237　品牌文化：利用"多代屋"概念打造控江社区教育新内涵

244　礼治文化：礼治社区实践推动殷行睦邻家园建设

250　自治文化：新江湾城居民自治委员会打造和谐社区

256　案例评析

绪　论

自改革开放至今,伴随着当代中国城镇化的快速发展,中国社会的城镇化率持续攀升,农村人口迅速从四面八方汇聚到城市中来,分散居住在不同的社区中。作为社会治理的基本单元,社区是指聚居在一定地域范围内的人们所组成的生活共同体,包含了丰富的精神和文化元素。广大居民长期栖身在社区中,在此安身立命,开展持续的交往互动,维持稳定的社会关系,也形成了相互信赖的情感联系。这对于个人、社会以及国家都具有重要意义。

众所周知,城市社区的快速发展也带来了一些普遍问题,其中主要有人际关系的冷漠、矛盾纠纷的涌现以及公共服务的缺位等。不论社区的地域差异,居民规模的大小,这些问题都不同程度地存在,给居民的日常生活带来了困扰,也构成了基层治理的现实挑战。正是在这个背景下,城市治理提出了社区治理重心下移的重要命题,将资源投入社区治理中,其中睦邻关系的再造成为社区治理创新中的亮点,也承载着建设更加有活力、有温度的城市的理想。

一、中国社会的睦邻文化传统

纵观漫长的人类历史,从农业社会到工业社会再到后工业社会,人类已经从田园牧歌的乡土社会跨入高度现代化的城市社会,经济生产、社会生活以及人际关系等都出现了革命性的变化。回溯中国三千年的历史,乡土性是中国基层社会的基本属性[1]。乡土社会以家庭为基本单元,以农业生产为经济基础,社会的同质性程度较高,组织化程度比较低,人们分散定居,存在很明显的封闭性,但也不乏紧密的联系和互动,其中基于血缘的宗亲关系和基于地缘的邻里关系构成了社会关系的重要主线。

自秦汉建立中央集权的郡县制国家以来,中国社会形成和延续了以儒

---

[1] 费孝通.乡土中国[M].北京:人民出版社,2008:1.

家和法家思想为主体的思想文化体系。儒家思想源远流长，内涵丰富，博大精深，既标榜治国平天下的抱负，也包含了大量修身养性、为人处世的哲学，具体包括以忠孝仁义和礼义廉耻等为核心的思想元素。特别是在"皇权不下县"的国家架构下，中央政府对基层社会鞭长莫及，社会通常依靠规模不等的宗族来治理，形成了以伦理道德为工具的社会治理传统，孕育和延续了根深蒂固的睦邻文化。

"睦邻"的概念早已有之。从构词法来看，睦邻由"睦"与"邻"组成。"睦"是亲善之意。《尚书·尧典》中就记载："以亲九族，九族既睦。"又如《礼记·坊记》中所言："睦于父母之党，可谓孝矣。""邻"是近之意。《尚书大传》中记载："古者天子必有四邻，前曰疑，后曰承，左曰辅，右曰弼。"《周礼》中记载："五家为邻，五邻为里。""邻"构成了管理单位。"睦邻"二字合在一起使用，见于《尚书·周书·蔡仲之命》，"睦乃四邻"，意指与邻居和睦友好，搞好邻里关系。

古代社会的睦邻关系及思想和文化传统，内容丰富，影响深远，深入人心。它与农业社会及其生活模式相适应，也是儒家思想文化熏陶和滋养的产物，还是以宗法制度为基础的乡村社会运行的重要机制，对于社会的良性运行和健康发展具有基础性的意义。

（一）基于亲缘的宗族结构

宗法制是古代国家的社会基础，其中血缘关系是社会关系中最重要的纽带。"族者何也？族者凑也，聚也。谓恩爱相流凑，生相亲爱，死相哀痛，有会聚之道，故谓之族也。"① 社会由不同规模的宗族组成，社会成员分属不同的宗族，宗族成员必须要参与宗族组织的祭祀等活动，以获得宗族的认可和支持。国家利用宗族网络的协助来完成赋税和徭役等任务，也借助宗族力量来对社会成员进行管理，尤其是通过宗族组织及其权力来协调和裁决人们之间的矛盾纠纷，维持基层社会的正常秩序，解决共同面对的问题。

---

① 班固.白虎通义［M］.北京：中国书店出版社，2018：216.

宗族主要通过伦理规范来协调社会成员的关系,但随着宗族人口数量的持续增加,宗族内部也需要建立适当的规范来管理个人的行为,尤其是约束破坏共同体规范的行为。从以族党互助为核心内容的睦邻义约到形形色色的乡规民约,许多宗族都建立了明文行为规范,包含了大量敦睦乡邻、和善友爱的内容。具体的宗族规范以宗族为管理单元,依靠宗族权威来裁断和协调矛盾冲突,对宗族成员都有较强的约束力,特别是为解决邻里之间的矛盾纠纷提供了明确的准则,维持了宗族内部的凝聚力和向心力,也培育了友善互助的睦邻文化。

(二) 地缘相近的邻里关系

农业文明高度依赖于土地资源,社会成员通过具有规律性的农业生产来自给自足,对土地有着无法割舍的深厚情感。离开了土地,农业经济就是无源之水、无本之木。这就将人与土地绑定在一起,形成了厚重的乡土观念。人们长期在固定的土地上繁衍生息,空间的相邻性、社会交往的稳定性以及价值观念的一致性,建构了藕断丝连而又错综复杂的邻里关系,其中既有因为山林水利问题引发的矛盾冲突,也有灾荒或战乱等特殊时期的守望相助。人们祖祖辈辈生于斯,长于斯,相互了解,近距离互动,谨慎地维持着微妙的动态平衡,形成了富有温情的熟人社会。

国家也不断地将权力之手延伸到乡村社会,构建以邻里关系为基础的治理机制,强化邻里之间的责任和义务。比如战国时期商鞅变法实施"连坐法",如果一个人犯了罪,其家人以及邻里也都要接受惩罚;保甲制度通过邻里之间的捆绑责任以及集体惩罚机制将社会民众组织起来,进行管制;国家还从乡村中选拔德高望重的人来推行道德教化,促进邻里关系的协调。就此而言,睦邻关系不只是实现良好社会秩序的内生性需求,也是国家实施社会控制的工具性目标,两者相互融合,推动了睦邻文化的发展。

(三) 儒家文化传统的发展

作为中华民族重要的传统美德,睦邻文化离不开儒家思想的社会教化、文化熏陶和精神滋养。儒家思想强调情感是和谐关系的基础,主张通过伦理情感来构建良好的邻里关系。比如"礼之用,和为贵",即通过"礼"的实践来达到"和"的目标。《论语·里仁篇》中有"德不孤,必有邻";《孟子·滕文公上》中有"乡田同井,出入相友,守望相助,疾病相扶持,则百姓和睦";《论语集注》中有"邻,犹亲也。德不孤立,必以类应。故有德者,必有其类从之,如居之有邻也"。这些都表达了敦睦友邻的思想。

睦邻文化也体现在不同性质的话语中。比如"远亲不如近邻",这是中国家喻户晓的俗语;南宋袁采的《袁氏世范》提到,"至于邻里乡党,虽比宗族为疏,然其有无相资、缓急相倚、患难相救、疾病相扶,情义所关,亦为甚重";辛弃疾在《新居上梁文》中感慨,"百万买宅,千万买邻,人生熟若安居之乐";清代王豫在《蕉窗日记》中提倡,"治家严,家乃和;居乡恕,乡乃睦";等等。这些均表明睦邻文化具有深厚的社会基础。

总之,睦邻文化以地域性为基础,以血缘、情感和伦理关系为纽带,延续了儒家思想及其伦理主张,有利于实现社会的团结、和谐和稳定。首先,睦邻文化以和睦友善为核心,协调社会成员之间的关系,化解社会的矛盾冲突,促进社会关系的和谐。其次,作为社会教化的工具,睦邻文化有利于彰显和传播主流的思想文化,规范和约束社会成员的言行举止,提高社会的道德水平。最后,睦邻也是实现政治稳定的积极因素,邻里之间的和谐关系减少了国家干预的需要,有利于维持良好的社会秩序,实现政治稳定。

二、城市化背景下的中国社区治理

新中国成立后,随着社会主义改造基本完成,城市中的各种组织都被吸纳整合到党政管理系统中来,变成了一个个的单位。国家以单位为基本单元来进行物质生产、资源分配和社会管理,形成了牢固的单位体制。单位作为社会管理的组织载体,是社会成员实现社会化的唯一路径[1],也为人们提供住房、教育、医疗等服务。个人被安置在各种单位中,依附于单位

---

① 刘建军.单位中国——社会调控体系重构中的个人、组织与国家[M].天津:天津人民出版社,2000:566.

而生存和发展，在单位空间中开展互动，形成了具有较强同质性的社会关系网络与基层社会文化①。

　　在单位体制下，个人依附于单位，单位附属于国家，一定程度上形成了僵化和封闭的社会结构，抑制了社会的发展活力。伴随着经济体制改革的推进，社会主义市场经济不断发展，各种资源要素开始了大范围的自由流动，高度集中的计划经济体制也逐步解体，带来了单位体制的弱化和松动。不少个人逐步脱离单位而成为原子化的个人，散落在社会的不同领域，原本由单位承担的公共服务职能则逐步向社区过渡，社区开始成为创新社会治理和提供公共服务的主要场域。

　　经济的快速发展推动城镇化的持续发展。自1978年至2020年，中国的城市化率从不到20%持续提高到63.89%，平均每年提高约1个百分点，每年都有上千万人口涌入城市，其中还有大量的流动人口，2020年的流动人口总量达到3.76亿人②。其中，城市社区的数量越来越多，人口规模越来越大，社区居民构成及需求也更加多样化，对社区治理提出了新的要求。

　　（一）社区各种要素高度离散化

　　在城镇化发展的过程中，人们从农村向城市迁移，从小城市向大城市聚集，城市人口不断膨胀。在城市钢筋混凝土的丛林中，来自四面八方的居民，具有不同的职业和身份，也没有太多血缘和业缘联系，利益关联与情感纽带薄弱，普遍具有"迎面相见不相识"的陌生感。个人作为原子化的存在，摆脱了传统社会体系的束缚，却又无法融入新的社会网络，甚至新的社会网络还没有建立起来。

　　在单位体制下，单位内部自成体系，人们大多是相互熟悉的，有比较多的正式和非正式交往或交流，许多实际问题都通过单位内部的纠纷解决机制得以解决。在以商品房为主的社区，社区成为陌生人的聚集地，人们虽在空间上近在咫尺，但缺乏有效的沟通和交流。居民对社区缺乏依赖感和

---

① 田毅鹏，胡水.单位共同体变迁与基层社会治理体系的重建[J].社会建设，2015（2）：10-16.

② 数据来源：http://www.gov.cn/xinwen/2019-08-22/content_5423308.htm.

归属感,社区对居民则缺少吸引力和感召力。对于社区事务,不少人都是关心不够、参与不深。居民意见上不一致,行动上更难以协调,甚至经常因为鸡毛蒜皮的小事而发生冲突。

(二) 社区公共服务能力缺失

随着社区成为社会管理的基本单元,承担起管理与服务的职责,各地社区不断扩大服务对象,扩展服务内容,提高服务能力,优化服务品质,探索适应社区形态的公共服务体系,但也都普遍存在公共服务能力短缺的难题,主要包括政府垄断公共服务供给,以行政方式提供服务,供给效率和质量较低;区或街道等上级管理部门与居委会的关系较难理顺,职权、事权和财权等配置失衡,影响了社区服务能力的改善;相关法律法规不健全,大多数条例和规定等不明确,缺乏可操作性;社区基础设施落后,缺乏居民活动场地等公共设施,社会投资不多,资金缺乏;社区工作人员少,服务能力低,收入待遇低,工作压力大,归属感弱等。

近年来,各地各级政府大力推进城乡社区治理体制机制创新,推动政策、人才、资源和服务向社区倾斜,将社区工作更多地转移到服务群众上来,构建新时代的社区治理体系,切实提高了社区公共服务水平。相应地,社区服务的规范化、社会化、专业化、精细化以及便民程度都在不断提高,但社区服务的短板以及困境依然存在,各种"小马拉大车"问题依旧比较突出:一方面,居民对公共服务的要求越来越高,公共服务提供的任务越来越重,需要解决的问题也越来越复杂;另一方面,社区的资源、权能以及自主性等都非常有限,因此经常陷入治理失灵的困境,包括备受关注的"形式主义"以及"负担重"问题。

(三) 社区治理主体的结构性失衡

在现代城市社区中,居委会、物业公司和业委会构成了社区治理中的"三驾马车",分别代表着政府、市场和居民等方面的利益,协调和管理社区的公共事务,但也都存在不同程度的结构性失衡问题。首先,随着政府管理重心的下移,居委会承担了越来越多的行政功能,行政化现象较为严重,"下面一根针,上面千条线",以至于居委会不堪重负。其次,物业企业管理水平参差不齐，大多处于粗放式发展阶段，规范化和专业化水平低，从业人员素质低，服务能力低。最后，业委会大多组织松散，缺少长效的保障机制，自身管理还不规范，公信力不高。

在解决具体问题的过程中，"三驾马车"的协同也存在着体制和机制上的难题，经常是权责不清，各自为政，很难拧成一股绳，最终降低了问题解决的效率。一旦遇到较为棘手的难题，"三驾马车"往往相互推诿，甚至是相互掣肘，加剧了社区治理的混乱。此外，社会组织发育滞后，承接公共服务的能力有限，很难发挥自身优势；部分居民缺乏参与公共事务的动力和热情，也不信任"三驾马车"。

总之，社区建设是基层政权建设、社会管理创新和公共服务供给中的基础性问题，承受了广泛而持续的压力和挑战。随着城市治理进入新的历史阶段，党和国家充分认识到社区治理在国家治理体系中的基础性作用，不断提出了基层治理体系和治理能力现代化的要求，而广大居民对社区治理的要求也越来越高，带来了社区发展的历史性机遇。各种社区治理创新实践纷纷涌现，推进共建共治共享，打造社区治理的新格局。但社区治理的基本瓶颈依然存在。

在城市治理的大舞台上，基层社区无疑是非常重要的。社区是个人生活的家园，是人们安身立命的重要场所，也是社会治理的基本单元，是公共服务生产和供给的重要平台。社区治理的好坏影响着居民生活的品质，决定着居民的获得感、幸福感和满意度。社区处于国家治理体系的末端，任务非常繁重，责任非常重大。特别是在"小事不出社区"的要求下，社区治理的压力与日俱增，但社区不是一级政府，权力较小，资源不足，也缺乏专业人才，这些问题严重制约了社区的发展，导致很多社会矛盾纠纷都难以得到及时和有效的解决。

三、杨浦区睦邻家园建设总况

杨浦区位于上海中心城区的东北部，杨树浦港纵贯区境南北，杨浦区就是由此演化而得名。杨浦是中国近代工业最重要的发源地之一，曾经创造了无数个"工业之最",诞生了我国历史上第一个煤气厂、第一个自来水厂和第一个火力发电厂等,被称为"中国工业文明的长廊",拥有"三个百年"(百年工业、百年大学和百年市政)文明的丰厚历史资源。

杨浦全区总面积达60.61平方公里,是上海中心城区中面积最大的区。截至2020年11月,全区共有常住人口近131万人,下辖12个街道办事处,305个居民委员会。辖区内高校林立,商贸业发达,包括上海四大城市副中心之一、十大商业中心之一的江湾五角场商圈。杨浦区是全国首批国家创新型试点城区、首批全国双创示范基地,也是上海建设具有全球影响力的科技创新中心的重要承载区,在创新和科创战略方面取得了大量突出的成绩。

为贯彻和落实《上海市城市总体规划(2016—2040)》,实现上海市2040年建成卓越的全球城市的目标,杨浦区提出了推进"三区一基地"建设的发展思路。其中,在建设"国际大都市中心城区"方面,杨浦区以基层治理为焦点,坚持问题导向、项目导向和效果导向,聚焦制度建设、品牌建设和队伍建设,在深化城市基层党建、推进基层治理现代化、推动社会主体参与以及优化社区民生服务等方面持续发力,取得了显著的成效。

根据上海市委市政府出台的相关文件,杨浦区全面推进睦邻家园建设工作,各有关部门与街道、社区共同参与,一边实践,一边总结,一边调整,共同编制了由点到面、内涵丰富的睦邻家园建设体系,形成了可落地的建设方案,推动了睦邻精神的传播和落地,打造了现代高密度城市的睦邻文化,推动了多元社会主体的有机协作,形成了适应超大规模城市特点和规律的基层治理体系,对于推进基层治理现代化具有重要意义。

(一)坚持党建引领基层治理变革

"东西南北中,党是领导一切的。"党建工作贯穿于社区治理的各领域各环节,既是落实党的领导的重要方式,也是构建共建共治共享的社区治理体系的独特优势。睦邻家园建设为加强基层党建提供了重要的实践平台,也开辟了党建引领社区治理的新路径。在此前区域化党建、"两新"组织党建、居民区党建和单位党建的基础上,睦邻家园建设坚持党建引领社区治理,因地制宜探索党建引领社区治理的路径和方法。比如,针对互联网从业人员高学历、年轻化、流动性大的特征，提出了以就地服务、就地培育、就地成长、就地公益"四个就地"为主的党建工作模式，开展了形式多样的党建活动，让"红色种子"在互联网企业中生根发芽。

睦邻家园中的党建引领坚持人本、民生和服务等理念，大力发挥党组织的政治优势、组织优势和人才优势，牵头统筹协调社会各方面的资源，以解决群众关心关切的问题为出发点，为居民提供便捷优质高效的服务，将党建引领的政治优势切实转变为治理效能。党建引领有效解决了社区治理中权威混乱的难题，重构了社区治理的规则和秩序，比如通过居委会、物业公司和业委会工作人员的交叉任职，解决了"三驾马车"各自为政的问题。党组织深入社区居民当中，听取群众的意见和建议，发动和组织居民参与协商对话，创造性地解决社区中的难点、痛点问题，赢得了居民的认可和支持，也孕育了丰富的社区文化。

（二）推进睦邻家园的系统化建设

睦邻家园建设牵涉方方面面，杨浦区以系统化的思维统筹、规划和推进睦邻家园建设，开创了基层治理体系变革和创新的现代化之路。

首先，"睦邻家园"被定义为开放性的系统工程，既是一种精神追求和文化蓝图，也是一种改革主张和治理方案。其中既包括睦邻中心、睦邻楼组、睦邻小区等"小睦邻"，也体现为睦邻社区、睦邻街区、睦邻城区等"大睦邻"。其具体内容不仅有民主和法治建设，也包含文化和心理建设。多元社会主体基于不同立场表达和实践睦邻理念，使睦邻家园建设呈现出高度的多元性和包容性。

其次，睦邻家园建设不只是简单地提供居民日常活动的公共空间，增加服务居民的信息操作平台，而是由此推动社区内部关系的系统性重构，提供各种社会主体参与社区事务的途径，整合各方面的资源，切实解决社区治理中的实际问题。特别是以居民喜闻乐见的公益活动为媒介，重构了不同社会主体之间的关系，释放了社会主体的活力和能量，也赋予社区治理新的内涵和意义。

最后，睦邻家园建设注意统筹市、区、街道和社区各层面的工作，将涉及居民切身利益的各项工作和与社区治理相关的工作,全部纳入睦邻家园建设框架中来,进行整体部署,做到统筹推进,多方面凸显了睦邻家园建设的整体性、系统性和平衡性。其中,系统梳理各层次、各部门的职权及关系,也为睦邻家园建设提供了坚实的支撑和保障。

(三) 营造良性互动的社区公共空间

社区既有私人空间,也有公共空间。公共空间有物质要素,也有精神内涵,是邻里关系的重要依托。在公共空间持续展开交往互动,是社区睦邻文化生成的基础。社区公共空间有很多,包括楼道、绿地和停车场等,其性质和用途各不一样。过去由于经营和管理比较混乱,各种社区公共空间不但没有成为居民友善互动的平台,反而成为诱发矛盾纠纷的场所,以至于削弱了其公共交往的价值,弱化了社区治理的基础。

杨浦区睦邻家园建设提出建设"居民家门口的会所"的理念,以睦邻中心建设为基础,打造和运行了多种形态和用途的睦邻新空间,如创智农园、空中花园、社区议事堂和社区会客室等。有了这些空间资源的支持,社区可以立足居民的实际需求或社区面临的现实问题,举行丰富多彩的活动,吸引社区居民的广泛参与,促进居民之间的互动、交流和分享,提升了居民的获得感、幸福感和满意度。

此前,由于缺乏必要的空间场所,居民之间缺乏横向联系,公共活动很难组织起来,很多问题的解决也就拖延了下来。睦邻家园开辟和重建公共空间,为社区治理提供了基础设施。社区党组织通过各种方式激励居民参与社区活动,参与社区问题解决的过程,特别是通过协商议事会或邻里议事会等机制,围绕道路拥堵、绿地占用、私搭乱建、物业收费、单车乱停、宠物管理、楼道卫生、车棚改造和车位管理等问题展开协商对话,推动了相关问题的顺利解决。

(四) 培育具有情感共识的社区共同体

真正的睦邻不仅是空间或地域上的毗邻,更应该是有着相似情感的共同体。杨浦区从城市社区的现实出发,努力打造睦邻家园的文化形态,致力于为社区居民提供更有温度的生活家园和精神家园,增强社区大家庭的温馨度、感染力和凝聚力。各个社区抓住传统佳节的契机，开展形式多样的传统文化活动，比如端午节组织居民包粽子，重阳节组织爱老敬老活动，春节前组织社区联欢晚会等，传承和发扬了传统文化，也形成了富有特色的社区标志性活动。此外，许多社区还通过举办睦邻节、创作睦邻歌、编写睦邻志、编演睦邻剧等活动，打造人人参与的睦邻文化，培育新风尚、新精神和新文化。

人是有感情的动物。中国自古是一个人情社会，具有"讲感情"的优良传统。良好的文化基因是社区治理必不可少的软件资源。在城市社区普遍缺乏认同感和归属感的社会大环境下，社区治理不仅需要解决各种现实问题，更需要提供能够滋润心田的精神资源。为此，睦邻家园建设一方面通过规划社区文化建设的愿景，激活社区治理的精神元素；另一方面发扬社区居民的主人翁精神，推动人们自觉加入文化建设的过程中去。各街道还清点和盘活本社区的优势资源，尤其是发挥广大共产党员的先锋模范作用，支持社区居民为社区做力所能及的贡献，包括提供医疗服务、法律服务和教育服务等，取得了良好的成效。

早在2009年，杨浦区第一家社区睦邻中心在延吉新村街道落地建成。十余年来，杨浦区的社区睦邻中心建设取得了广泛的成果，提供了社区居民交流的客厅，搭建了居民自治议事的平台，也成为社会团队孵化的园地，塑造了社区治理的重要品牌，得到了党和政府以及社会各界的广泛赞誉。睦邻党建、睦邻景观、睦邻达人、睦邻团队以及"e睦邻"的出现，使得睦邻家园建设的内涵日益丰富，建设方式不断转型升级，满足社区发展的需要，为人们带来了较强的获得感和幸福感，成为超大规模城市基层治理现代化的重要样板。

总的来看，面对基层治理的瓶颈和难题，睦邻家园建设以居民需求为导向，不断完善基层治理的体制和机制，理顺区、街道和社区的关系，提升了基层治理的效能和品质，推动了基层治理体系的深刻转型，实现了从管理思维到服务意识的转变，探索了分权和放权的新机制，形成适配多元主体参与的新技术，提升了人民群众的获得感、幸福感和满意度。

四、杨浦区睦邻家园建设的典型经验及展望

党的十九大报告深刻地指出,中国特色社会主义进入新时代,我国社会的主要矛盾已经由"人民日益增长的物质文化需要同落后的社会生产力之间的矛盾"转化为"人民日益增长的美好生活需要和不平衡不充分的发展之间的矛盾"。因此,全面提高城市治理的水平,向人民群众提供更多更好的公共服务,满足人民群众对美好生活的需要,是国家治理体系现代化的应有之义。其中既要尽力提供人民群众所需要的服务,也要不断改进和优化提供服务的方式和方法,最终要提高人民群众的获得感、幸福感和满意度。

城市是政治、经济、科技、文化和社会的中心,也是国家治理的重心。基层治理是城市治理体系的基础,处于公共供服务的前沿阵地,承担着优化管理和做好服务的巨大责任,也是治理创新实践的重要策源地。近年来,中央先后提出了一系列关于基层治理发展的重要主张,还专门出台了加强基层治理体系和治理能力现代化建设的意见,具体包括要深入推进社会治理创新,构建富有活力和效率的新型基层社会治理体系,推动政府治理同社会调节、居民自治的良性互动;加强基层政权治理能力建设,推动治理资源和服务向基层下沉,打造共建共治共享的社会治理新格局;促进社会力量参与,提高社会治理的社会化、法治化、智能化和专业化水平,实现基层治理体系和治理能力的现代化等。

总的来看,目前基层治理创新的主要内容包括:首先是理顺以街镇政府为中心的上下级之间的责权利,重点是街镇及其职能部门与社区之间的关系,明确治理主体及其分工和责任;其次是以基层政权建设为核心,围绕改进和优化党的领导,提高基层党组织的权威性、公信力和战斗力,通过党建引领统筹协调多元社会主体,推进协同治理;再次是促进社区居民参与,整合社会组织和市场组织等其他社会力量,切实解决居民关心的问题以及各种矛盾冲突;最后是广泛采用互联网等新技术要素,搭建社会治理数字化平台,提高基层治理的透明度、开放性和精准度。这些也都是睦邻

家园建设的重要内容。

从各种基层治理创新的案例来看，基层治理包含了某些普遍性的演进趋势：第一，从管理到治理，即从以政府为中心的管理模式逐步转向社会多元主体共同参与的治理模式，包括睦邻家园建设中社区规划师的广泛参与；第二，从管控到服务，即从对居民的管控思维转向对市民的服务思维，比如为居民提供更多的公共空间；第三，从悬浮到下沉，即将街镇层面悬浮的机构、资源和人员等更多下沉到社区层面来，提高基层治理的自主性和能动性；第四，从物质到文化，即从注重物质性的硬件设施到更为注重精神文化需求的满足，打造社区居民共享的精神家园；第五，从强制到协商，即更多通过协商对话等柔性方式而不是强制性的管治手段来解决问题，注重发挥社会和个人的力量等。

2019年11月，习近平总书记在上海考察期间，到杨浦滨江公共空间杨树浦水厂滨江段考察黄浦江两岸风貌，提出"人民城市人民建，人民城市为人民"，"在城市建设中，一定要贯彻以人民为中心的发展思想"。人民城市理念的提出，标志着中国特色的城市治理进入新的阶段。2020年6月23日，中国共产党上海市第十一届委员会第九次全体会议召开，审议通过《中共上海市委关于深入贯彻落实"人民城市人民建，人民城市为人民"重要理念，谱写新时代人民城市新篇章的意见》，提出了落实人民城市理念的各项部署，也为基层治理及其创新指明了方向。

当代中国的城市发展正在从过去摊大饼式的规模增长转向更加注重人文品质的内涵式发展，城市治理也正在从过去较为刚性的管制体系迈向更为柔性化的混合治理。作为基层治理创新的重要样本，杨浦区的睦邻家园实践直面超大城市中基层治理的现实挑战，继承和发扬有着深厚积淀的睦邻文化，探索基层治理及其转型的系统性解决方案，这些都具有重要的启发和借鉴意义。

（一）淬炼科学的治理方案

在区域化党建和睦邻中心建设等前期工作的基础上，杨浦区通过调研、总结和试点，提炼了睦邻家园的系统化建设方案，围绕睦邻家园建设推出了系列文件,创造性地解答了社区治理何去何从的问题,具有科学性、合理性和可操作性。"睦邻家园"概念不仅有着深厚的文化积淀,还顺应了城市居民对于精神文化的需要,更承载了基层治理现代化的任务和目标。"睦邻家园"绝不只是文化层面可开放共享的精神符号,而是一整套具有合理性和可行性的治理机制,包括汇聚不同资源和力量的机制,搭建了社区居民共建共治共享的平台等。

(二) 凝聚居民的情感共识

美丽的乡村衍生出了令人眷恋的乡愁,现代化的城市也应该打造独特的城市文化。社区是全体居民的大家庭,不仅仅是居民日常生活的栖居地,更应该是人们重要的精神家园。睦邻家园建设发动和组织居民参与各种睦邻活动,实现了邻里关系的扩大再生产,建构了社区的情感纽带。基于公共交往而产生的情感体验,创造了具有社区特色的共同记忆,形成了社区共同体的意识和氛围。这些情感元素打破了城市社会的冷漠和疏离,培育了居民之间的相互信任,增加了社区治理的润滑剂,提高了社区的内聚力和团结性。

(三) 重构社区公共空间

睦邻家园建设打造了大量各具特色的公共空间,直接回应了社区公共空间短缺和异化的问题。多层次的睦邻空间建设,保证了开展社区活动所必需的场所,搭建了社区居民交往互动的平台,也建构了多元社会主体相互联结的纽带,强化了社区的温情和韧性。就此而言,空间的再造不仅是提供了活动场地的问题,也不只是依托空间而提供的各项服务,也是依托这些空间而形成的社会关系。不同社会主体聚集到一起,参与社区活动,开展平等对话,交流彼此的意见,协商解决社区的问题,共同谋划社区未来,促进了熟人关系的生成,也逐步培育了共同体意识。

(四) 推动多元主体的合作

打造富有活力和效率的基层治理体系,关键是要推动多元主体的参与和合作,具体包括党和政府、市场主体和社会主体以及居民等。不同的社会主体有不同的行动逻辑,有不同的利益诉求,也拥有各自的资源和条件,在基层治理过程中可以发挥不同的作用，因此也需要相互支持和密切合作。睦邻家园建设搭建了多元社会主体参与的开放平台，其中既有多元主体之间的相互竞争，也包含了相互之间的协同合作。这个动态过程可以调节各自的边界和权能，推动治理方式的转型和创新，持续提升治理的合力。

（五）优化公共服务的品质

人民是城市的主人，城市发展最终是为了满足人民群众对于美好生活的需要，其主要抓手就是各种公共服务。睦邻家园建设以"睦邻"概念为核心，从多个层面推动了公共服务品质的优化，具体包括将公共服务延伸到社区，让居民能够享受到"家门口"的服务；整合各种资源来提供公共服务，拓展服务的范围和内涵；改进公共服务的方式，尤其是推动社区规划师、社区居民和其他社会力量参与服务的提供，实现了合作生产。这些"组合拳"落实了睦邻家园建设的任务，提升了居民的认可度和满意度。

此外，我们也应该看到睦邻家园建设中需要注意的问题，比如以睦邻家园为抓手总揽基层治理体系现代化仍然具有局限性，还难以系统整合社会治理的需求和力量；居民参与大多具有被动性，中青年居民参与社区工作的动力不足；社会组织的专业化水平不足，参与社区服务的途径还比较有限，相关机制也不够灵活；如何更好地依托"一网通办"和"一网通管"体系，利用互联网、大数据和人工智能等现代信息技术更好地优化基层治理等。

我们期待睦邻家园建设深入坚持人民性的理念，不断探索基层治理的改进和优化之道，能取得更大的治理绩效，能得到更广泛的认同和支持，也期待睦邻家园实践能持续地讲好杨浦的故事、上海的故事和中国的故事，在人民城市建设的探索中发挥更大的作用，为其他地区的基层治理改革提供更多可借鉴和可复制的经验，为探索基层治理体系现代化做出更大的贡献！

睦邻党建

引　言

　　城市基层党建作为社区治理中整合资源、协调关系、功能重组的重要平台和力量，也是"人民城市人民建，人民城市为人民"重要思想中的实践主体，其在基层治理中发挥越来越重要的作用。如何将党建优势转化为治理优势，是城市基层党建创新的重要路径和评判标准。

　　杨浦区作为上海市的老工业基地，地域类型复杂多样，在改造老城区、联动多区域、建设新城区的城市更新过程中，区委区政府始终高度重视基层党建工作，针对杨浦区发展阶段和区位特点，以空间邻近性作为资源整合的切入口，以基层行政区的区域化党建作为"主体融合、资源整合"的主要机制，创造性地提出了"睦邻党建"新概念，通过"睦邻党建"推动杨浦社区、校区、园区、商区、营区、街区、工地区等多功能区之间的联动整合、共建共享，通过"睦邻党建"持续发挥社会主义核心价值观的引领力，持续提升社会安定团结的凝聚力，持续构建社会各主体利益协同和各资源整合的统筹力，持续激发社会力量参与公共事务的活力和动力，最终实现以"睦邻党建"引领睦邻家园品牌建设。

　　本部分从诸多案例中共甄选了7个典型案例，通过丰富多彩的实践，很好地诠释了杨浦党建优势转化为治理优势的城市基层党建创新做法，进而形成了杨浦独特的城市精细化治理优势。这些案例中的内容充分体现了杨浦睦邻党建的四个核心关键词，即需求导向、多区联动、机制创新、能力提升。

　　一是突出需求导向。杨浦睦邻党建始终以社区居民需求、城市治理难题为导向，通过党建引领来破解基层治理难题，满足社区和企业需求。例如，在案例《临时支部：以'5+X'方式推进支部进工地的探索实践》中，为应对市政设施老化、人口大量导入，杨浦区近年来掀起了全面加强"路、桥、轨、隧、水、电"建设的高潮,出现了大量工地,如何精细化地管理工地,使"最大"工地实现"最小"扰民? 通过建立临时党支部和支部进工地的方式,杨浦区有效地充实了工地这一特殊空间的党建力量,在成员单位的大力支持下,积极探索建立了以工程建设项目为基础,由建设方、代建方、施工方、监理方、属地居委会等"5+X"组成的临时联合党支部。党支部以"三共""三通""三无""三新"为目标,在工程建设中主动作为、积极有为。又如,针对互联网企业扎堆、园区青年人多、创业企业多等实际情况,杨浦区通过互联网企业党建、园区党建、深化区域化党建等方式,推动新组织、新空间的党建工作,引领正能量,满足年轻人的需求,特别是以上海市互联网企业党建工作创新基地建设为抓手,在实践探索中形成了"就地服务、就地培育、就地成长、就地公益"的互联网企业党建工作模式,构建了街区统筹、条块联动、属地服务的互联网企业党建工作格局,切实引领和保障互联网创新创业企业的发展。

二是突出多区联动。作为老工业基地、学校集中区、部队驻扎较多、工人新村多的市辖区,杨浦区近年来又加快了商业开发和基础设施建设,使得区域空间类型不断丰富,出现了社区、校区、园区、营区、厂区、商区等多种功能区。基于这一特点,杨浦区充分发挥党建在资源整合、问题挖掘、需求梳理、供给对接等方面的优势,不断链接属地资源,激活空间临近的各类资源,实现党建全覆盖、资源全联动,从"三区联动"不断拓展到"四区联动""五区联动",甚至更多区域的联动,大力推进基层共建共治共享,有效提升了基层治理绩效。例如,五角场作为杨浦区的核心区域,是上海科创中心重要承载区、国家双创示范基地的核心区,其面积达7.66平方公里,常住人口为14.66万人。这里,复旦大学、上海财经大学等高校密布,腾讯众创、Innospace+等园区联合创新,空军上海基地等部队云集,合生汇、百联、万达等商圈楼宇相连。五角场街道党工委充分利用校区、园区、营区、商区、社区"五区联动"的区位优势,着眼城市副中心建设,围绕公共管理、公共服务、公共安全"三公职能",促进产城、学城、创城"三城融合",加强居民区党建、"两新"组织党建、驻区单位党建"三建融合",不断提高城市精细化治理水平和资源配置能力,统筹各项民生服务保障工作,有力提升了群众的满意度和获得感。控江路街道敏锐地抓住周家嘴路—凤城路周边园区、厂区、校区、居民区互相交织的地域特征,按照中部提升区的功能要求,确定了整体打造集创新设计、文化创意、创客孵化、休闲娱乐、党建服务于一体的开放式街巷系统"凤城巷"的总体思路。定海路街道则充分发挥开放式、集约化、共享性平台的主体服务功能,进一步向居民区、楼宇、园区等延伸,完善联系服务工作网络,形成覆盖社区、片区、居民区、园区、楼宇的"15分钟党建服务圈"。

三是突出机制创新。在推动睦邻党建工作中,机制创新是实现主体之间供给和需求对接、多主体之间合作共建、多区域之间整合联动的重要保证。例如,针对互联网企业从业人员年轻人多、思想多元的实际,借鉴网红思政课的经验,杨浦区联合10所高校推出"大家微讲堂·社区政工师"品牌,聘请张维为等12位专家教授担任社区政工师,同青年党员面对面释疑解惑、沟通交流,采用网络直播和弹幕互动形式开讲,形成优质专家资源同一线需求有效对接的机制,引导年轻一代把家国情怀同创新创业有机结合。又如,控江路街道通过"党建+服务""党建+睦邻""党建+双创"三大模式,三位一体统筹推进,最终形成了"凤归巢"党建、睦邻和双创的功能定位,建立了走访联络机制、资源项目清单制、基础工作台账制等工作机制,提升了"凤归巢"党建服务站的运行效能。又如,五角场街道成立了社区党委、社区委员会,召开街道党员代表会议、社区代表会议、社区党建工作会议,形成提议、商议、审议、评议机制闭环,吸纳160名区域单位党员代表和330名社区代表,探索自下而上的议题形成机制、多元主体的议事联动机制和资源众筹的项目建设机制,推动上海开放大学等15家联盟分会成员单位通报社会责任履行情况。定海路街道以街道党工委为核心,党建服务中心和党建办分别作为党建工作的前台和后台,"一心两翼"形成强有力的党建工作核心,依托22个党总支、126个党支部、4 972名社区在册党员,构建了1个社区党建服务中心、4个睦邻党建片区和19个居民区党建服务站点,打造了"15分钟党建服务圈"。

四是突出能力提升。睦邻党建要发挥好资源联动和整合功能,能力建设至关重要。在基层党组织建设中,党支部书记和党员的能力也是影响基层治理的重要因素。"火车跑得快,全靠车头带",基层党支部书记是基层党组织的第一责任人,是党支部的核心和灵魂,是群众的主心骨、领头羊。基层党支部工作抓得好不好,关键看党支部书记的作用发挥得好不好。杨浦区在推进睦邻党建中,特别重视党支部带头人的能力素质建设,特别重视对党员和企业老总、居民代表的培训,通过微讲堂、微党课,老领导、老党员的"传帮带"等方式,不断提升党建行动主体的能力素质。长海路街道自2016年以来,以青蓝书记工作室为平台,一方面构建了"需求调研—制订计划—实施计划—督导评估"的完整教学链,探索了一种推动居民区党组织书记成长的新样态,提供引领基层队伍专业发展的新路径。另一方面,充分发挥带教书记的政治素养、人格魅力、工作技巧等优势,认真研究制订培训计划、精心设计培训项目,通过示范、带教、实训等途径,师徒互动、共同提高,打造一支结构合理、来源广泛、素质优良的居委干部工作队伍,力求让社区工作经验不足的居委干部补齐"短板",早日成材,实现"青出于蓝而胜于蓝"的培养目标。在互联网企业党建工作中,杨浦区充分发挥龙头企业的作用,指导华平信息等19家龙头企业联合成立"两新"分会,提供"党建+创业"双引领服务,带动了136家互联网小微企业共建良好生态圈。杨浦区还在双向对接的基础上,聘请12位高校思政、人文"大家",使其与12个街道结对担任社区政工师,每季度在街道社区党校为党员群众开一次讲座,每月在书记工作室为基层社区出谋划策,指导基层党建、社区党校课程建设。杨浦区定海路街道社区党建服务中心继续推进"今天的党课我来上""党员大轮训""携手夕阳"、党员志愿者示范岗、书记沙龙、党员红色电影展映、青年微党课、在职党员活动之家等中心党建品牌,同时向基层拓展延伸,树立了"党建小联盟""党建议事亭""说说我们的青春岁月"等子品牌,同时,街道立足"党建嘉年华"志愿服务品牌,结合上海市党建中心党员志愿者"四季公益"活动的相关要求深入基层开展活动。

　　睦邻党建作为上海城市基层党建中的探索创新，始终以问题和需求导向为出发点，有效针对超大城市基层资源丰富多样但分散松散、基层治理主体空间邻近却陌生疏离、基层服务需求快速增长但供给不足等难题，通过多层次、多方式、多形态的区域化党建，有效整合各方资源，有力推动区域联动，有方促进供需对接，实现了党建引领城市基层治理的目标。

"红"进三区："大家微讲堂·社区政工师"项目开创思政教育新模式

一、背景·缘起

为深入推动习近平新时代中国特色社会主义思想进社区、进园区、进校区，认真答好上海市委书记李强调研杨浦时提出的"创新两问"：一是怎样打造更加开放、更加包容的创新创业生态系统？二是杨浦怎样进一步发挥科教人才的创新优势？杨浦区委深度挖掘区域内复旦大学等高校人文资源，积极发挥哔哩哔哩等互联网公司的平台优势和党建工作优势，于2018年3月打造了"大家微讲堂·社区政工师"项目，以此为牵引，深化"三区联动、党建联建"格局，打造区域化党建升级版，努力把党的建设贯穿创新发展始终，为科创、双创注入动力和活力。

（一）紧扣时代命脉，强化思政引领新要求

2019年，习近平总书记在学校思想政治理论课教师座谈会上强调，思政理论课是落实立德树人根本任务的关键课程，思政工作说到底是做人的工作，关系"培养什么人、如何培养人、为谁培养人"这一根本问题。围绕总书记重要讲话精神，杨浦区在加强思想政治工作上着力解决好"由谁讲思政、向谁讲思政、如何讲思政"等问题。

由谁讲思政，就是要用好复旦大学、同济大学、上海财经大学等10所区域高校人文资源优势，发挥高校名师"大家"的积极性、主动性、创造性，讲好、讲活思政课程。向谁讲思政，就是要进一步教育引领党员群众，特别是广大青年自觉把爱国情、强国志、报国行融入新时代追梦征程，牢固树立"四个意识"，坚定"四个自信"，坚决做到"两个维护"。如何讲思政，就是要突破传统思政课程授课方式和传播渠道的限制，将思政小课堂同社区、园区、校区大课堂有机结合，建立更生动、更多元的思政教育新模式。

（二）紧跟形势需要，助力"三区联动"新发展

杨浦区在发展过程中，既需要发挥"三区联动"优势，整合思想政治工作资源，进一步统一思想、凝聚共识，也迫切需要发挥思想政治工作优势，进一步解决"三区联动"中各自面临的问题。为此，杨浦区推出"大家微讲堂"，就是要着力针对社区、园区、校区面临的这些问题，将杨浦区"三区融合、联动发展"不断推向深入。

第一，社区主要是"激活力"。社区党员来源广泛、人数众多，是加强基层社会治理创新的重要力量。然而，当前社区党员主动参与社区管理的热情不高、作用发挥不明显等普遍性问题极大地制约了社区共建共治共享体系的建立。为了更好地激发广大社区党员积极投身家园建设的动力与活力，必须坚持以思想引领推进社区资源整合，共同打造具有杨浦特色的社区生活共同体。

第二，园区主要是"强服务"。杨浦区有7 600多家科创型企业，大量80后、90后年轻人作为重要生力军活跃在科创、双创发展的第一线。身处创新创业的关键阶段，这些青年创客、园区白领同样有着许多难以突破的思想之疑、创业之惑，需要通过一定的载体和途径实现知识上解渴、思想上解疑、精神上解压、创业上解惑。

第三，校区主要是"强引领"。我们党立志于中华民族千秋伟业，必须培养一代又一代立志为中国特色社会主义事业奋斗终生的有用人才，这就要求我们从学校抓起，把青年一代教育好、培养好。高校学生正值人生观、价值观、世界观初步形成的关键时期，独立自主意识强、思维活跃，加强对他们的思想引领既有基础，更有必要。

（三）紧贴杨浦实际，推进城市基层党建新实践

一是区域化党建要有新拓展。区校党建联建要在原有合作框架协议的基础上制定面上需求、项目双向清单，进一步挖掘各自核心需求和优势资源，与街道、院系、专家教授拓展合作，在项目化、精细化、实效化上下功夫。"大家微讲堂"不仅充分挖掘了高校的科教资源、智力资源、人力资源，还使高校优质资源走出校区，在社区、园区更大的平台上产生辐射作用，开辟了区域化党建的新天地。

二是思想政治工作要有新形式。课程内容不够与时俱进、教学方式较为单一、辐射影响面比较有限，一直是传统思政课的痛点。"大家微讲堂"致力于深度挖掘高校丰富的思政资源，发挥哔哩哔哩等互联网企业的传播平台优势，以及各级党建服务中心、站点广泛发动党员群众的阵地优势，推出更多贴近区域经济发展，贴近群众生活，贴近社区、园区、校区实际的思政教育精品课程，为办好思政教育筑牢坚实基础。

二、举措·机制

杨浦区的"大家微讲堂·社区政工师"项目，一方面了解透彻社区、园区、校区青年的思想文化需要；另一方面充分储备高校思政和人文名师资源，齐头并进，打造网红思政课。

（一）以需求融合为基，健全两项机制

一是健全需求双向排摸机制。落实专人，定向联系复旦大学、同济大学等区域内10所高校，了解师生在融入社区方面的研究需求、实践需求、公益需求，梳理并建立"高校师生社区行需求清单"，并结合"大调研"，依托社区党建服务中心、园区楼宇党建服务站，广泛深入了解园区、社区青年的创业痛点和思想堵点，在1102人次意见和建议的基础上形成园区、社区"解疑释惑"清单。

二是健全需求双向配对机制。与区域内10所高校建立"两份需求清单配对遴选、组织宣传部门推荐初选"的教师遴选机制，聚焦学生选课"秒杀"、组织认可度高的专家教授和优秀教师，广发"英雄帖"，建立20名高校思政和人文"大家"资源清单，并从中遴选出第一季"大家微讲堂"12位名师，为推动思政课和人文课进社区、园区、校区，回应好双方需求做好充分的资源储备。

（二）以思想融合为本，建立两个制度

一是建立话题、问题对接制度。为确保老师"想讲的"和年轻人"想请来讲的"相契合，进一步依托社区党建服务中心和园区楼宇党建服务

站,从"关注的话题、希望聆听哪所高校哪位'大家'的人文和思政课"等问题着手,线上、线下相结合,建立年轻人普遍关注的话题清单和"大家"研究问题清单。在此基础上,请高校人文、思政"大家"结合自身研究方向和研究兴趣,认领"话题"、确定"课题",做好答疑解惑准备。

二是建立社区政工师制度。在双向对接的基础上,建立社区政工师制度。聘请12位高校思政、人文"大家",使其与12个街道结对并担任社区政工师,每季度在街道社区党校为党员群众开一次讲座,每月在书记工作室为基层社区出谋划策,指导基层党建、社区党校课程建设。

（三）以文化融合为要,强化品牌辐射效益

一是丰富载体形式。充分学习借鉴网红思政课的成功经验和授课形式,利用互联网传播"短、平、快"的特点,以年轻人喜闻乐见的微视频等方式进行宣传,以网络、手机App为重要传播渠道,以"单节课不超过50分钟,互动时间不少于20分钟"的要求,开展现场互动式教学。

二是促进互动交流。来自复旦大学、同济大学等10所高校的12位"网红大家"轮流担任"大家微讲堂"月度主讲人,走进街道社区、创业园区以及杨浦滨江、杨浦图书馆等网红地标,融入年轻人的日常生活,启发思想、启迪智慧、答疑解惑,成为广大党员群众的心灵导师。

三是加强阵地凝聚。以区党建服务中心为中枢,在12个街道社区党建服务中心建立"社区政工师工作室",在长阳创谷、城市概念园、凤城巷等园区楼宇党建服务站设置"大家微讲堂"直播分会场,为开展属地化服务,以阵地建设服务党员群众、凝聚人心奠定基础。

四是深化品牌推广。发挥区域化党建联盟、上海杨浦、区域高校微信公众号及官方微博的作用,及时跟进每一次活动,既跟踪报道、又更新预告,既接受报名、又听取意见,不断强化宣传效果,提升社会知晓率和关注度;深化与哔哩哔哩平台的战略合作,对所有录播讲座进行再创作,并开发微视频等衍生产品,形成了体现杨浦特色的系列思政互联网产品,打响"大家微讲堂"品牌。

三、创新·成效

杨浦区的"大家微讲堂·社区政工师"实践,是区域化党建的深化拓展,是思政课程的创新探索,也是基层党组织的持续建强。

(一) 深化拓展区域化党建内涵和外延

"大家微讲堂"项目是杨浦区与复旦大学、同济大学等区域内10所高校以及哔哩哔哩等互联网企业合力推动的成果,是促进"三区联动、党建联建"由工作融合、情感融合向思想融合、文化融合的一次重要转型升级。通过"大家微讲堂",进一步完善了区域化党建工作机制,强化了政治引领、思想引领作用。"大家微讲堂"第一季12讲直播课堂,现场预约报名达1.5万人次,哔哩哔哩直播达267.5万点击量,弹幕互动逾26万条,对社区、园区、校区党员青年及B站90后、00后用户产生了积极影响。

(二) 创新弘扬思政课程正能量

"大家微讲堂"打破了传统思政课程的范围界限,紧扣时代热点,选题更加宏大,在传统思政课的基础上,融入了冲突解决、心理疏导、电影评析、器官移植、信息超载等热门话题,在拓展思政工作传播范围中实现了教育、引导、凝聚广大党员群众,为广大青年创业者、社区党员群众学习新思想提供了新平台,为最大限度地集聚社会正能量提供了新载体。新华社、人民网以及《解放日报》《文汇报》等主流媒体相继做了报道。"大家微讲堂"被评为"全市大调研2018年度最关注的十大调研案例"和"全市改革开放40周年上海思想政治工作创新成果卓越品牌"。《中国组织人事报》头版、中国共产党新闻网先后刊登了《上海杨浦区"微讲堂"讲活思政课》宣传文章。

(三) 持续建强基层党组织阵地

"大家微讲堂"进一步增强了思政课程在社区党员群众中的传播力度,做实做强社区党校这一红色阵地,促进了党内教育多元化、丰富化的成果展现;进一步利用互联网新平台探索了党员教育管理新方式,通过与哔哩哔哩等互联网企业的深度合作,深化推动了互联网企业党建,拓展完善了就地服务、就地培育、就地成长、就地公益"四个就地"工作内涵,扩大了党的组织覆盖、工作覆盖,共同打造天朗气清的网络空间。

四、启示·展望

未来,杨浦区进一步以"三区联动、党建联建"为组织优势,以"讲好新时代发展故事、传递新时代思政强音"为出发点,以打造"党建新品牌、思政新课堂、网红新力量"为目标,推进项目创新升级,不断扩大"大家微讲堂·社区政工师"的品牌效应。

(一) 在整合师资队伍上有新优化,建立"12+X"新模式

结合12名社区政工师与街道的合作契合度、本人意愿以及社会反馈等情况,对师资队伍进行再优化,形成12人基础师资队伍的同时,建立"X"的储备力量队伍,邀请更多具有较高社会知名度的专家教授共同参与热门话题的探讨。

(二) 在确定选题上有新优化,拓宽话题征集新途径

坚持需求导向,充分运用好大调研平台,面向社区、园区、校区中18～35岁青年群体发放1 000份调查问卷,多方征集"大家微讲堂"话题,形成选题调研分析报告,建立党员群众普遍关注的话题清单。在此基础上,请高校思政"大家"结合自身研究方向和兴趣所长,认领"话题"、确定"选题"清单。

(三) 在内容形式上有新优化,关注"长三角一体化"等新热点

注重围绕"长三角一体化"等重大命题和热门话题,邀请江浙皖等兄弟省市专家学者共商共议,不断提升话题讨论度和吸引力。下一步将结合"不忘初心、牢记使命"主题教育,推出"大家微讲堂"初心系列特别节目,邀请各界"大家"从不同层面和角度围绕"初心使命"集中讨论交流。

(四) 在传播渠道上有新优化,实现"视频＋音频"新拓展

深化与哔哩哔哩的视频直播合作,强化"大家微讲堂"直播间功能,推动录播课程在视频网站的广泛推广;参照"给90后讲讲马克思"模式,与著名广播传媒平台阿基米德频道达成深度合作,同步开通音频直播,双频共振,同传家国情怀。

（五）在面向受众上有新优化,开创"三区联动"新局面

进一步在区域高校设立分会场,加强对高校学生的思想政治教育,形成"主会场+社区、园区、校区分会场"的"三区联动"局面,在持续提升品牌影响力的同时,将更多有温度、有亲和力的思政课程带给广大党员群众,深化推动习近平新时代中国特色社会主义思想在党员群众特别是在社区、园区、校区青年中"入耳入脑入心"。

（六）在作用发挥上有新优化,打造"线上+线下"新形式

深化社区政工师与各街道的结对合作,打造社区政工师社区行、园区行示范课程,开展"90后的担当""我与祖国共奋进"等特色党课;指导街道联合社区政工师,发动驻区单位、"两新"组织、高校等,广泛开展线下活动,努力形成线上收听、线下互动,线上和线下互为呼应的良好氛围。

临时支部：以"5+X"方式推进支部进工地的探索实践

一、背景·缘起

杨浦区是一个具有百年市政文明的老城区，在基础设施建设上有过曾经的辉煌。伴随着城区的快速发展和人口的高度聚集，近年来，杨浦却面临着基础设施建设滞后的困境。为此，在全面开展上海科创中心重要承载区和国家双创示范基地建设过程中，杨浦区委提出了基础设施"补短板"和"抓双十"的要求，掀起了全面加强"路、桥、轨、隧、水、电"建设的新高潮。

党的十九大要求我们要以习近平新时代中国特色社会主义思想武装头脑，进一步抓好落实基层党建工作。如何在全面开展上海科创中心重要承载区和国家双创示范基地建设过程中，使"最大"工地实现"最小"扰民，党建是一个很好的抓手和着力点。面对区域内大量艰巨的建设任务，为确保工程建设顺利推进，区域化党建联盟建设行业分会以党建为引领，集合各方力量，加强沟通了解，相互支持配合，合力推进杨浦区市政基础设施及重大工程项目建设，共同营造安定团结、和谐稳定、同抓共促的良好局面。

二、举措·机制

为了深入推进区域内工程建设项目的党建工作，更好地在工程建设项目的第一线发挥党组织的战斗堡垒和党员的先锋模范作用，进一步整合项目参建各方的资源，建设行业分会积极推进5个项目临时联合党支部建设，把支部建在基地上，把党员作用发挥在推进工程建设上。工地临时党支部的工作服务于杨浦区发展目标，服务于优化干部队伍建设，让党的旗帜在基层工地高高飘扬。在成员单位的大力支持下,杨浦区积极探索建立了以工程建设项目为基础,由建设方、代建方、施工方、监理方、属地居委会等"5+X"组成的临时联合党支部。党支部以"三共""三通""三无""三新"为目标①,在工程建设中主动作为、积极有为。

(一) 党建搭台促协调,充分发挥党组织引领作用

各临时联合党支部定期(每季度)组织成员单位召开临时党支部工作会议,及时沟通交流工程建设情况、党建联建工作开展情况及存在的问题,研究解决难点问题的对策,并商讨下阶段联合党支部的工作重点。新江湾城通道及空中连廊工程临时联合党支部为确保"工程优质、管理优胜、干部优秀",与区检察院联合,举办了工程建设领域廉洁建设专题报告"靠山不能吃山,临水请勿湿鞋"的培训讲座,提高一线党员干部、工程技术人员廉洁自律意识,为规范项目流程、打造阳光工程,起到了很好的风险防范和警示作用。民星南排水系统工程项目临时联合党支部按照"思想共育、资源共享、责任共担、难题共解"的原则,组织项目设计方、施工方、工程项目所在地(上海机床厂)以及地区水行政主管部门(杨浦区市政和水务管理事务中心)等五方共六家单位成立临时党支部,选举产生支部委员,定期开展组织生活。同时,要求临时党支部培育品牌,争创"文明工地"和"党支部示范点",积极参与"两优一先"②评选工作,确保民星南排水系统工程能够按期保质完成,把政府民生实事项目建成建好,不辜负百姓的期望。

(二) 加强工程宣传,争取周边居民支持

工程建设取得居民的理解和支持,源于前期宣传和沟通工作做得充分。新江湾城通道及空中连廊工程临时联合党支部与周边11个居委会召开了多次座谈会,向居民代表宣传项目建设的重要意义,并针对大家关心

---

① "三共"是指共同目标、共担责任、共享资源;"三通"是指工作联动畅通、信息沟通畅通、协调问题畅通;"三无"是指无建设工程中的违法违纪问题、无野蛮施工引起的扰民事件、无重大群体性矛盾;"三新"是指党员模范作用有新体现、党群关系有新进展、基层党建工作有新提升。

② "两优一先"是指在基层党组织和党员中开展评选表彰出的优秀党务工作者、优秀共产党员和先进基层党组织。偶尔在团组织中也指优秀团干部、优秀团员、先进团组织。

的交通组织安排、工程实施时间、文明施工等问题——做了解答,同时成立了信访受理中心,跨前一步做好维稳保障工作。周家嘴路越江工程杨浦段联合临时党支部根据工程进度,组织召开居民通气会,及时通报工程的进展,并告知工程建设可能给居民带来的生产生活影响以及相应的对策,使周边单位和社区居民能提前知晓、理解谅解,克服暂时的不便;组织开展"市民开放日"活动,邀请50余名居民代表到施工现场参观,实地了解工程建设情况。轨交18号线土建13标、14标临时联合党支部自建立以来,加强了建设单位与街道、居委会的沟通联系,共同做好向群众宣传工程建设重要意义的工作;同时,在工地围墙上制作了宣传社会主义核心价值观、杨浦区双创等工作的公益广告,使工地围墙成为杨浦区"创全"和双创的宣传阵地。

（三）加强文明施工管理,使"最大"工地"最小"扰民

工程在建设过程中难免会给周边居民带来噪声、扬尘等问题,加强文明施工管理,畅通问题反馈沟通机制尤为重要。在建设行业分会第一次会议上,建交党工委就向成员单位下发了《关于进一步加强杨浦区建设工程文明施工管理办法》,得到了分会各成员单位的积极响应。新江湾城通道及空中连廊工程临时联合党支部将"惠民工程真惠民,实事工程出实效"的工作理念落实到工程建设中,狠抓工地文明施工,通过大规模的围挡建设,不仅使市政道路工地告别脏乱差现象,而且减少了道路交通与道路施工的互相影响,确保市民通行安全。周家嘴路越江工程杨浦段临时联合党支部为取得周边居民对工程的支持,通过多种方式加强与居民的联系。在施工现场设置社区居民接待室,并聘请社区居民作为文明施工监督员,保持反馈机制的畅通;收集周边单位和社区居民反映的问题,根据反馈,及时把扰民和对环境的影响降到最低限度。轨交18号线土建13标、14标临时联合党支部为了减少对周边道路及居民交通出行的影响,支部在江浦路等施工区域周边建封闭式围墙,加强文明施工。

（四）积极跨前一步,为周边居民做好服务

临时党支部的党员们充分发挥先锋模范作用,密切联系群众,为周边

小区居民提供力所能及的服务。周家嘴路越江工程杨浦段临时联合党支部的党员们帮助周边小区涂刷"黑广告"和疏通下水道,为群众办实事。轨交18号线土建13标、14标临时联合党支部党员通过为居委会修补道路和自行车棚等,争取周边群众对工程的支持,保障建设进度。2019年初,临时联合党支部及时为项目相邻的上水工房居民区清除道路积雪,保障居民雪天安全出行,得到居民们的交口称赞。社区居委也会开展端午送粽子、夏季送清凉等活动,关心和慰问工地一线建设者。

三、创新·成效

在杨浦区基础设施补短板的攻坚战中,如何使"最大"工地实现"最小"扰民,党建是一个很好的抓手和着力点。通过5个工地临时联合党支部的不断尝试和探索,不难发现,临时联合党支部在推进和保障工程建设中发挥着积极作用。

(一)加强沟通,营造周边和谐氛围

发扬党的群众工作优势,通过工地临时党支部不断形成合力,在工程建设中加强与沿线街道、社区、企业的沟通交流,不断加强工地文明施工管理,减少居民矛盾,共同为优化杨浦发展环境、改善百姓生活品质而努力。

一是通过工程建设单位与属地居委会的密切合作,开展形式多样的宣传活动,使周边群众进一步了解工程建设的意义,了解工程进度情况。

二是通过畅通问题反映渠道,积极解决居民反映的工程在建设过程中难免会给周边群众带来噪声、扬尘、出行不便等问题,确保周边居民对工程建设带来的暂时不变予以充分理解。

三是通过帮助工地周边居民区修补道路、自行车棚等实事,既共同推进社区建设,也争取周边群众对工程的支持,保障了工程建设进度。

(二)形成合力,大力推进工程项目实施

一般情况下,工程参建各方是一种纯粹的商业合作关系,无法建立紧密联系。工地临时党支部的建立,打破了这道"藩篱",进一步明确了工作目标,强调参建各方通力合作的协作精神,使建筑工程建设过程中参与各

方成为有机整体,凝聚党员、凝聚群众、凝聚社会,充分调动各方积极性,形成工地人际和谐、生产和谐的局面。通过不断提升临时党支部的核心力和凝聚力,做实了党建引领工程,让项目上每个党员真正成为思想上的排头兵、行动上的尖刀兵、工作上的先锋兵,进一步提升了工程项目的安全质量管理,大力推进工程项目实施。

（三）共创共赢,树立项目良好形象

工地临时党支部在推进工程建设,把好进度、安全和质量关的同时,也严把文明施工关,共同推进杨浦区全国文明城区创建。工地临时党支部将"惠民工程真惠民,实事工程出实效"的工作理念落实到项目的建设中。通过狠抓工地文明施工,加大工地围挡建设,组织制作了宣传社会主义核心价值观、杨浦区双创等工作的公益广告,使"建工蓝"、"轨交绿"、滨江沿线的工地围墙成为杨浦区"创全"、双创、滨江开发理念的宣传阵地,改变了建设工地脏乱差的形象,成为杨浦城区一道道新的风景线。

（四）互惠互利,各参建单位实现优势互补

项目参建各方在各自的领域中都有着自己的工作优势,都积累了不少好的工作经验。借助建设行业分会这个平台,通过建立工地临时党支部这一形式,更好地在工地上发挥党组织的作用,进一步加强项目上各参建单位的信息沟通、经验分享、项目合作,使各参建单位互惠互利,促进项目的共同发展。

四、启示·展望

杨浦区在支部进工地建设中取得良好成效的同时,仍面临着规范化建设、创新发展不足等困境,未来需要进行优化和改进。

（一）如何进一步规范化发展

临时联合党支部的组织生活,需要形成一定的制度。临时联合党支部各成员间并没有行政隶属关系,缺乏有效制约管理的必要手段,如何保证组织生活的规范化、制度化,还需要进一步探索。同时,在积极听取街道和居委会的需求,及时了解居民的相关意见和建议的基础上,如何做好各方的沟通联络,做到活动"有形式、有内容、有制度、有成效",形成一套既有利于工程顺利开展,又有利于民生的党建机制,需要进一步探索。

(二) 如何进一步创新发展

围绕杨浦"三区一基地"建设,"十四五"期间的建设任务依然繁重,而人民对城市环境等美好生活的向往日益增长,城市精细化治理的要求也随之提高。如何通过党的建设促进重点工程建设,并将工程建设的影响降到最低,进一步发挥工地临时党支部的作用,整合各单位党建工作的经验,不断创新区域化党建的工作思路,为杨浦区的建设发展添砖加瓦,需要进一步探索。

区域化党建联盟建设行业分会通过深入推进区域内工程建设项目的党建工作,整合和凝聚起各方资源,为基础设施"抓双十"工作发挥了保障作用。在下一步的工作中,分会将总结在临时联合党支部建设和党员先锋队建设中取得的经验,进一步推广好的做法,在条件成熟的各建设项目中建立更多的临时支部和党员先锋队,更广泛地开展"党建+攻坚"行动,为推进新一轮建设发挥好党组织和党员的积极作用。

青出于蓝：探索培训"小巷总理"的有效路径

一、背景·缘起

基层党支部书记是基层党组织的第一责任人，是党支部的核心和灵魂，是群众的主心骨、领头羊。基层党支部工作抓得好不好，关键看党支部书记作用发挥得好不好。从长海路街道居民区书记队伍的年龄结构、能力水平、工作作风等方面看，迫切需要加强队伍建设。长海路街道（原五角场镇）辖区内有9个党委、43个党总支、297个党支部、9 200余名党员。2015年换届选举以后，43名居民区党组织书记平均年龄为54岁。从年龄看，一方面是60岁以上的书记有13名，接近总人数的30.23%，既呈现"老龄化"趋势，需要尽快培养接班人，也迫切需要他们将多年从事基层党建工作的经验和优良传统传承与发扬下去。另一方面是新任书记有17名，占整体队伍的39.53%。由于工作经验不足，他们应对复杂局面、处理群众矛盾的能力尚不太强，服务群众的意识和态度也需进一步强化。

在上述背景下，青蓝书记工作室应运而生。2018年换届选举后，居民区党组织书记队伍"一肩挑"的比例从此前的16.3%提升至换届后的25.6%，平均年龄从52.5岁降至48.9岁，出现了2名80后书记。这意味着居民区党组织书记的"一肩挑任务重了"，"年纪轻了"，对能力素质的要求也更高了，也对工作室培养新秀书记提出了新要求。

自2016年以来，长海路街道以青蓝书记工作室为平台，一方面构建了"需求调研—制订计划—实施计划—督导评估"的完整教学链，探索了一种推动居民区党组织书记成长的新样态，提供引领基层队伍专业化发展的新路径。另一方面，充分发挥带教书记的政治素养、人格魅力、工作技巧等优势，全面提升书记们的组织领导能力、党务工作能力、宣传发动能力、破解难题能力以及综合协调能力,为推动区域的基层党建、社区治理、转型发展打造了一支素质优良的基层干部队伍。

二、举措·机制

2016年,五角场镇(现为长海路街道)在社区党建服务中心成立青蓝书记工作室,明确要充分发挥优秀居委书记引领、带动作用,按照问题导向、需求导向和项目导向的要求,认真研究制订培训计划、精心设计培训项目,通过示范、带教、实训等途径,师徒互动,共同提高,打造一支结构合理、来源广泛、素质优良的居委干部工作队伍,并力求让社区工作经验不足的居委干部补齐"短板",脱颖而出,早日成才,实现"青出于蓝而胜于蓝"的培养目标。

(一)组建带教团队

青蓝书记工作室实行"1+X"运行机制,选聘1名导师,吸纳多名党组织书记为工作室成员,打造以名带优、以优带新的培训阵地,以区"十佳小巷总理"、五角场镇教师公寓居民区党总支书记为带头人,由在党员群众中有较高威信的优秀片区书记、居民区党总支书记、社区专职党务工作者等组成,共有12名导师。每名导师分别结对3～4名新书记,签订带教协议书,明确规定带教时间、带教内容、双方的职责等,每年开展不少于12次的集中带教。

(二)制定带教计划

按照问题导向、需求导向和项目导向的原则,认真研究制订培训计划。每年初以问卷或召开座谈会的形式,征集新秀书记在开展基层党建工作中遇到的难题,如"两学一做"怎么学、怎么做,如何过好组织生活,军转干部如何缴纳党费,片区党建小联盟运作方式,业委会、居委会、物业公司"三驾马车"如何运行,居民区党组织服务群众专项经费如何立项,居民自治如何开展,如何发挥一班之长的核心作用,如何提高处置社区突发情况的能力等。导师们根据问题清单,按照"面对面出谋划策、手把手言传身教"的带教原则,根据带教对象的不同年龄、不同资历、不同需求,制订个性化的培训方案，注重带思想、带作风、带能力，着力提升居民区党组织书记"会干事"的能力。

（三）实施带教计划

以每月主题沙龙、书记带教、书记论坛、书记诊所、书记课堂等形式，通过党务培训、经验交流、实地参观、实践带教、案例研讨、情景模拟、"头脑风暴"等多样化课程，有针对性地分享导师们多年在社区"摸爬滚打"的经验、治理社区的创新方法与思路等，不定期走访各居民区，采取现场了解问题和现场解决问题的方法，解疑释惑、相互启鉴，为居民区党组织解决群众"急、难、愁"问题把脉，共同商量解决方案，开出"处方"；帮助新秀书记补齐"短板"，增强业务技能，培养他们与居民群众的深厚感情，提高他们解决问题的能力。针对后备干部、新任书记等不同对象，因材施教实施"育苗""培土"以及"施肥"工程，开展"党建品牌项目拓展""书记辩论赛""请进来、走出去"等活动，以期充分发挥优秀居民区党组织书记的示范、引领和带动作用，切实提升居民区干部队伍的工作能力。

（四）建立定期督导制度

为实现对社区党建工作的长效管理，青蓝书记工作室建立分片督导制度，将街道43个居民区按地域划分为7个片区。工作室成员分片包干，每人负责1个片区，定点督导4～7个居民区党组织，查找问题、督导督办，对重点工作进行指导，参与居民区党组织考核，每半年将班子实际表现情况反馈给街道党工委，纳入年底考核指标体系。督查包括4个步骤：听——听取书记关于社区党建项目开展情况的汇报；查——查阅党的政策宣传、党员队伍管理、党建联建、社区重点工作台账；看——实地查看社区发展、变化、管理实效等；访——访问社区干部和社区居民，了解党建工作落实情况，确保督导的及时性、有效性和可持续性。

三、创新·成效

三年来，青蓝书记工作室的带教对象从最初22名居民区党组织书记扩展到副书记和一些党务工作者，累计带教45人次，充分发挥了"传、帮、带"作用,成为街道党建工作的"智囊团"、新秀书记培训的"孵化地"、工作经验成果的"分享堂"。

(一)"传"播了专业知识

青蓝书记工作室以问题为导向,带教中有针对性地传播党务专业知识,小到如何把会前准备工作做到"疏而不漏",做好会议议程,大到支部书记的党性修养与模范带头作用,导师们都以多种多样的方式言传身教。

例如,如何策划活动以有效发动社区群众参与社区治理? 有导师建议,根据不同人群,策划一系列活动可以增进居民间的交流,营造睦邻文化氛围和熟人社区。要将区域党建融入项目中,花小钱办大事,把钱用在刀刃上,最终达到居民自治的效果,起到自我教育、自我管理、自我服务的作用。此外,做项目前要早谋划、早打算,以问题为导向,找出小区内的集中问题后,再在居民区做宣传,广泛听取居民意见,有针对性地招募志愿者,组建志愿者队伍。

例如,围绕"如何协调社区居委会、业主委员会和物业管理公司三者的关系"议题,书记们结合各自小区的实际情况,交流了经验体会。通过一个个真实、鲜活的典型案例,工作室成员介绍了让社区的"三驾马车"同驱并进、形成合力的办法,诠释出自身对于社区管理的独特理念。

针对工作中存在的困惑,大家也开展了热烈的讨论,共同商讨改进的良策。例如,如何开展社区党建工作? 带教老师从两委班子的建设到社区党员的管理,从党总支会议、党员会议到四位一体联席会议制度的建立,再到文体团队的管理,从志愿者队伍建设到与业委会物业之间关系的处理,等等,每一项都用丰富生动的事例重点突出党建引领的指导思想。

例如,支部书记做好一切工作的前提是什么? 导师们语重心长地答道:"社区工作是为老百姓服务的最前线,也是联系党、政府、群众的纽带。社区工作看似简单,实则不易,既考验工作能力、工作态度,也考验沟通协调能力、洞察反应能力。只有把居民的每一件小事,当做自己的每一件大事,以真挚服务作为自己工作的准则,才能建设安全局面,建立和谐社区。""作为书记,不仅要有强大的内心,单靠自己过硬,去肩负重任远远不够。重要的是带领班子,创建队伍带一片。发挥每人特长,产生出'1+1＞2'的工作能力和方法。"

(二)"帮"助解决了困难

青蓝书记工作室的带教方式不仅仅是坐而论道,如何成立业委会,老旧居民楼加装电梯,处理突发事件,垃圾分类等,几乎是每个小区都会面临的难题,工作室的导师们更多的是亲临现场把脉,破解难题。

例如,位于政立路上的一小区,居民入住16年来一直没有成立业委会,小区电梯老化经常"罢工",群租泛滥,小区居住环境糟糕,业主叫苦不迭。面对这一难题,市光二村居民区党总支书记与带教导师经过深入探讨,多次走访居民区,师徒最终开出了一剂"良药",即"最大限度地让社区党员和在职党员在自治中发挥作用"。由党总支牵头,先后召开多次居民座谈会、党员听证会,广泛听取意见和建议。通过唤醒党员身份的活动,积极发挥党员的先锋模范作用,同时也通过民主选举,选出新一届业委会成员,其中三人是社区党员,一人是在职党员。在社区党员的参与下,小区环境焕然一新。

例如,2018年6月,政立路26弄小区出现1例疑似登革热病例,病媒防制人员、爱卫办、社区医院等各有关部门立即赶赴现场开展疫点监测与控制工作。接报后,新秀书记不知道应该做什么、怎么做,有些手足无措。这时带教导师及时给出3条建议:首先是通过楼组长收集患者及其家属信息;其次是组织整理一个安置点,为后续防疫工作推进做准备;最后是召开党员会议,让党员骨干同步参加事件通报会,让他们深入群众传播正能量,避免造成居民的恐慌和不配合。经过25天的处置,在患者居住核心区及警戒区内未发现新发登革热病例,社区居民的生活工作基本没有受到影响。

例如,政立路179弄在推进垃圾分类过程中,由于小区垃圾桶大小、颜色不统一,有居民投诉到区相关职能部门要求整改,大多数业主主动向业委会提出应规范投放垃圾的诉求。最后由居委会牵头,街道管理办、业委会、物业公司召开四方联席会议,达成共识制订定时定点试点工作方案,垃圾分类得到广大居民的认同和积极参与。

（三）"带"动了队伍建设

通过导师的言传身教，引导居民区党组织书记牢固树立群众观点，不断增强服务意识，厚植社区情怀，当好示范标杆，让群众"找得到人""说得上话""交得了心"。新秀书记带着问题来，带着思路走，以问题为导向，在实际工作中积极实践和探索，解决"门难进、口难开"，明确"干什么、如何干"的问题，真正学到"真谛"，取到"真经"，拓宽了工作思路，掌握了服务群众的方法，提升服务居民的能力，增加了新秀书记的"经验值"，涌现了一批"化解矛盾的解铃人"和"社区服务的带头人"。新秀书记们纷纷表示，在青蓝书记工作室导师的指导下，从一名"门外汉"逐渐转变为"小巷总理"，始终牢记着一句话，即"心里装着老百姓，就知道工作该怎么干了"，就是这句话指引着他们任劳任怨、敢担当、有责任，为创建美好社区而不断努力、不断前进。

四、启示·展望

青蓝书记工作室三年的实践，探索出了一条培养基层党组织书记的有效路径，体现了示范性、专业性、实践性和可持续性的特点。

（一）示范性

青蓝书记工作室的书记，主要是指在一定区域内有一定知名度和影响力的在职或退休的居民区书记。优秀书记们的社区治理理念科学、专业特色凸显，深得社区居民的喜爱、同事的钦佩，是社区宝贵的、优质的人力资源，可以发挥其示范引领和激励辐射效应，带动居民区书记队伍建设水平的整体提高。

（二）专业性

青蓝书记工作室通过培训带教、实践操作、跟踪督导等途径，遵循培训规律，从带教对象的实际出发，构建了"需求调研—制订计划—实施计划—督导评估"完整的教学链，探索了一种推动居民区书记专业成长的新样态，提供了引领基层队伍专业发展的新路径。

（三）实践性

青蓝书记工作室作为植根、成长于社区一线的带教团队，其使命和价值在社区，其岗位和舞台在社区，其成果和实效也在社区，始终把社区党建、基层治理的实践性作为其运行的出发点和落脚点，把解决关系居民群众切身利益的难点问题作为根本任务，更好地为提高基层队伍素质服务。

（四）可持续性

以管理规范化实现工作室的可持续发展。青蓝书记工作室在运行中要不断完善诸如会议制度、管理制度、调研制度、带教制度、学员成长档案制度等各项规章制度，并定期接受区、街道等部门的评估和考核，做到有章可循。

在不断深化党建带群建促社建，促进社区自治共治的道路上，青蓝书记工作室还将进一步对基层社区工作中的"急、难、愁"问题展开探讨，集思广益，破解疑难杂症，创新党建引领下的居民自治共治。

筑巢引凤：以"党建+"三位一体模式
推动园区党建

一、背景·缘起

　　2015年5月，上海市委明确要求杨浦区打造上海科创中心重要承载区，建成"万众创新"示范区。此后，杨浦区迎来了新一轮创新驱动发展机遇。控江路街道敏锐地抓住周家嘴路—凤城路周边园区、厂区、校区、居民区互相交织的地域特征，按照中部提升区的功能要求，确定了整体打造集创新设计、文化创意、创客孵化、休闲娱乐、党建服务于一体的开放式街巷系统"凤城巷"的总体思路。为打造区域特色，促进凤城巷的经济发展，使之与现代社会相融合，控江路街道决定改造凤城巷，逐步清退旧厂房中的商户和住户。通过盘活闲置的有限资源，整块成片开发利用，既保留老厂房、老建筑风貌，又与周边社区、街区协调融合。经过为期两年的改造，2017年，凤城巷以"轻"质元素打造出了迷你凤城巷园区，旨在为创业者提供优良的创业环境和贴心的创业辅导。秉承工业"劳模精神"，凸显文化艺术特色，作为凤城巷唯一的创业园区，凤城巷园区既是连接创业者与政府的桥梁，也与周边商户、居民的和谐关系建设一脉相承。凤城巷园区使得创新精神和工匠精神得以继续发扬。

　　为探索实践党在新兴领域的领导力、组织力和服务力，将党建工作延伸到经济发展的前沿阵地，探索新兴领域党建工作，通过党建引领服务创新创业，2017年，控江路街道党工委紧扣杨浦"三区一基地"建设要求，积极探索城市基层党建工作的新路，打造了"凤归巢"① 党建服务站。2017

---

① "凤归巢"党建服务站，"凤"代表党员、青年精英、白领等人士，"归"是党性回归，"巢"是指创新创业热土，旨在形成"党建+双创"和"党建+睦邻"的模式，为创业者营造和谐的环境和氛围，为周边居民提供所需服务，为党员和青年提供一个核心价值引领、成长成才、休闲交流联谊的平台，让党员群众、青年白领在这里找到家的感觉。

年7月底,"凤归巢"党建服务站正式揭牌启用。

以凤城巷园区为依托,以"凤归巢"党建服务站为抓手,围绕引领、凝聚、服务、交流的功能定位,通过机制创新筑巢引凤,控江路街道探索出园区党建新路子,吸引了各类组织、群众团体、党员和青年英才团结凝聚在党组织周围。

二、举措·机制

"凤归巢"党建服务站以"党建引领,服务双创"为宗旨,集教育管理、服务阵地、睦邻空间于一体,打造"党建+"三区融合的公共服务平台。

(一)问题导向定功能

"凤归巢"党建服务站在项目施工的第一时间,就开展了需求调研,发放"'凤归巢'能为你做什么"的调查问卷,并形成调研报告。结合新兴领域党建的薄弱环节和关键诉求,工作人员精准对接,通过"党建+服务""党建+睦邻""党建+双创"三大模式,三位一体统筹推进,最终形成了"凤归巢"党建、睦邻和双创的功能定位。

(二)需求导向做项目

结合园区党员和青年对自身修养、休闲娱乐、党性教育方面的实际需求,在组织策划具体服务项目的过程中,紧扣"党建+"的三位一体理念,在项目设计上,做到季季有主题、周周有活动。党建服务站自启用以来,根据园区和社区党员群众的需求,积极开展党史党建、金融税务、文化休闲、睦邻集市、创业专场等服务项目。2018年,控江路街道党工委积极与社会组织对接,围绕"凤归巢"党建服务站"为何做、做什么、怎么做、谁来做、达到什么效果"几方面问题展开讨论,经过沟通协商,制订详细工作方案,立足社区需求,整合运用本地社区优势资源来回应社区需求,有效解决社区的问题。在调研了解的基础上,经专业评估,通过对空间进行升级改造,调整优化活动项目。

(三)效果导向建机制

为提升"凤归巢"党建服务站的运行效能,控江路街道党工委建立了走访联络机制、资源项目清单机制、基础工作台账机制等工作机制。

一是走访联络机制。定期走访园区企业、辖区"两新"党组织和周边社区,及时了解和回应企业、"两新"党组织和社区党员群众的需求,关注并服务于创客的成长发展,服务党员群众,推动党建带社建。

二是资源项目清单机制。线上建立园区党员和青年微信群,发布活动信息,跟踪活动效果,开展满意度调查,形成发起—组织—跟踪—调整的工作闭环。线下加强氛围营造,通过海报、易拉宝等形式在园区进行宣传,制作、发放"凤归巢"党建服务站宣传册,扩大"凤归巢"服务的覆盖面。

三是基础工作台账机制。实行场地预约登记、来访登记、活动参与登记制度,对反馈意见进行书面整理、及时分析回复、落实整改,通过大数据分析的方法来提升管理效能。

(四)精准施策提质量

为进一步提升"凤归巢"党建服务站的知晓度、服务面和活动参与度,控江路街道党工委深入调查研究,了解到"凤归巢"党建服务站在宣传力度上有待提高。随后,控江路街道党工委制定了使用指南,详细罗列场馆使用、服务项目、资源清单,在园区及周边社区的走访中广泛发放宣传册及海报。同时,以大调研为契机,在走访园区及辖区企业的基础上,召开多场座谈会,包括园区企业座谈会、"两新"党组织座谈会及周边社区座谈会。通过座谈会问需问计,扩大了宣传、了解了需求、推广了资源、促进了沟通。通过对控江路街道凤城巷园区企业以及周边的街区单位(企事业单位和居委会等)以"走上门和请进来"的双向方式,开展深入的调研工作,熟悉园区和街区各单位的现实需求以及潜在的优势资源。通过社区走访和座谈调研活动,建立中心项目团队与园区企业以及街区单位之间的互动关系,也为"凤归巢"党建服务站各功能室升级改造贡献了智慧。

一是空间共享增人气。2018年,"凤归巢"党建服务站通过"走进去,待下来"的方法,根据园区和街区单位的睦邻党建服务需求,结合场馆公共空间和功能,通过建立安全、有序和高效的场馆运营管理制度,把睦邻中心作为园区的公共空间真正地开放出来,搞活空间,积极协助党群部门做好各节点的党群活动,提供场地安排、会务、宣传及后勤保障等工作。在维持原有热度的基础上,开发更大的功能空间,进一步完善规章制度,延长服务时间。

二是社区走访问需求。2018年,"凤归巢"党建服务站通过走上门,对周边6家社区居民委员会进行了多次走访调研,上门征询需求,根据社区党员群众的党建睦邻服务需求,结合"凤归巢"特别设计的时尚开放式空间和多功能体验区,通过建立安全有序和多元化使用的场馆运营模式,在提供有的放矢的精品课程之外,也让"凤归巢"成为充满吸引力的、有温度的党建共享空间,让园区和周边更多群众走进来、留下来。

三是党建引领共创行。2019年,"凤归巢"党建服务站更加注重"两新"单位党组织与社区党总支的成长与共创,为园区"两新"党组织及社区党员群众提供学习交流的平台。针对不同主体的需求,结合时事,通过走进"凤归巢"开展专题培训及组织外出研学,参访上海历史党建基地,促进园区"两新"党支部与社区党组织党员相互交流学习,凝聚伙伴力量,学习新时代新思想之下的红色课题,增进党组织之间的学习与交流,共同促进园区、社区、街区联动发展。

三、创新·成效

"凤归巢"党建服务站是街道探索推进园区党建的抓手和载体,自2017年揭牌伊始,通过各类讲座培训和"午间一小时"的睦邻活动给党员群众带来实实在在的获得感。

(一) 凸显了党建服务功能

"凤归巢"党建服务站切实发挥了党务指导、党建活动、教育培训的服务功能。通过这一项目,园区和周边社区居民对党建服务站的知晓率超过85%,党建服务站提供的活动和服务的好评率超过80%,让"凤归巢"党建服务站成为园区和社区互动交流的载体,即便在没有活动的情况下,"凤归巢"也面向园区和周边社区开放,让居民在工作、学习之余,走进来、留下来,筑巢引凤,引百凤归巢。经过2018年一年的运行,"凤归巢"党建服务站的知晓率、好评度均达要求,并不断进行新的尝试和探索,力求将其打造成为党建引领下的最具活力的睦邻中心。

(二) 推进了睦邻园区建设

通过购买社会组织的服务,"凤归巢"党建服务站实现了服务的专业化、规范化、社会化,让园区逐渐由生人环境转为熟人环境,促进园区与社区、居民区的融合。2017年,"凤归巢"党建服务站通过"午间一小时"睦邻活动培育了一大批"巢粉"。2018年,在此基础上进行了优化,探索通过项目引领,让"凤归巢"党建服务站成为园区白领、青年精英、社区党员群众可以走得进来、待得下来、聚得起来、干得出来的地方;发挥"凤归巢"的党群共建平台功能,引导"两新"党组织与社区有效结合,促进合作项目的产生。在已落地的睦邻项目的基础上进行延伸,结合社区、园区的多元化需求,开发出更多的党群睦邻项目,并能促使场馆自组织团队为合作项目提供志愿服务。这在很大程度上提升了党员与群众的认同感、归属感、获得感。

(三) 发挥了助力双创功能

在建立、完善孵化区的同时,根据创客的需求,"凤归巢"党建服务站定期举办双创系列讲座和相关交流活动,为创客们提供了实实在在的指导与帮助。2018年,由街道党建办统筹,继续依托社会组织,不断创新服务,坚持"服务园区强深度,服务社区有广度",探索通过党建引领社建,让"凤归巢"党建服务站发挥积极作用,成为园区和社区人群互动交流的平台,同时,打造具有区级影响力和活力的园区睦邻中心,促进凤城巷园区及周边社区发展。2018年,"凤归巢"党建服务站拓展了三大主题项目,分别是"党建活动""大型社区活动""优士系列课程",通过三个项目的不断优化及渗透,促进创新创业,实现"三区联动"。

为了优化"凤归巢"的内部空间功能,打造有温度的组织生活室,特邀请园区及"两新"党组织体验组织生活室,每月的"大家微讲堂"广泛发动园区青年白领参与,并及时了解他们的服务需求,为党建联建搭建信息平台;优士课堂针对不同年龄、不同需求的在职白领开发出更多精品系列课程,目前已开展了瑜伽系列课、盆景制作体验课、西点烘焙系列体验课等共计11个系列55场课程,服务2 000余人次。

"凤归巢"党建服务站在调研了解更多需求的基础上开办凤城夜校,为青年白领、社区居民带来新政策、新知识、新技能的获悉平台和自由交流天地;已策划多场大型社区活动,每季度一场的党群睦邻市集已成为"凤归巢"党建服务站和周边社区的特色睦邻服务品牌。通过向园区"两新"单位招募摊主,向社区招募自组织团队及游客,以园区进社区同时联合街区的形式,共同开展了一场又一场丰富多彩的市集活动,其中包含了体验服务模块、亲子互动模块、非遗文化模块、绿色环保模块以及红色党建展览模块,覆盖了老、中、青、幼等不同群体,不仅为社区居民带来了一场场妙趣横生的睦邻市集活动,为园区"两新"单位带来一次次进入社区的机会,更为街区带来了共建共享的创新发展前景。

党建睦邻项目的开发,大力提升了园区党员和群众的认同感、归属感、获得感,让党员和群众从被服务的角色逐步转变为服务者的角色,逐步成为园区和社区人群互动交流平台的积极参与者、策划者,从而打造出具有区级影响力的园区睦邻中心。

四、启示·展望

为了更好地引领、凝聚、服务园区青年白领及社区党员群众,在继续坚持"党建引领,服务双创"的宗旨下,控江路街道党工委坚持推动资源开放、资源开发、资源整合,积极引导园区企业员工树立"抓党建就是抓发展"的理念,全面抓细抓实园区党建工作。"凤归巢"为园区白领及社区党员群众特设了党建服务区,详细介绍了中国共产党成立与发展的历程,更有大量的党建资料供党员群众查阅,为党员群众提供了开展党组织生活、读书会的资源交流平台;更为中青年白领及党员开设了悦读空间,提供了大量文学、社会科学、政治军事、历史地理、文化教育等书籍,让党员群众在工作生活之余可以修身养性、陶冶情操。

(一)聚焦"三个导向",精准发力强服务

以需求、问题、效果为导向,做实"凤归巢"党建服务站阵地、功能和机

制建设,从"两新"党组织和企业最关心、最直接、最现实的问题入手,寓引领于服务中,为"两新"组织健康发展提供服务保障,在园区实现党的组织、工作、作用全覆盖。

(二)聚焦"三建融合",深化共建共驻共享

发挥"凤归巢"开放式、集约化、共享性平台功能,促进园区、居民区和区域化党建联盟单位等各方资源的相互贯通、共享,推动街道"两新"组织党建、居民区党建和区域化党建的"三建融合",实现整体提升。

(三)聚焦多元参与,激发党建引领下的社区治理活力

以"凤归巢"为平台,充分发挥园区企业、驻区单位自身的资源优势,有效激发市场和社会力量参与社区治理的积极性,积极调动园区及社区的党组织、党员青年在组织活动、凝聚群众、参与治理等方面的积极作用,实现共抓党的建设、共育先进文化、共同服务群众、共建美丽控江的目标。

全能跨界：纵横交错多元深度 融合的区域党建

一、背景·缘起

五角场是上海科创中心重要承载区、国家双创示范基地的核心区,面积为7.66平方公里,常住人口14.66万人。这里,复旦大学、上海财经大学等高校密布,腾讯众创、Innospace+等园区联合创新,空军上海基地等部队云集,合生汇、百联、万达等商圈楼宇相连,形成了校区、园区、营区、商区、社区"五区联动"的区位优势。五角场街道党工委自落实上海市委关于创新社会治理加强基层建设"1+6"文件以来,聚焦社区党建"1+2"新体制①,推进街道行政组织党组和社区党委"一组一委"实体化运作,理直气壮抓党建,心无旁骛抓治理。

(一) 筑牢根基,凸显街道党工委"龙头"作用的需要

街道党工委作为城市基层党建中的"龙头",要充分发挥统筹协调、把关定向、整合资源的作用,推进区域单位在更大范围、更宽领域、更深层次上成为互融共通的"一家人"。

(二) 强化引领,推动自治共治德治法治一体化发展的需要

社区事务自治、社区管理共治、社区文明德治、社区秩序法治需要在街道社区党组织的引领下,让群众的"需求管网"与社会的"资源水库"有效对接,增强自治共治德治法治向心凝聚、向外辐射的"虹吸效应"和"溢出效应"。

(三) 加强管理,落实城市社区管理绣花般精细要求的需要

要增强五角场城市副中心的吸引力、创造力、竞争力,必须更加重视社

---

① "1"是指街道党工委,"2"是指社区党委和行政组织党组。

区管理软环境,对标最高标准、最好水平和群众美好生活需要,抓住关键细节,蓝图一针一线踏实绣,管理一锤接着一锤打,让市民生活更有品质。

二、举措·机制

五角场街道党工委着眼城市副中心建设,围绕公共管理、公共服务、公共安全"三公职能",促进产城、学城、创城"三城融合",加强居民区党建、"两新"组织党建、驻区单位党建"三建融合"。

(一)加强顶层设计,对接基层实践

五角场街道党工委突破社区党建工作内循环,完善基层社会治理的领导体制和运行机制。

一是抓队伍整合。优化党政内设机构的设置,用好街道内外两种有生力量,推进工作机构扁平化;以群团改革为契机,统筹调配街道机关党群工作力量,健全前台一口受理、后台分类指导等工作流程;发挥126家社会组织参与社会治理的重要作用,成立社区公益基金会,募集善款300余万元,通过购买服务、吸引公益资源,推动党建服务项目化运作、品牌化建设、精细化管理。

二是抓社区营造。党工委领导的"一组一委"配足社区治理"营养餐",把好基层建设"风向标",先后形成创业生态社区、青年社区、公益社区、老年宜居社区、睦邻家园建设、互联网企业党建、文化社区等专项社区规划,构建起"开放包容、互信认同、出入相友、守望相助"的睦邻家园。

三是抓力量下沉。用好针对区职能部门派出机构负责人的人事考核权、征得同意权等"五项权力",推进城管、房办、绿化市容3支下沉队伍执法资源的有机整合,通过人员的"物理整合",催生治理的"化学反应",形成了区街协同、部门联动、系统施策、综合治理的新局面。

(二)凝聚区域力量,搭建协商平台

一是完善区域化党建联盟分会。五角场街道党工委以深化拓展区域化党建为重要抓手,持续开放党建资源,拆除藩篱,打通城区精细治理源头,吸纳国防大学政治学院、哔哩哔哩等30家驻区单位加入区域化党建联盟分会,下设离退休干部党建等专业委员会,推进特聘党建组织员、指导员走入上海财经大学、哔哩哔哩等高校和企业,串珠成线式打造多层次、扁平化、融合式的组织平台。

二是夯实"两委三会四议"①社区民主协商机制。街道成立社区党委、社区委员会,召开街道党员代表会议、社区代表会议、社区党建工作会议,形成提议、商议、审议、评议机制闭环,吸纳160名区域单位党员代表和330名社区代表,探索自下而上的议题形成机制、多元主体的议事联动机制和资源众筹的项目建设机制,推动上海开放大学等15家联盟分会成员单位通报履行社会责任。

三是辐射"四个就地"工作模式。街道与区科委、区科创集团等共建"创承汇"②党建工作平台,加强商务楼宇、各类园区、互联网业等新兴领域党建覆盖,采取科技园区"统领式"、核心商圈"联片式"等党组织覆盖模式,探索就地服务创新创业发展、就地培育员工社团、就地促进党组织和党员骨干成长、就地支持开展各类社区公益等"四个就地"工作模式,新东方教育、鲁班软件等企业党组织党员亮身份、作贡献,参与"微心愿"认领等"党员到社区、人人做公益"主题活动。

（三）树立需求导向,推进共建共享

一是资源双向整合,建立"三张清单"。五角场街道党工委围绕共同需求,走向"联动作战",整合现有各类资源和数据应用,梳理更新7类需求、67处资源、59个项目"三张清单",打好区域化党建"精准牌",形成了五角场商圈党员志愿服务、葛海英博爱工作站、大隐·五角场人文讲坛等服务品牌。

二是服务区域单位,共推社区发展。在创新社会治理加强基层建设过程中,发挥区域单位、社会组织、群众团体等多元主体作用,深入推进睦邻

---

① "两委"：社区党委、社区委员会；"三会"：区域化党建联盟分会扩大会议、社区党员代表会议、社区代表会议；"四议"：工作提议、项目商议、方案审议、结果评议。
② "创"指国家创新型城区和国家双创示范基地；"承"指科创中心重要承载区；"汇"指汇聚各方资源。

家园建设。围绕部队停止有偿服务活动,军地双方合力攻坚;围绕河道治理,与沿岸单位加强联动;围绕无证餐饮整治,与区域高校共同发力,疏堵结合;围绕民生保障,与上海财大共同实施武川路222弄拆除重建;围绕美丽街区,成立大学路自我管理委员会,巩固复旦大学周边业态整治成果;围绕物业管理,成立杨浦区域化党建联盟街道分会物业和业委会专委会,探索建立"工作指导站""社区YOUNG当家"等平台,培育杨浦首家电梯加装社会组织"房加美",已立项加装电梯6台,29个门栋启动征询工作。

三是服务双向参与,加强治理联动。通过与复旦大学博士生讲师团等团队共创五角场社区党校,与淘璞电子商务共办公益市集,与复旦科技园、财大金融谷共建党群服务站,持续推动红色文化进楼宇、进园区、进商圈;探索"支部建在项目上",成立轨交18号线17标等2个临时党支部,带动沿线单位参与"社区大管家",实现区域单位共建共享共赢,优质资源互联互补互动,架起驻区单位和基层社区、党员群众之间的"立交桥"。

(四)广泛动员参与,多元融合共治

一是建立健全创服体系。联合9所高校打造"五角场创业大赛"等品牌,整合复旦科技园、财大金融谷等8个科技园区,创业者公共实训基地等2个国家级创业基地,形成"8+2+X"创服体系。为助力长三角地区更高质量一体化发展,累计吸引60余个长三角地区的项目参赛,打造"创业故事会"等项目。开展"进博先锋行动",在商务楼宇、众创空间中建立党员责任区、示范岗,服务双创事业。

二是发挥文化溢出效应。发挥"魅力五角场"文化联盟的濡化铸魂和举旗筑脊作用,推进街校联动、文商结合、军地合作。为提升五角场格调,讲好五角场故事,五角场街道党工委创立社区校园文化节、社区文化节等文化品牌,形成复旦摇滚音乐节、高校街舞联盟、"最in五角场 改革再出发"红色走读等文化项目,邀请李大潜、张国伟等沪上知名专家学者为白领青年鼓舞士气、淳化风气、涵养心气。

三是打造引才育才高地。立足健康生活、婚恋交友、青年创业等需求,通过"线上推广+线下阵地",形成乐活、乐聚、乐爱、乐学、乐创5大功能板块共26个特色俱乐部，吸引年轻在职党员融入公益组织，强化其组织认同和社区归属感。

四是辐射传播公益价值。促进广场公益、随手公益、社区公益等党员公益活动持续壮大，在五角场商圈和创智天地园区开展公益义卖、公益义诊、公益捐赠、公益倡议等，在空间上向"大园小区"辐射，在内容上向"大事小情"拓展，十年磨一剑，擦亮标志性楼宇"党员志愿服务"铭牌。

三、创新·成效

五角场街道党工委不断提高城市精细化管理水平，做好各项民生服务保障工作，其统揽全局的作用进一步加强，配置资源的能力进一步提高，有力地提高了群众的满意度和获得感。

（一）党建引领效应更加明显

"五区"单位资源整合、多元参与、联合共建的路径得以拓宽，城市基层党建"龙头"的顶层设计和统筹协调能力得到了强化，基层组织体系得到了拓展，党员队伍教育管理有效加强，社会治理潜能被显著激发。如邀请复旦大学党委宣传部常务副部长、上海又一城购物中心有限公司党总支书记等区域单位和"两新"组织党组织代表担任社区党委"兼职委员"，突破社区党建"封闭单一"的格局。又如积极实施基层党员干部"头雁工程"，培养选派陆建华、许之曦等优秀干部在基层挂职锻炼，并在其带领下，推动了居民区党建和区域单位党建的互动融合，培育壮大了"护河行动""快乐星期五""创智农园"等睦邻小品和口袋公园，涌现出居金根、吴秀英等睦邻达人。居民区党组织搭建"百脑汇议事堂"，邀请多方专家，围绕民主议事、楼楼联动等议题探索社区治理新路径，开启楼道治理年，建设141个睦邻示范楼组。

（二）共治自治资源更加集中

五角场街道党工委引领"五区联动"对"社区"的重塑，梳理了共治与自治的脉络与架构，为"三建融合"注入了新内涵，建立起了"机制共建、义务共担、资源共享、实事共办"的共治共享模式，使群众成为最大的受益者。如五角场街道与复旦大学、上海财经大学结对共建党建理论研究基地、青年教师发展基地、大学生社会实践基地,引导高校智力资源向社区溢出,形成"情景党课""职业指导师"等13个合作项目;成立上财法学院—五角场普法工作室,高校、社区22个基层党组织结对签约实现"书记手牵手",51名大学生暑期在街道挂职锻炼,为社区带来治理新思路、新方法、新气象;邀请复旦大学中国研究院院长张维为到社区、园区开展"大家微讲堂·社区政工师"活动,为白领青年和社区党员带来网红思政课。又如社区党委与国防大学政治学院合作,让党的十九大代表、首届全国文明家庭成员王金丽教授在社区成立"金丽心灵驿站",为社区百姓和园区创客提供心理疏导服务。

（三）基层治理基础更加牢固

街道党工委通过双创工作树品牌、文明创建亮名片、安全工作牢记心、城区管理破顽症、环境治理三条河、民生服务抓满意等重点工作,实现区域产、城、人、文协同发展,激发自治活力。如围绕政通路微更新项目,与选区人大代表、辖区居委代表和高校规划专家进行"头脑风暴",设计人车分离、快慢分流、软硬隔离的安全慢行通道,又依托网格中心,布下精细化响应和常态化执法网络,打造了五角场区域的"样板间"。2019年,政通路获"全球道路安全评估"五星好评。又如针对睦邻家园建设需求,坚持党建带群建促社建,鼓励社会组织在社区开展公共服务、公益慈善、文体活动,带动职工之家、妈咪小屋、青年中心、妇女之家等群团项目进驻党建站点,引导同济大学"四叶草堂"团队等专业设计力量进驻创智坊、国定一、三门等新老小区,通过公共空间微更新、社区生态微活化、居民自治微改造等方式,激发睦邻热情,国定一"睦邻门"项目荣获"中国（上海）社会治理创新实践十佳案例"称号,"四叶草堂"团队获2019年杨浦区社会组织年度峰会最具活力奖。

四、启示·展望

五角场街道在区域党建项目中的探索创新,将核心、需求、资源、发展统筹起来,共同发挥好在党建工作中的作用。

(一) 发挥街道党工委核心作用是关键

必须发挥街道党工委在社区共治中的主导地位,善于发现社区共治的紧迫问题,凝聚社区共识,把握共治方向。要加强街道层面的统筹协调,发挥"五区联动"优势,针对不同领域的各类主体的不同需求及特点,采用不同的动员、协调与整合方式,探索不同的共治参与机制,引导企事业单位、社会组织、群众团体共同参与社区共治。

(二) 坚持基层需求导向是基础

必须体现向下负责,结合辖区群众"急难愁"和重点攻坚"自定义",按照需求导向顶层设计,规划立项。根据五角场区域发展特点,深化利益共识,强化利益协调,把社区共同需求、社区共同目标的合作纽带具体化,通过"一组一委"实体化运行,把党的主张转化为推动发展、服务群众、共建共享的社区共同目标、共同行动。

(三) 共享区域党建资源是突破

必须注重统筹体制内外的社会资源、单位资源和个人资源,充分发挥不同群体优势,有效整合各方力量,更为有序地动员社会、协调各方,共同为社区提供精准有效的公共服务。要推动财力、人力、物力向基层倾斜,构建新型条块关系,打牢基层基础,使社区有底气、有资源、有能力为群众提供精准有效的服务,提高社会治理水平。

(四) 推动社区共同发展是目标

要根据区域特点、资源布局、需求分布等现状,精心设计载体,丰富服务内容,创新活动形式,有效激发驻区单位的参与热情,在基层实现各类资源共享,让各级党组织有能力、有办法来服务和引领社区群众、单位职工。要把"两委三会四议"社区民主协商成果转化为推动发展、服务群众、共建共享的社区共同行动,并加强精细化服务、人性化管理,使社区主体均有公平发展机会,共同打造宜学、宜居、宜业、宜游、宜创的五角场。

体系重构：党建联盟圈引领功能区
实现新发展

一、背景·缘起

大连路总部功能区位于杨浦西大门，区位优势显著、商务氛围浓厚、商品住宅环伺、精英人才汇集。经过数年的发展，总部功能区内已入驻企业600余家，聚集了大陆汽车、李尔、西门子等世界500强企业的地区总部、研发中心和营销中心。面对杨浦"三区一基地"①建设机遇，江浦路街道办事处按照创新社会治理加强基层建设工作要求，将工作重心集中转移到"三个公共"（公共管理、公共安全、公共服务）上来，进一步贯彻城市基层党建工作精神，牢牢坚持党建引领社会治理这条发展路径，依托睦邻党建联盟圈这一平台，针对功能区企业的特点和党员青年及白领的特征，聚资源、创举措、汇合力，通过打造党建阵地、回应党员需求、创新组织生活、扩大组织覆盖等举措，不断提升大连路总部功能区的品质和市民满意度。

二、举措·机制

大连路总部功能区党建联盟圈以系统性、整体性、一站式、模块化、互动式、体验式、信息化方式开展工作，搭建平台，做好服务，提升城区品质。

（一）"系统性"健全党建体系

着眼社区党建"1+2"体制，建立"两委"（社区党委、社区委员会）、"三会"（区域化党建联盟分会扩大会议、社区党员代表会议、社区代表会议）、"四议"（工作提议、项目商议、方案审议、结果评议）机制链，推动社

---

① "三区一基地"指国家创新型城区、上海科创中心重要承载区、更高品质国际大都市中心城区和国家双创示范基地。

区党委统筹推进驻区单位党建、"两新"组织党建、居民区党建"三建融合"，积极发挥社区各类主体参与社区发展的作用。

（二）"整体性"健全工作机制

建立沟通协作机制，总部功能区每季度召开一次联席会，总结季度工作、部署计划安排、研究专题内容，每半年召开一次评议会，接受党组织、党员及居民群众的评议，每年召开一次推进会，对先进事迹、代表人物进行表彰，对本年度工作进行总结，对下一年度工作进行谋划。通过配套专项经费、明确专人负责，全面保障总部区域的楼宇党建工作。积极引入智力支撑，使总部区域的楼宇党建与推进城市基层党建、创新社会治理加强基层建设有机衔接，确保"一张蓝图绘到底"。

（三）"一站式"提供多元服务

为更好地满足功能区党员青年、白领日益增长的多元需求，江浦路街道办事处于2018年3月在总部联盟圈成员单位宝地置业有限公司的支持下，利用原宝地东花园售楼处打造了"江浦汇·宝地中心"党建服务站，使用面积为500平方米，内设"学苑""客堂间""创客天地""三联阅读空间""美厨房""妈咪小屋""轻体馆"七大功能区，以"三建融合"为目标，聚焦睦邻党建联盟圈建设，为区域化党建联盟单位资源走进楼宇、服务楼宇提供支撑平台，通过每季度的品牌活动、每月的主题活动以及周周循环的兴趣活动，为党员青年、白领提供丰富、便捷的互动空间和多元服务，真正打造一个让广大党员青年、白领勤于来"坐坐、聊聊、学学、乐乐"的"党员青年、白领之家"。经过几个月的运营，"江浦汇"的品牌越发得到了大家的认同，"一站式"的服务逐渐深入人心。

（四）"模块化"打造服务模式

按照"1+4+2"的模式，每周各有一天作为党建以及工青妇、统战活动日，同时周末两天也安排了专场兴趣活动。党建（先锋加油站）主要是为"两新"党组织开展主题党日活动提供服务，同时设计了一些寓教于乐的活动，比如密室逃脱，让青年党员在活动中学习党的政策和党的历史。工会（职工汇能量）主要是丰富职工群体的文化生活，如摄影活动以及瑜伽活动,同时也针对青年员工的需求,开展交友、维权等服务活动。共青团(青年聚成长)主要是为团员青年提供一些兴趣活动,比如午间电影活动,同时将企业的团队建设与团建活动有机结合起来,进一步增强企业的凝聚力。妇联(巾帼秀风采)主要是为妇女同胞开展体现女性特质、具有温度的活动,比如DIY的手工制作、微景观制作。统战(江浦一家亲)主要是结合商会、新联会等载体,针对新社会阶层开展的团结凝聚型活动。

(五)"互动式"用好党建资源

江浦路街道办事处围绕睦邻党建联盟圈建设,结合"大调研",落实党建指导员上门服务的做法,精心设计了共性化兼顾个性化的调查问卷,通过线上线下不同方式,吸引党员青年、白领积极关注、共同参与。在掌握党员青年、白领实际需求的基础上,依托睦邻党建联盟圈,聚焦楼宇党建中的热点、难点问题,江浦路街道办事处先后与新华医院、杨浦邮政局等国有机关单位以及李尔公司、智能交通等"两新"企业签订党建联建协议书,积极探索政社联动、活动联办、服务联手、队伍联管等联建形式,进一步整合区域化党建优势资源,扩大党建覆盖面,使需求与资源真正实现了对接。比如,针对党员青年、白领白天要上班,难以抽出时间开展组织生活的问题,江浦路街道办事处依托社区党校,开设了夜间党课,课程由党员青年、白领自己来"点",再由市委党校老师、江浦党课报告团等统一进行党课配送。

(六)"体验式"创新党建活动

针对功能区内党员青年和白领年轻化、文化层次较高、工作节奏快等特点,江浦路街道办事处最大限度避免"教化式"的活动方式,通过"体验式"的活动,提高党员青年和白领参与的积极性,激发党员青年和白领的创造力。比如,依托总部联盟圈,江浦路街道办事处创立了"双楼共建"品牌项目,为党员青年、白领反哺社区搭建了平台。比如,"亚町"商务楼宇分别与辽昆、金上海居民区楼组利用小区弄堂两侧的墙面,手绘了纪念长征胜利和"中国梦、杨浦韵、修身行"的主题涂鸦,成为一道亮丽风景。又比如,为创新"主题党日"活动的形式,把党史、新中国史、改革开放史、社会主义发展史等元素融入青年喜闻乐见的"密室逃脱"活动中,开展"红色印记"系列主题活动,以青年白领的趣缘、业缘、志缘为纽带,开展"青年交友""五人制足球赛""城市定向赛""青年先锋说"等活动,把有意义的事情变得更有趣,党员青年、白领的参与热情更加高涨。

（七）"信息化"开创云端互通

一方面,江浦路街道办事处在"Hi大连路"微信公众号上,设置了"党建e+"专栏,用于发布党建主流信息,展示功能区"两新"党组织、党员青年的事迹风采、经验成果,功能区内"两新"党组织好的做法均在"党建e+"上进行过报道。另一方面,开设了"江浦汇"微信公众号,为"两新"组织党员青年、白领提供线上咨询、场地预约、互动交流等服务,特别是功能区内开展的绝大多数活动项目,均可在"江浦汇"上直接报名,提高了报名的效率,更贴近了"两新"组织党员青年、白领的生活习惯。

三、创新·成效

党建联盟圈的建立,进一步夯实了组织根基,提升了活动人气,加强了联系服务,让市民更有获得感和幸福感。

（一）组织根基进一步夯实

通过强化党建服务站一站式、互动式、体验式、信息化运作,大连路总部功能区党建层层带动的服务主线越发清晰,各类党员青年、白领"找组织"的便利度不断提升,各级党组织、党小组作用的发挥越来越明显,功能区内的"两新"党组织工作的潜力正被逐步挖掘,党的工作区域不断延伸,党建引领的内涵在社区、居民区、楼组内不断深化。组织基础的夯实,是做好一切党建工作的基础,基础扎实了、牢固了,党建才能迸发出生机、激发出活力。

（二）活动人气进一步提升

通过加大对党建群团资源的整合力度,江浦路街道办事处新打造的"江浦汇·宝地中心"呈现出蓬勃向上的发展趋势,不但强化了党的服务功能,更融合了工会的职工基层服务站、共青团的青年中心、妇联的妇女之家、统战的新侨之家等功能,复合型的功能定位、多元型的服务融入,使党员青年、白领等各类群体将在"江浦汇·宝地中心"享受到便捷的服务,而通过线上报名、线下活动这一更贴近青年群体生活习惯的活动开展形式,活动人气持续攀升,已经呈现出良性循环的势头。

(三)联系服务进一步加强

通过发挥"两新"党建社工、群团社工的合力作用,从原本的"分头行动、叠床架屋"转变为"一口服务、全面负责",1名社工既可完成党务、群团等组织任务,更可策划系列活动,社工的个人能力得到了有效加强。江浦路街道办事处的该做法,不仅仅是为了活动的顺利开展,更是为了更好地服务企业,帮忙解决企业提出的"急难愁"问题,使企业在社区更有归属感,从而更能支持员工参与社区的活动,同时通过政企联动、活动联办、服务联手等方式,更促进了江浦路街道办事处与功能区内各企业的合作,所办的活动的内涵也更加丰富,活动的品质也更有保障。

四、启示·展望

党建联盟圈的探索实践表明,总部功能区的党建工作必须做实社区党委工作,健全支部书记梯队建设,抓好基础性工作,形成工作品牌,凝聚党员青年的共识。

(一)必须做实社区党委,全力支持楼宇党建工作

社区党委承担着推进党建"三建融合"的任务,"两新"组织党建与区域化党建、居民区党建的最大差别是"两新"组织虽不属于体制内,但越来越成为新兴领域党建的"焦点"。对此,社区党委既需要提高站位,迎难而上,更需要换位思考,站在支部、党员的角度想思路、找对策。比如,社区党委立足于资源清单、需求清单、项目清单、责任清单,帮助"两新"党组织不断攀登"高点"。同时,对于"两新"组织党建遇到的"难点",社区党委也要积极寻求突破,比如如何使党组织发展与企业建设挂钩、党员流动性信息如何及时掌握等。

(二)必须坚持常态长效,不断健全支部书记梯队建设

总部功能区的良性发展,离不开一批"两新"党组织书记的支持,而

"两新"组织党建的关键还在于书记强不强,书记能不能发挥作用。我们不能存有"等、靠、要"的思想,一旦如此,便失去了工作主动权,一旦书记离职,支部建设即停滞不前。因此,在抓书记的同时,社区党委更需要引导"两新"专职党群工作者当好书记助理,主动地了解掌握支部党员的概况,并与书记一同做好书记储备工作。抓书记队伍建设,不仅要增强书记的党性认识,更要针对"两新"组织的特点,开展实务性培训,比如如何利用午休时间,开展主题党日活动;如何运用互联网媒介,加强党员教育学习;等等。

(三) 必须高度重视、合力抓好党建的基础性工作

引领商务氛围浓厚的总部功能区实现新发展,党建的工作基础十分重要。对此,江浦路街道办事处持续做好"两个覆盖"工作,联合工会、市场监管等部门,与功能区各楼宇的物业公司保持密切联系,定期对功能区内的楼宇逐一进行扫楼、排摸,最大限度地做到"组织覆盖、工作覆盖"。在"两个覆盖"的基础上,进一步注重发掘和培养"两新"组织骨干人才,既要培养他们的党性认识、党务知识,更要引导他们将党的工作与企业的发展紧密结合,让党员青年、白领成为企业发展的"生力军""排头兵",最大限度地争取企业领导层的支持,一方面通过举办"微心愿"征集认领活动,为"两新"企业党组织反哺社区、党员发挥先锋模范作用建立便捷渠道;另一方面,不断将政府最新的政策、信息、举措传递到企业中去,增强企业发展的信心。

(四) 必须有效形成点面结合、家喻户晓的工作品牌

过去,街道各部门、各条线往往"粗放式"地针对功能区开展服务活动,这种碎片化的工作方式,造成了叠床架屋般的资源浪费,同时也模糊了党组织、党员的视野。如今,江浦路街道办事处在功能区内建立了"江浦汇"工作品牌,坚持"一日一主题",既安排了针对"两新"企业党组织开展主题党日活动的"先锋加油站",也安排了突出群团、统战特色的"青年聚成长""巾帼秀风采""职工汇能量""江浦一家亲"主题板块,既整合了党建优势力量,也融合了各群团组织的特色资源,使品牌呈现出多元特质,特别是依托总部睦邻党建联盟圈,探索"圈+阵地"的做法,使"江浦汇"的品牌内涵通过各类活动、服务真正落地,逐步在功能区内党员青年、白领中形成好的口碑。

（五）必须不断创新形式、拓宽渠道凝聚党员青年的共识

活跃在总部功能区的党员青年、白领年龄跨度大,流动性较强,如果简单地"命令"或"摊派"组织生活和工作任务,往往适得其反。对此,江浦路街道办事处必须转变工作理念,学会"创新",比如依托"社区政工师"微讲堂平台,用更生动的思政课涵养党员青年、白领的心灵,用更通俗易懂、触类旁通的方式,进一步坚定党员青年、白领的理想信念和思想共识;比如依托社区党校,针对企业员工青年多、思想活跃等特点,专门开设"红色讲坛",按照片区划分,配送"大咖有约""名家在线"系列思政课程进楼宇,帮助青年党员拓宽视野、获取新知识,同时街道还编印了2019年度课程菜单手册,供党员青年根据需要选课。通过更贴近青年群体的形式,广大党员青年、白领更紧密地团结在党组织周围,形成坚强可靠的战斗堡垒。

点线圈面：社区党建服务中心服务能力的拓展升级

一、背景·缘起

面对党建工作的新发展和新要求，结合上海市委一号课题精神，全市各级党建服务中心相继揭牌成立，立足上海城市基层党建工作格局，严格落实全面从严治党要求，聚焦"服务保障基层党组织强化政治功能、深化服务功能"这一主责主业，不断推进全市各级党建服务中心规范化建设。

杨浦区定海路街道党工委依托1个社区党建服务中心，4个睦邻党建片区，19个居民区党建服务站点，22个党总支，126个党支部，社区党员在册4 972人，为助力打造"15分钟党建服务圈"，积极推进党建服务中心实体化建设，充分发挥开放式、集约化、共享性平台的主体服务功能，进一步向居民区、楼宇、园区延伸，完善联系服务工作网络，形成覆盖社区、片区、居民区、园区、楼宇的"15分钟党建服务圈"。为全面落实上海市委创新社会治理加强基层建设的工作要求，充分发挥党建阵地功能、党建活动展示功能、党组织和党员服务群众功能，打造特色品牌。

二、举措·机制

杨浦区定海路街道党工委党建工作目标明确，加强和完善党建平台建设，积极探索街道党建服务中心、社区党建服务分中心、居民区党建服务点协同推进和一体建设的党建体系新格局，不断延伸党建服务中心的服务触角，运用"互联网+党建"服务模式，探索党建服务中心"菜单式"服务由"线下"向"线上"延伸，不断扩大社区党建服务中心的影响力。

（一）夯实平台承接"订制"，展示"多窗口"党建菜单

杨浦区定海路街道社区党建服务中心在推进辖区内各领域党建互联

互动的进程中,积极发挥自身的平台优势,不但根据不同企事业单位的党建需求推出"私人订制"服务,更面向民营企业、社会群体构建起党建服务"纽带"。中心于2018年更新制作了相关资源清单、服务清单、需求清单,通过统筹协调、对接需求、整合资源,形成党建工作为民服务的合力。

(二)"红色港湾"全力推进,升级实体空间配套功能

一方面,以党建服务中心为核心,聚焦睦邻家园建设目标,依托"老工业基地"红色脉络,把党建实体空间布局向定海整个街区面上辐射,展示"街区党建"的整体效应与内涵。党建中心实体空间设置包括核心功能展示区、党建服务开放区、"上海港码头号子"①体验区、社区党校听课区、组织生活教学室等。

另一方面,推进睦邻党建阵地建设。在睦邻中心成立睦邻党建服务分中心,设置"红色港湾"功能室,整合党群服务资源,提升服务实效,探索建设滨江工业带党建服务站,开启滨江党建的"窗口"。

(三)党建品牌深入拓展,服务站点有序推进

杨浦区定海路街道社区党建服务中心继续建设"今天的党课我来上"、"党员大轮训"、"携手夕阳"、党员志愿者示范岗、书记沙龙、党员红色电影展映、青年微党课、在职党员活动之家等党建品牌,同时,向基层拓展延伸,树立了"党建小联盟""党建议事亭""说说我们的青春岁月"等子品牌。同时,街道立足"党建嘉年华"志愿服务品牌,结合上海市党建中心党员志愿者"四季公益"(四季分别是"春风""夏花""秋收""冬暖")活动的相关要求深入基层开展活动。定海路街道已建成19个党建服务站,根据居民区的特点打造相关品牌,让社区居民在"家门口"就能充分得到归属感和获得感。

在居民区党建服务站全覆盖的基础上,进一步做好规范化建设。按"4+1"要求配置,即要有一处场地、一块标志、一套制度、一支队伍和党组

---

① "上海港码头号子"是流传于上海市的民歌,码头林立的黄浦江畔传唱的劳动者之歌。它承载了劳动者顽强的生命力,也见证了上海港码头的历史变迁。"上海港码头号子"已入选国家非物质文化遗产名录。

织领导下的一系列活动。在做好"标配"的同时，立足实际、因地制宜、自主创新，将站点功能的提升与党性教育相匹配，与党员志愿公益活动相配套，切实发挥服务站点就在党员群众身边的作用。

三、创新·成效

定海路街道党工委的社区党建服务中心建设形成了"5+1"一站式服务，做响了"定海桥"的街区党建主品牌，建立了以街道党工委为核心、党建服务中心和党建办分别作为党建工作前台和后台的体系架构。

（一）"5+1"一站式服务

"5+1"一站式服务是指一次誓词教育、一堂情景党课、一场学习教育、一次主题教育、一次公益服务和一个规定动作。中心制定了组织生活室工作流程，配套一张组织生活室预约登表、一套组织生活菜单、四个规范流程（重温入党誓词、组织生活会、"三会一课"及主题党日活动流程）。通过设置"5+1"一站式服务中心自选服务，组织生活室变"配菜送餐"为"点单服务"，提高了资源利用率。在具体操作上，体现了"自主选择"的特点，党员前来"红色加油站"充电加油，定位定责，进一步彰显党员的先锋模范作用。通过坚持"5+1"一站式服务中的规定动作，规范开展组织生活会，增强社区党组织的活力，让组织生活室不仅仅是党员的加油站，更是民情民意的收集站，让广大党员、群众遇到问题、发现问题，都更加愿意跟党组织反映，党组织与群众在这里实现了无缝对接，不断增强了社区党组织的凝聚力。

（二）做响特色品牌

围绕打造"定海桥"这个街区党建主品牌，突出点上渗透、线上集聚、面上融合，进而汇聚形成"定海桥"这一核心党建品牌。同时，以"红色fashion show"为核心，打造"红色开放麦"党建共享课堂、"红色公益行"党建公益接力等项目，完善党建主品牌建设。

一是党建共享课堂。借智于上海电力学院、上海理工大学、杨浦区委党校等单位，开发党建共享课程；用活辖区内的红色资源，策划党史移动课堂、情景教学党课等。

二是党建共享服务。打造"党建公益嘉年华"2.0版,在"街区党建"空间开展"党建公益接力",由"国字号"企业领军、"两新"组织、居民区党组织轮流牵头,公益接力、传递爱心;开展"七彩公益"党建惠民服务周、"一同坐上时光机"公益市集、"老伙伴计划"、"大手牵小手"等党建公益服务。

三是党建共享空间。举办党建共享空间设计方案征集活动,面向高校、研究所、创新创业园区、居民小区广泛征集设计方案,并在此基础上形成集聚民智、各具特色的党建共享空间;提升"展示"功能,因地制宜,设计党史陈列区、党建发展区、风采展示区等,让党员群众进中心真正可参观、可学习、可互动、可培训。在每个党建共享空间,设置不同睦邻党建主题标签,实现共治共享,为区域单位、"两新"组织、居民区党组织和党员提供课件、提供课程、提供实践,努力成为党组织需要、党员向往的红色教育基地。

(三)"一心两翼"体系化架构

以街道党工委为核心,党建服务中心和党建办分别作为党建工作的前台和后台,构建街道社区党建服务中心、睦邻党建服务分站和居民区党建服务站点协同推进、一体建设的"1+3+19"党建服务体系新格局。其中,"1"是街道社区党建服务中心,"3"是国际时尚中心、上海海洋大学、上海电力大学科技园3个党建(群团)服务站,"19"是19个居民区党建服务站点。

街道党建办在街道党工委的统一领导下,主要负责街道党建服务工作目标的制定和计划的执行跟踪,形成面向社区下属基层支部的管理规范和考核标准,建立街道党建资源的协调工作机制。

社区党建服务中心是服务基层党组织、党员的重要窗口,是开展基层党建工作的枢纽;党建服务站点作为党建服务中心的延伸,要协助做好社区各类群体的服务和组织管理。通过党建服务中心、党建服务站点之间的资源整合与服务对接,有效实现街道党工委领导下的党建服务全覆盖。

四、启示·展望

实践探索发现，只有品牌化运作，才能让党建服务焕发生机活力，通过创建凸显定海路街道党建特色的党建工作品牌，推动党建品牌化建设，发挥城市基层党建的整体效应。

（一）树立一个主品牌

响亮的品牌名称和丰富的品牌内涵是凸显党建知名度和辨识度的重要标志。为此，杨浦区定海路街道党工委树立了"定海桥畔"党建品牌：一是品牌名称来源于辖区名称，能够体现辖区特色；二是体现品牌内涵的LOGO，可以作为具有鲜明特色的个性化标志；三是品牌内涵符合城市基层党建"全面统筹、系统推进、开放融合、整体效应"的总体要求，目的是组织动员党员群众和社会力量，形成共建幸福定海的共同体意识，从而实现区域化党建、居民区党建、"两新"组织党建的"三建融合"。

（二）做实系列子品牌

杨浦区定海路街道党工委以深化"定海桥畔"党建品牌内涵为抓手，在整合现有"五彩纽带""今天的党课我来上""一缕阳光""婆婆妈妈工作室"等30多个特色项目，形成与"定海桥畔"主品牌相呼应的系列子品牌，丰富定海党建品牌内涵，强化品牌集聚效应，如以党性忠诚为主题的"定海桥畔·忠"系列，以先锋时尚为主题的"定海桥畔·尚"系列，以科技创新为主题的"定海桥畔·创"系列，以志愿公益为主题的"定海桥畔·益"系列，以学艺增智为主题的"定海桥畔·智"系列，以业缘志趣为主题的"定海桥畔·趣"系列等。

（三）强化信息化支撑

杨浦区定海路街道党建工作积极融入"互联网+"时代，将信息化线上优势和区域化党建线下服务有机结合，做强党建信息化支撑，助推区域化党建整合党内资源、动员社会力量、服务党员群众。

一是一套系统，建立党建信息管理服务系统。按照全面统筹、开放共享、集约集成的思路，构建基层党组织和党员日常教育管理、联系服务群众、推进区域化党建信息管理服务系统,形成覆盖"中心—站—点"信息网络体系,并与街道社区事务受理服务信息平台、网格化综合管理信息平台互联互通,构建信息传递、意见征集、活动开展的互动交流平台,为社区党建工作的落实提供信息化支撑。

二是一张卡片,配备"党员e卡"。为社区在册党员和区域单位报到党员配备党员电子信息卡——"党员e卡"。借助"党员e卡",各级党组织可以将党员学习、组织生活、民主评议、志愿服务等工作结合起来,形成个性化的"党员档案"和"组织档案",明确党员和党组织在社区服务中的参与力度,提高管理服务的实效。

(四) 建立专业化队伍

建设党建服务阵地必须要有一批讲党性、懂党建、能服务的工作队伍。从工作队伍的现状看,还须在增强服务能力上下功夫。

一是"选",拓宽用人渠道。注重从源头上解决能力问题,采取组织推荐、群众举荐、个人自荐等形式,从基层中选拔群众工作经验丰富、能力突出的工作者,充实基层党群工作队伍。

二是"育",加强骨干培训。对基层书记和党群骨干,每年轮训一次,定期"充电",按照基本素养、政策解读、综合知识、应急能力、信访接待、文书撰写等内容形成模块化的培训课程,加强学习交流,强化学习效果,让个性化成长转化为标准化培训,从而为基层党建培养一批能力较为全面的工作人员。

三是"蓄",注重梯队建设。在加强骨干培训的基础上,逐渐开展社工和楼小组长的培训,形成"蓄水池"计划,通过新鲜血液的融入丰富社区党建工作,提升基层队伍活力,实现社区基层工作队伍的年轻化。

案例评析

　　总体而言,本章的7个案例各具特色,很有代表性。通过对这7个案例进行详细介绍,从不同角度展示了杨浦区如何强化党建引领这一载体,打造并激活公共活动空间,更好地提供公益服务,在基层社会中"创熟",促使陌生人社会向熟人社会转变,进而打造有温度的和谐城区。

　　案例《"红"进三区:"大家微讲堂·社区政工师"项目开创思政教育新模式》,突出思想引领这一党建引领工作的关键,并通过网红思政课这一载体,推进网红思政课进社区、进园区、进校区,建立了思政课的需求和供给配对机制,确保老师"想讲的"和年轻人"想听的"相契合,不断丰富思政课的形式,开展现场互动式教学,为加强思想政治工作,着力解决好"由谁讲思政、向谁讲思政、如何讲思政"等问题提交了一份满意的答卷。

　　案例《临时支部:以"5+X"方式推进支部进工地的探索实践》,通过积极推进施工项目临时联合党支部建设,创新工作机制,以支部进工地打通了党建引领的神经末梢。一般来说,工程项目具有临时性和流动性等特征,且工程项目施工涉及多方主体,使得党建工作的开展具有一定的难度。为破解这个难题,杨浦区积极探索由建设方、代建方、施工方、监理方、属地居委会等"5+X"组成的临时联合党支部,使其有效地发挥了议事平台和协商机制的作用。联合党支部通过前期宣传和沟通使得工程项目建设得到周边居民的理解和支持,通过加强文明施工管理使得工程项目建设最小扰民,且积极跨前一步为周边小区居民做好力所能及的服务,其做法值得推广。

　　案例《青出于蓝:探索培训"小巷总理"的有效路径》,抓住基层党支部书记这一基层党组织发挥领导核心作用、推进睦邻党建工作的关键,着力于党支部书记的能力培养与作用发挥。长海路街道青蓝书记工作室充分发挥"传帮带"的作用,走出了一条培训党支部书记的有效路子。本案例详细地展示了"1+X"运行机制:由1名优秀书记结对多名新书记,签订带教协议书,每年初以问卷或座谈会的形式征集新秀书记在开展基层党建工作中遇到的难题,进而通过党务培训、经验交流、实地参观、实践带教、案例研讨、情景模拟、头脑风暴等形式多样的课程进行有针对性指导与督导,为基层党建队伍建设提供了多维度的示范。

案例《筑巢引凤:以"党建+"三位一体模式推动园区党建》,表明园区已成为当前城市经济建设的一个热点,也是党建工作新的着力点。杨浦区控江路街道党工委以凤城巷园区为依托,以"凤归巢"党建服务站为抓手,通过打造"党建+服务""党建+睦邻""党建+双创"的三位一体工作模式,探索形成了一条园区党建工作的新路。城市社会是一个陌生人社会,以外来人口为主的园区更是如此。因此,园区党建工作要能够汇人气、聚人心,关键在于能够让园区的党员群众找到家的感觉,建立对园区的情感认同。"凤归巢"党建服务站通过开展"能为党员群众做什么"的需求调研来确定自身功能定位,针对党员群众的需求来提供服务、开展活动,使服务站变成"暖心站",使服务站彰显出"家"的机制,给党员群众带来了实实在在的归属感和获得感。

案例《全能跨界:纵横交错多元深度融合的区域党建》,展现了杨浦区五角场街道党工委充分发挥区域化党建跨界整合的功能,理顺治理体系,形成了基层社会治理新格局。五角场街道区域化党建的优势在于治理资源丰富,重点和难点在于如何将各种各样的治理资源有效整合起来。对此,五角场街道党工委注重党的自身建设,搭建了区域化党建协商平台,梳理了需求、资源、项目"三张清单",在各个领域开展睦邻家园建设,有针对性地推动了区域单位共建共治共享,优质资源互补,社会各界广泛参与区域化党建,形成了多元融合共治的良好局面。

案例《体系重构:党建联盟圈引领功能区实现新发展》,回答了如何创新形式,在商务氛围浓厚的企业总部功能区有效开展党建工作。杨浦区大连路总部功能区已入驻企业600余家,其中包括大陆汽车、李尔公司、西门子等世界500强企业的地区总部、研发中心、营销中心。如何使各楼宇党建工作与整个总部功能区党建工作联动起来？大连路总部功能区打造的睦邻党建联盟圈，较好地解决了这一难题。睦邻党建联盟圈重塑了大连路总部功能区的党建体系，重构了纵横贯通的社会关系，通过"一站式"服务的提供，总部功能区的整体品质和市民满意度不断提升。

　　案例《点线圈面：社区党建服务中心服务能力的拓展升级》，展示了如何将社区党建服务中心打造成区域化党建的开放式、集约化、共享性服务平台。社区党建服务中心是近几年上海市在各区新推出的服务平台，因此很多工作尚处于探索阶段。杨浦区定海路街道首先明确了社区党建服务中心在整个街道党建服务体系架构中的功能定位，不断延伸社区党建服务中心的服务触角，运用"互联网＋党建"服务模式，探索将社区党建服务中心"菜单式"服务由"线下"向"线上"延伸，由单一化向复合化发展，卓有成效地扩大了社区党建服务中心的影响力，为我们提供了一个很好的实践样本。

睦邻民生

引　言

　　当代中国高歌猛进的城市化进程,不仅使城市面貌发生了翻天覆地的变化,而且也深刻改变了城市居民的生产生活方式。城市经济增长在带来发展与繁荣的同时,也导致新老城区之间的差异不断扩大,以及城市空间层面上的异化与区隔。随着传统乡土社会的不断瓦解,大量人口涌入城市,形成了一个多元、包容但也伴随着疏离与矛盾的市民社会。而日益膨胀的城市规模和与日俱增的城市人口,又产生了大量复杂且具有明显外溢倾向的公共问题,使所有的城市居民都被卷入其中,无法独善其身。

　　在以上背景下,如何弥合城市发展造成的分化与割裂,团结和凝聚个性化、原子化倾向日益明显的市民个体,共同应对城市发展与日常生活中所面临的各种公共问题,是目前城市治理面临的挑战之一。而社区作为城市的基本构成单位和市民生活的主要平台,既是各种"城市病"的交汇点,也是城市人脉的天然载体。因此,以社区为平台,整合重构市民之间的人际关系,建立邻里守望相助的社区共治体系,共同应对城市发展与城市生活中的各种问题和挑战,将城市变成有关怀、有温度的宜居空间,是当代城市精细化治理的必由之路。

　　位于黄浦江畔的杨浦区也面临以上城市问题:朝气蓬勃的新兴产业园区毗邻着锈迹斑斑的传统工业用地;在光鲜亮丽的高档住宅与公园绿地之外,则是昏暗逼仄的陋巷和剥落斑驳的民居。在交错重叠的城市空间中,杂居着具有不同身份背景、价值观念,行为取向也千差万别的社会群体,从青年中产阶层到老年弱势群体,从外来流动人口到土生土长的本地居民,从少数民族群众到海外归侨人士……如此复杂的社会环境不仅容易产生人际关系的疏离与淡漠,而且也容易成为各种"城市病"的重要诱因。而如何建立群众之间的纽带,打破不同社会群体间的隔阂,在此基础上构建起协调、化解和应对上至公共问题，下至邻里琐事在内的社会治理共同体，则是杨浦区在城市治理实践中面临的重要问题。

针对以上问题，杨浦区提出了"睦邻民生"的概念，并将其融入城市精细化治理实践中。所谓"睦邻民生"，即以基层党建为核心，通过党建引导、党员带头，发展基层民主，建立起以基层党组织为核心的居民自治体系，在以上过程中逐渐形成邻里和睦、守望相助的社会氛围；在遇到困难时，则团结、调动群众力量，群策群力解决城市基层治理中的各种公共问题与民生问题。杨浦区的各街道在睦邻民生建设中根据自身的实际情况，充分发挥主观能动性，因地制宜地建立起各种各样的群众自治组织。以上创举不仅解决了辖区内一批居民密切关注的公共问题和民生问题，而且也显著改变了基层共同治理的面貌和社区的人居环境。本章分别从整体框架和具体实践两方面，介绍和评析杨浦区在睦邻民生建设中的代表性案例，以及这些案例对城市精细化治理与基层共治的意义。

睦邻民生建设，既要放眼全局，又要细致入微。由于历史原因，杨浦区的社会环境、居民构成与公共问题类型均高度复杂。如果缺乏全局视野，就会使睦邻民生建设陷入"头痛医头，脚疼医脚"的困境；若不深入体察社情民意，又会使睦邻民生建设脱离群众的实际需求，变成徒有其表的"形象工程"。针对以上问题，杨浦区社区工作人员以基层党建为桥梁，通过"从群众中来，到群众中去"的方式，深入收集、了解社情民意，为睦邻民生建设的宏观规划提供了翔实的决策信息。在整体布局方面，杨浦区同样以党建为依托，建立民主决策与集体协商体系，有效发动辖区内群众参与睦邻民生的建设规划中。通过群策群力，在平衡协调不同社群利益的基础上，充分保障和实现了公共利益的最大化。基层党建引领正是杨浦区在睦邻民生建设规划中兼顾宏观布局与微观现实，协调个人利益与全局利益的制胜之策。

正所谓"无规矩不成方圆"。在复杂的社会环境下，睦邻民生建设不论是具体组织形式、日常协调运转，还是问题协商解决，都需要加以规范。因此，杨浦区在睦邻民生建设中，一直强调法律规范的作用，并高度重视制度规范的建设工作。一方面，杨浦区在睦邻民生建设中积极贯彻"依法治国"的理念，并将相关法律规章作为睦邻民生组织建设和日常管理的基本准则。同时，通过律师协会、普法志愿者主动向辖区内的居民普及各种法律知识，争取实现人人知法、懂法、用法。在法律规范的指引下，杨浦区的睦邻民生建设取得了显著成效。另一方面，因为既有法律规章难以完全覆盖现实中的各种复杂状况，所以杨浦区同样注重将基层工作人员和广大居民在治理实践中总结提炼的社会规范纳入睦邻民生建设中去。这种约定俗成、得到居民普遍认可的自治规章有效填补了既有法律条文的空白，进而为睦邻民生建设提供了制度规范方面的保障。

在睦邻民生建设当中，基层政府及其工作人员即使全力以赴，也难免存在力有不逮之处。唯有群策群力，充分调动广大居民的积极性，才能充分填补睦邻民生建设中的空白之处，真正做到"人民城市人民建"。杨浦区通过鼓励、发展各种社会组织，在成功调动不同社群参与睦邻民生建设积极性的同时，也借此有效增进了居民之间的互动交流，使城市变得更有温度。在杨浦区的社会组织中，既包括为睦邻民生建设提供必要支持的各种非政府组织，也包括各社区成立的居民自治与互助组织，还有各种行业协会以及由民众自发组成的兴趣爱好团体。这些社会组织不仅为睦邻民生建设提供了全面支持，而且也是广大居民进行自我管理、自我服务的重要平台，更是增进人与人之间的交流和信任，为城市生活增添人文关怀的一抹亮色。各种社会组织在杨浦区睦邻民生建设中发挥了重要作用，是基层治理体系的基石。

总的来说，缜密完备的整体规划、不断改进的法律规章和富有活力的社会组织是杨浦区睦邻民生建设的重要支柱。党建引领、群策群力、和谐共治成就了睦邻民生建设的治理实践。睦邻民生建设使杨浦区有效克服了辖区内复杂的社会环境带来的种种挑战，成功解决了基层治理中的各项重点、难点问题。不仅如此，在治理上述问题的过程中，因"城市病"产生的社会隔阂也逐渐消解，邻里守望相助的社会氛围也逐渐形成。可以预见，睦邻民生建设还将在未来上海城市精细化治理中发挥更大的作用，为建成"有温度"的宜居城市增光添彩。

博施济众：社区基金会助力社区治理新作为

一、背景·缘起

适应从"单位人"到"社会人"的转变，为群众找回归属感，是当前社会治理创新努力的方向。社区作为聚居在一定地域范围内的人们所组成的社会生活共同体，区域空间相对集中，能够从地理联结、社会交往、价值观念等方面来增强社会群体之间的凝聚力，提升人们的归属感。

杨浦区位于上海东北角，辖区面积达60.61平方公里，常住人口近131万人，是上海市面积最大、人口最多的中心城区。近年来，杨浦区以睦邻中心为载体，积极构建睦邻家园，以家园意识引导社区重塑。杨浦区民政局在推进建设敦亲睦邻社区大家园的过程中，也遭遇了一些瓶颈：社会治理仍然欠缺一个平台，来凝聚社区里的居民、企业、社会团体、服务机构、政府机关等不同主体；仍然欠缺一个有效机制，来畅通不同群体表达诉求的渠道；仍然欠缺一个推动力，来整合、盘活社区里的各类资源，提供有温度的社区服务。

2014年12月，上海市《关于进一步创新社会治理加强基层建设的意见》明确指出，要鼓励街道、乡镇探索设立社区发展基金（会），为社区资金支持社会力量参与社区治理创造条件。社区基金会的组织机构、运作机制及功能作用，恰恰能弥补杨浦区睦邻家园建设中的"三个欠缺"。以此为契机，杨浦区民政局开始在各街道（镇）积极推动社区基金会建设。2015年4月，上海市首家非公募性质的社区公益基金会——江浦社区基金会在杨浦落地生根。

二、举措·机制

基金会是社区治理领域的新生事物，上海市出台的相关文件为其规范发展提供了有力引导。杨浦区民政局紧抓政策机遇,率先试点,逐渐铺开,迈出基层社会治理创新的步伐,将基金会打造成为社区公益活动的资金池、社区公益资源流转的平台。

(一) 精推细敲,因地制宜选择基金会模式

2014年,上海市委一号课题提出建设社区基金(会),但并未硬性规定究竟是成立具有独立法人资质的社区基金会,还是设立专门的社区基金账户;也没有明确"社区"的定义究竟是在街道(镇)层面,还是从区的层面囊括所有街道(镇)。

对于社区基金会这一社区社会组织新形态,杨浦区民政局在正式设立之前,进行了三种模式的比对论证。

一是在街道(镇)层面成立非公募性质的社区基金会。这要求街道(镇)有较强的资金筹集能力,辖区内的社会组织培育发展较好,社区自治、共治基础较好,社区居民参与社区管理的意识比较强。

二是在区层面成立公募性质的社区发展基金会。即同时在12个街道(镇)设立社区发展专项基金,由于统一化的操作方式,这一模式容易走上行政化的道路,违背基金会社会化运作的初衷。

三是在慈善基金会名下设立社区专项基金。其好处是准入资金的门槛没有社区基金会高,且专项基金的工作人员可以借此机会先行熟悉基金会的运作情况,提升自身的资金筹集和管理能力,为日后成立社区基金会打下基础,但慈善基金会的运作目的与社区基金会是有区别的,无法很好地借助专项基金这个平台探索社区共治。

杨浦区街道(镇)层面地域范围相对集中,有利于资源的整合统筹。以街道(镇)为单元成立基金会,更能体现社区基金会的地缘特色、社区属性,更易于唤起社区各类主体的"共情",真正起到连接社群关系的作用。通过分析以上三种模式的优势与不足,结合社区实际,杨浦区民政局决定探索成立街道(镇)层面的非公募性质社区基金会。

(二) 以点带面,多方支持推动基金会落地

创新不仅在于有好的想法,更在于富有成效地把想法转化为实践。上海市一号课题中提出的"社区基金会"这一概念很快引起了杨浦区民政局的重视,区民政局积极争取杨浦区委区政府的支持。区创新社会治理加强基层建设工作领导小组第九次会议明确提出,2017年6月底前在全区范围内推广街道(镇)社区发展基金(会)建设,为社区基金会成立和发展提供了坚实的政策支持。在试点过程中,杨浦区民政局向深圳桃源居公益事业发展基金会学习借鉴有益经验,与上海交通大学第三部门研究中心等专业机构加强务实合作,邀请智库专家为社区基金会把脉。

市、区层面的政策支持影响社区基金会的成立数量,而社区基金会能否真正落地以及有效运作,在很大程度上取决于街道(镇)的支持程度和具体措施。杨浦区民政局首先与部分有意向率先进行尝试的街道(镇)共同探讨研究社区基金会的成立方案,制定和规范基金会管理制度,指导街道(镇)开展资金募集、管理和使用,使社区基金会具备初步的造血功能,为真正发挥其服务社区居民、促进社区发展、推动社区治理的功能打好基础。江浦街道社区基金会成为上海市首家非公募性质的社区基金会,于2015年4月在杨浦区率先落地,注册资金为200万元,全部来自企业捐赠,能够为江浦街道社区治理提供补充资金,也为推动杨浦社区发展基金会全覆盖奠定了基础。

(三) 全面铺开,营造氛围激发基金会活力

在江浦街道社区基金会成功运营的基础上,延吉、五角场2个街道(镇)也相继成立了社区基金会。其中,延吉社区基金会注册资金高达505万元,成为当年上海市注册资金体量最大的社区基金会。根据上海市委一号课题的要求,杨浦区委提出以"睦邻家园"建设为目标,促进社会治理转型的再提升,在社区营造"友善、互助、信任、共享"氛围,让社区更有温度、更有活力。各街道(镇)社区高度重视,主动将社区基金会的发展主旨与睦邻家园品牌建设紧密相连,进一步明确了社区基金会的使命和责任。

2017年初,在杨浦区民政局的认真指导下,杨浦区9个街道(镇)效仿江浦、延吉、五角场街道(镇)的成功做法,因地制宜地选择成立具有独立法人资质的社区基金会。截至2017年底,社区基金会建设在杨浦街道(镇)层面实现了全覆盖。截至2019年3月底,杨浦区12家社区基金会吸纳资金共计3 085.45万元,其中社会资金达1 849.08万元,约占总资金的60%。

社区基金会要想健康发展,真正有效发挥服务社区的作用,还需要有序的治理体系和良好的公益氛围作为基础。杨浦街道社区构建了拉动社区治理的"三驾马车",即社区基金会、社区社会组织联合会和社会组织服务中心。其中,社区基金会着力于资源整合和资金积累,社区社会组织联合会着力于党建引领,社会组织服务中心着力于做好辖区内社会组织的"后勤保障部长",多元的社会组织在社区治理体系中相互补充、相互合作、相互支持。

社区基金会在实际运作中,紧紧围绕社会治理创新这条主线,梳理社会治理中的矛盾与问题,注重培养居民的公益意识和公益习惯,使参与公益慈善成为社区居民的自觉行为。通过社区基金会的资金支持,广泛地聚集和联结社会资源,撬动和吸引更多社会力量参与,弥补公共服务的空白点,增加公共产品的供给,推动共建共治共享在基层末端落实。

三、创新·成效

在国家治理体系和治理能力现代化进程中,社区治理的现代化具有基础性的地位和作用,是创新城市治理方式、提升城市社会治理水平的核心环节。杨浦区社区基金会自创立以来,充分整合、归口社区各类资源,在激发基层自治活力、推动社区共建共治共享、提高资源使用效益、提高基层末端管理和服务水平等方面取得了积极成效。

(一) 吸引社区多元主体共融参与,激发了基层自治活力

社区基金会的本质属性就是扎根社区,为了"本地利益相关方",整合"本地资源",提出"本地解决方案"。而社区基金会的"本地"属性主要体现在形成了良好的议题形成机制。社区基金会依靠居委会和其他基层自治组织的力量,走进居民家中了解居民的实际需求。这不仅能帮助社区基

金会更好地把握社区需求，也能让居民感到自己的意见被重视起来，从而更加关注社区基金会的活动。

在项目运作过程中，社区基金会广泛采用民主协商的方式，把收集起来的众多议题放到社区公共议事平台上进行公开讨论。这些平台包括社区代表大会、社区委员会、居委会、睦邻中心、居委会自治家园、社区内的枢纽型社会组织等。通过动员社区各类主体参与解决社区问题的讨论中去，基金会成为社区共同利益和共同意识形成的"催化剂"，激发了社区多元主体参与社区治理的活力。

目前，各街道社区基金会的理事会成员包含了捐赠人、发起人、基层群众性自治组织代表、社区居民代表、社区单位代表、社区社会组织代表以及街道代表。社区基金会决策主体多元化的特性，使得社区议题的知晓度和讨论面比以往更广，同时也更易于兼顾社区内不同主体的需求，真正响应了社区主体的自治共治意愿，促进了社区各类主体的共融和联结。

（二）做大社区治理资源的蓄水池，优化了资金来源结构

成立社区基金会，承接政府转移的社会职能，能够整合不同部门的资源优势，进行优化组合，在社区层面以慈善、公益、自治、互助的方式解决问题，从而使社区效益达到最大化。杨浦区在建立社区基金会的探索过程中，采用多种方式吸纳社区内外的各类资源，打破了以往政府出资主导的局面，改善了资金来源结构单一的问题，逐步做大了社区治理资源的蓄水池。比如，延吉社区基金会在成立之初就得到了深圳桃源居公益事业发展基金会的资金支持，随着影响力的不断扩大，它又得到了交通银行、汇丰银行的资金支持，具备了一定的筹资能力；殷行社区基金会与辖区范围内的市光片、国和片、开鲁片3个新村片以及幸福家、包头路、开鲁路3个睦邻中心达成公益睦邻共建协议，与上海有人公益基金会达成共建合作，获得有人公益基金会捐赠的价值达2.68万元的公益物资，为开展社区工作提供了有力保障；五角场社区基金会着力吸引企业捐赠，获得了多家企业的认可和支持；长白、控江2个街道的社区基金会则依托2018年基金会开放日活动，获得了市内大基金会的定向捐赠。

（三）激发汇聚社会治理创新智慧，提升了社区公益温度

社区基金会以促进社区自治共治为目标，坚持问需于民、问计于民，动员社区居民提出议案，把"公益"作为最大公约数，吸引和动员社会各界人士投入资金发起项目。在争取资金支持的同时，社区基金会更争取治理智慧的支持，弥补了过去治理中的"留白处"。比如，平凉社区基金会针对业委会成员工程类、财务类等专业知识匮乏的问题，发起了"住宅小区增能"项目，旨在增强业主委员会成员的专业能力，发挥其在业主自治中的应有作用，为业主创建良好的居住环境；四平社区基金会针对社区公共设施老旧的问题，结合辖区内同济大学的城市规划优势，发起了社区治理微更新类项目，为居民打造了更加宜居的生活环境；五角场社区基金会对"不忘初心、遗爱前行——非遗文化系列公益活动"提供支持，为社区居民安排以"孝、信、礼、义、智"为核心的系列活动，通过形式多样、生动有趣的互动体验，传承"非遗文化"，传播健康文明理念；延吉社区基金会集合各方智慧，提出了"延益+、健康里、吉英坊、绿境邻、延寿堂、邻里家、睦乐园"七个活动主题，涵盖了社区治理的主要关注点，回应和满足了社区居民的公共需求。

四、启示·展望

如今，社区基金会在杨浦区已经实现街道层面的全覆盖。社区基金会在挖掘民意、汇聚民智、激发治理创新等方面都做出了有益的尝试，成效显著。但是，由于社区基金会仍处于发展初期，体量较小，经验不足，在实际运作中也遭遇了一些瓶颈：多元筹资体制仍不够完善，导致资金量不稳定，资金募集可持续性差；专职人员和专业人才仍十分匮乏，制约基金会的有效运作；社区基金会与社区内其他主体业务边界仍不够清晰，影响基金会功能的发挥。

为进一步完善杨浦社区基金会的运营，在全国不同地区推广其成功经验，下一步，杨浦区民政局将依托"社区基金会开放日""社会组织公益路演""蓝天下的至爱"等平台，扩大社区基金会的社会知晓度和影响力，吸

引更多社会力量为社区基金会注资,让社区温度直抵人心。

　　同时,社区基金会在搭建理事班子、选派监事人员、招聘工作人员的过程中,优先选择党员和专业人才,充实社区基金会运营管理队伍,定期组织社区基金会业务知识培训,指导社区基金会规范运作。另外,在当前构建社区治理"三驾马车"的基础上,进一步明确不同业务边界,加强互联互动,共同发动助推杨浦社区治理的引擎。

凝心聚力：统一战线服务基层社会治理

一、背景·缘起

杨浦区延吉新村街道建于1984年10月，辖区面积达2.04平方公里，现有常住人口约9万人，户籍人口约7.47万人。随着经济发展与城市化进程的加快，越来越多的少数民族人口涌入延吉新村街道，逐渐形成了一个个有特色的民族社区。在应对传统社区治理难题的同时，如何适应新的形势，将基层治理与民族工作相结合，是社区工作面临的新挑战。

延吉社区拥有丰富的统战资源和长期积累的统战工作实践基础，曾获得"上海市五星级侨之家""上海市工商联优秀基层商会""上海市民族团结进步先进集体"等荣誉。目前，延吉新村街道内有"民、宗、侨、台、商"和党外人士等约6 000人，占户籍人口总数的8%。其中，社会上有影响、学术上有造诣、经济上有实力的统战各界代表人士约300位，占社区统战人士总数的5%。

社区统战工作是新形势下统战工作的延伸和拓展，在服务基层社会治理、做好社区民族工作中具有不可替代的优势。如何创新社区统战工作，把统战工作融入社区工作中，使其更好地服务居民、增进民族团结，成为延吉新村街道重点关注的问题。

以加强社会治理创新为契机，以统一战线为法宝，延吉新村街道着力打造社区各界人士联谊会、区知联会延吉分会等特色品牌，突破统战工作固有的民主协商、联谊交友等功能，将统战领域向基层社区治理延伸，拓宽了统战工作参与社区治理和服务的渠道，促进了统战和社区治理的深度融合。

二、举措·机制

随着城市管理重心的下移，社区管理工作不断完善，社区统战工作是社区管理工作的重要组成部分,在社区建设和管理中具有多方面的积极效能。延吉新村街道从当前社区功能多样化的角度出发,凝心聚力、创新创优开展社区统战工作,使其成为夯实党的执政基础、促进社区健康发展的积极力量。

(一)汇聚各界力量,搭建社区统战实践的载体

1989年,延吉新村街道就在杨浦区率先成立了社区各界人士联谊会,俗称社区"小政协"。党的十八大以来,延吉新村街道把统战工作提升到一个新的高度,积极服务全面深化改革,大力推动实践创新,着力破解重点、难点问题,不断提升统战工作成效和水平。

街道以社区各界人士联谊会和区知联会延吉分会为纽带,进一步打造社区统战工作的"升级版":一是建立统战之家、商会之家、民族之家和侨之家等活动载体,实现各界人士工作全覆盖;二是孵化各类社会组织,为基层居民自治提供多元化平台;三是加强居民沟通联络,通过联谊形式交流恳谈、对话协商、凝聚共识。

2016年,由12家商会成员共同出资505万元,成立了上海杨浦区延吉社区公益基金会。社会公益基金会以整合社区资源、服务社区成员、发展社会组织、建设活力延吉为宗旨,资助有利于改善社区养老、教育、文体、自治、环境卫生等方面的志愿服务和公益项目。

在少数民族工作方面,街道积极整合社区党政资源,使社区民族工作由传统的"单独干"转变为"一起干",逐步建立社区少数民族人口信息共享机制、少数民族利益诉求表达机制、少数民族权益保障机制、矛盾纠纷协调处置和防范机制等;利用统战力量进行社会治理,从"管理""治理"转变为"服务",推动社区统战工作向更深层次、更高台阶发展。

比如,在延吉民族联分会志愿者的帮助下,来沪少数民族同胞马成玉于2016年6月在他经营的店面内挂牌设立延吉社区清真单一型老年人助餐服务点,社区内80岁以上、户在人在、有清真饮食习惯的少数民族老人,每天能够获得以助餐券形式发放的5元清真餐费补贴,并享受免费送餐上门服务。街道(镇)通过与专业餐厅合作的形式,共同搭建了为民服务的

平台。

（二）创新统战工作手段，夯实服务社区治理的基础

延吉新村街道不断探索和实践社区统战工作新方法，为统战各界人士发挥优势作用夯实制度基础、组织基础，使社区统战工作更趋制度化、规范化、细致化。延吉新村街道将社区统战联谊会工作纳入重要议事日程，定期专题研究重要问题，一年召开两次社区各界人士代表工作通报会，一年举办一次各界人士理论研讨会；先后制定《社区各界人士联谊会章程》和《各界人士联谊会流程图》等规章，明确由街道党工委书记任名誉会长，分管统战工作的党工委副书记任会长，设立了六支各界人士主要团队，负责八大块工作和十八个具体项目，并在拥有四家睦邻中心的居民区建立联谊会分会，促进统战工作与睦邻家园建设工作紧密结合。

随着社会的发展，延吉社区的统战工作也与时俱进，不断拓展统战对象与范围。目前，社区各界人士联谊会已拓展为由民、宗、侨、台、商、民主党派、无党派、新的社会阶层人士、党外中青年知识分子等九方面代表组成的团体。这些代表既是街道服务的对象，又是社会治理的生力军。同时，为确保工作正常运作，街道从人、财、物三方面配齐资源，落实社区党建办作为统战工作的职能科室，指派党建办副主任担任社区统战干部，设专职统战社工协助其工作，另外指定十七名居民区党总支书记担任各小区统战干部，每个居民区还配备各界人士联络员和信息员。

街道每年落实统战工作预算，明确项目经费，提供资金保障。此外，还为社区各界人士之家和延吉商会之家提供场地，在延吉志愿服务中心和四个睦邻中心内设立统战志愿者服务点，除了提供侨务咨询和少数民族政策解答外，还开通各界人士法律咨询室，提供咨询服务和维权保障服务。

（三）培育基层社会组织，打开社区治理创新的思路

社会组织是开展新的社会阶层人士统战工作的重要平台和基础，是统战工作社会化的延伸。在街道政社合作模式推进过程中，延吉新村街道更加关注体制内、外接轨中的相容性，着力转变社会组织是"伙计"的惯性思维，通过优秀人才推荐等机制，逐步树立"伙伴"理念，拓展社会组织参

与社区管理的深度和广度,孵化和培育一批服务于各界人士的优秀社会组织,并在登记注册、银行开户等方面给予诸多支持。

2011年,上海延泽社会工作发展中心正式扎根延吉第三睦邻中心,侧重向儿童、青少年及家庭提供服务,其创办人王秋月既是政协委员,也是延吉知联会会员。在深入社区调研和开展服务的基础上,延泽社工发展中心打造了针对青少年发展的"小松树之家"项目品牌、针对儿童的"松果保卫战"社区安全服务品牌、针对流动人口的"橄榄树"青年服务项目品牌、针对社区志愿服务的"心动力"品牌。据统计,每年延吉第三睦邻中心的服务人次在9万左右,相当于延吉街道的总人口数。

社会组织的服务指导,提高了居民对社区的归属感和对社区事务的参与度,为解决民生难题注入了新的力量,建立起牢固的社区共同体。同时,为配合各界人士参与社区共治载体建设的实效性,延吉新村街道着力强化配套机制建设,保障各界人士和社会组织的智慧能在社区落到实处。通过建立一整套各界人士建议跟踪保障机制,把建议立项、"一事一立"纳入建议流转落实机制,定期督办,限时完成,确保建议有效落实。

此外,建立意见建议反馈机制,向建议人及时报告建议推进、落实情况,调动建议人的积极性,进一步强化共治载体的功能,最终通过社会组织的专业保障,增强公民的责任意识,缓解社区矛盾,构建文明和谐社区。

三、创新·成效

延吉新村街道通过在社区统战载体搭建、方式创新等方面花精力、下功夫,开辟了民主协商渠道,搭建了价值共振的资源载体,营造了稳定和谐的社区治理秩序,将"原子化"的陌生人社会打造成了一个守望相助的社区共同体,实现了社区治理的最终目标。

(一) 发挥团结作用,形成了社区民主协商良好局面

延吉新村街道通过载体建设,打造了统战各界人士参与社会治理的多层面议事平台体系,形成了基层民主协商的良好氛围,为统一战线发挥大联合、大团结的作用提供了广阔空间。在社区代表大会代表组成中,延吉

新村街道综合考虑社区代表所在行业、所代表人群等因素，为尽量多的社会各阶层人士参与社区管理创造条件。

目前，第四届社区代表中有社会组织代表11人、群众组织代表2人、侨界和少数民族代表7人、企业界代表18人，各界人士聚焦物业管理、治理方式创新等方面，提出垃圾分类管理方式、睦邻延吉App影响力提升办法等建议，为社区管理能级的提升提供了重要参考。街道在完善社代会、睦邻服务等重点共治载体的基础上，还鼓励各条线与群众接轨，在社区层面形成了各界人士参与共治的网络结构。社区志愿服务中心设立议事会制度，邀请社会组织、公益组织、志愿者团队领袖、企业志愿者组织负责人等参与会商，为社区民族工作提供了许多有益的建议。

比如，少数民族志愿者提出为穆斯林老人提供清真助餐，街道据此展开调研，成立了杨浦区第一家清真助餐点；民族联提出创建"彩虹桥帮困互助金"，解决少数民族同胞的生活困难，资金来源主要为社区内的少数民族同胞和关心支持少数民族工作的爱心人士捐赠，目前已与17个居民区的20多名少数民族特困户，大病、高龄老人和18名困难学生结对帮困。

（二）汇聚专业智慧，提升了社区治理服务精细程度

为不断适应新形势下社区群众的多元需求，延吉新村街道自2011年起通过政府购买服务，先后引进和孵化了知行社工师事务所、延泽社会工作发展中心、新途健康促进社等一大批社会组织，致力于为居民提供更加专业化、多维度的社区服务。

同时，为确保服务的到位率，提高理论与实践的融合度，街道一方面把社会组织负责人推向社代会等社区群众性参政议政平台，了解社区服务的总体方向和群众共性需求；另一方面指导成立睦邻中心顾问委员会等载体，邀请社区各界人士参与听证、献策，就社区睦邻家园服务开拓共治局面。

比如，家住延吉七村的小何夫妇常年在沪打工，孩子则托付给在老家的爷爷奶奶照看，每年暑期孩子才有机会到上海与父母团聚。但是，常年分居两地造成了父母与孩子间严重的沟通障碍。延泽社会工作发展中心创办人王秋月在了解情况后,邀请小何夫妇带着孩子参加"心桥流动儿童家庭支持计划"。该项目设计的一系列模拟场景、角色调换、肢体语言表达等环节,让父母和孩子在游戏过程中逐渐增进了解、逐步消除隔阂。

在活动结束后,小何夫妇还与"候鸟妈妈"们组成了互助团,在社工的带领下畅谈育儿经,互相交流学习,解决家庭问题。在王秋月的倡议下,13个社会组织共同建立起睦邻中心顾问委员会,通过开展座谈会的形式集思广益,助推了一批创新服务项目在社区落地开花。

(三) 依凭协调优势,创造了社区治理稳定发展环境

延吉新村街道专门建立了统战人士"舆情信息员"队伍,采用简讯报送舆情信息,向各个职能科室决策提供参考意见。社区的党外人大代表、政协委员能够利用社区各界人士之家,密切与群众的联系,全面掌握社情民意,客观准确地反映群众的呼声和意愿,实现了基层民主协商,增强了参政议政实效。

社区各界人士的积极参与,促进了政社合作和社会发育,使社区治理格局更加有序。在社区各界人士之家、延吉志愿服务中心和四个睦邻中心内设立的统战志愿者服务点,统战志愿者和统战干部为社区居民提供了有效的法律咨询和法律援助,积极开展组织协调,将矛盾妥善化解在基层。

比如,早期归侨张统明及老伴在一时冲动之下,将自住房屋挂牌出售,在已与买家签订售房合同并收下定金之后,因认为自己出售的房价偏低而改变主意,张统明及老伴提出单方面取消合同,从而引发纠纷。两位老人多方奔走,请求电视台《老娘舅》和《帮女郎》栏目调解未果。情急之下,他们向各界人士法律咨询室求助,统战干部积极组织调解,并给予专业法律意见支持,最终促使双方解除了买卖合同,并将张统明和老伴的经济损失减到最小。

四、启示·展望

延吉新村街道搭建和拓宽了统战各界人士参与社区治理的平台和渠道,充分发挥了社区统战人才云集的智慧优势、建言议政的渠道优势、协调

关系的功能优势、联系群众的根基优势,使延吉街道呈现出三大新气象:
一是参与治理、各展才能的新气象,无论是在社区层面还是条线工作中,都
有统战各界人士忙碌的身影;二是互帮互助、乐于奉献的新气象,统战各
界人士汇集各方力量,将服务对象延伸至广大社区居民群众,使社区治理
更有温度;三是典型示范、引领风尚的新气象,通过长期发掘和培养,涌现
出一批爱国爱党、团结互助、乐于奉献的统战各界人士先进典型,在社区民
族融合、法律援助、就业服务等工作中都发挥了榜样作用。

当然,社区统战工作也面临不少新情况和新问题,需要继续探索创
新:一是团队组织建设尚不完善,梯队结构不够合理,团队志愿者、联络
员队伍出现青黄不接的现象;二是工作方式方法仍比较传统,缺少创新思
维。未来,延吉新村街道将把做好新的社会阶层人士工作作为新形势下基
层统一战线工作新的着力点,挖掘和吸收各界的新鲜血液,积极发挥社会
组织等第三方的作用,创新工作思路,拓展工作领域,进一步推动延吉社区
睦邻家园建设和社会治理新发展。

博采众长："业委会朋友圈"找准
社区治理新支点

一、背景·缘起

杨浦区平凉路街道位于上海老工业区,下辖16个居民社区,街道内含待拆旧式里弄、保留旧式片区建筑、老旧公寓楼、动迁安置楼、企业自建楼、商品楼等不同类型的民居。在社区管理中,居民区普遍存在诸如社区居民自治章程、制度、公约有效落实难,垃圾散乱堆放及分类难,文明养犬难,停车难,高层住宅加装电梯实施难,根除违章建筑侵占公共用地难等老大难问题。这些问题差异程度大、分散程度高、协商调解难,除了需要街道居委的支持之外,更迫切需要业主委员会有效行使自主管理权。

平凉路街道共有54个业委会,业委会成员结构呈现出年龄偏大、学历偏低、专业化水平不高等特点,加上业委会职责不清、运作不规范,难以有效发挥其在业主自治中的应有作用。在修订后的《上海市住宅物业管理规定》颁布后,2018年11月,上海市委组织部印发《关于进一步加强党建引领业主委员会建设的若干意见》,对社区业委会提出明确履职要求,以推动住宅物业管理创新。

近年来,杨浦区司法局孵化培育、扶持成立了包括上海律佑社会治理法律服务中心在内的12家法律服务类社会组织,服务范围涵盖社区法治建设、旧改征收、重大工程、承接法治项目、访调对接、法治专员等不同领域。法律服务类社会组织成为公共法律服务体系的又一支重要力量,其不断发展,有效地推动了社会治理体系建设专业化、社会化、法治化水平的提升。

上海律佑法律服务中心积极与平凉路街道开展合作,为社区治理注入法律专业力量:组织发起"业委会朋友圈"品牌活动,以居民区党建引领为根本,以居民自治为动力,以履行法律法规为依据,调动一切可以调动的力量,破解各种社区治理难题,以此作为撬动社区自治共治善治的支点。

二、举措·机制

作为物业与业主之间的润滑剂,业委会需要在物业管理和社区服务中发挥好沟通协调、为民解忧的重要作用。律佑法律服务中心与平凉路街道合作发起的"业委会朋友圈"活动,借助法律专业力量,协同促成社区依法自治的顺利开展,为社区居民提供及时、精准、优质的公共服务。

(一) 开展业务培训,提高"业委会朋友圈"履职能力

业委会是指由物业管理区域内的业主代表组成,代表业主的利益,向社会各方反映业主意愿和要求,并监督物业管理公司管理运作的民间组织。业委会的工作直接关系到居民的切身利益,对人员的综合能力要求较高。目前上海各社区业委会成员普遍存在年龄偏大、文化层次偏低、专业知识匮乏、协商调处水平不高等履职能力不足的现实难题。尽管有的业委会成员工作热情较高,但由于缺乏项目实施、小区管理等方面的经验和必要的专业知识指导,常常导致事与愿违。

业委会的有效运行,需要认真落实关于业委会管理制度的顶层设计,使业委会的权、责、利相协调,以增强其主体性。新颁布的《上海市住宅物业管理规定》中对"业主及业主大会"的工作提出了重点要求,量大业深,非物业专业人员连理解专用词汇都有难度,更难做到有效执行。而现实管理中,业委会工作涉及数目不菲的资金、物资等方面的利益分配,岗位职责不允许出现大的疏忽。

为此,律佑法律服务中心聚焦业务能力建设,以"业委会充电站"的形式为平凉路街道业委会成员及社区相关管理人员提供专业培训,邀请多名物业专业人士"进站"授课,详细分解《上海市住宅物业管理规定》及相关法律法规,并举办专场研讨释疑解惑活动,请授课教师与听课学员进行面对面交流。街道和社会组织积极提供外部环境支撑,通过为业委会成员和社区工作人员开展专业指导培训,切实确保业委会"能作为"。

（二）着力建章立制，推动"业委会朋友圈"决策落地

律佑法律服务中心在居委会成立法律服务工作室，在每个街道成立公共法律服务工作站，提供一般的法律咨询、宣传。在此基础上，律佑法治专员也参与社区自制项目，通过提供建章立制、法制宣传、风险把关等法律服务，积极协助、促成社区自治项目的成功落地。

杨浦区平凉路街道双喜公寓设有139个固定车位和91个临时停车位，而业主登记的机动车就有400余辆，邻里之间常因为车位紧张引发矛盾纠纷。如何解决这一难题？由居民区书记组织、业委会领衔，各方力量共同努力，经过科学测算、合理调配，依法依规、公开透明、人性化的综合治理，从建章立制入手，建立沟通渠道，调动居民参与。例如，关于停车费管理规定中的"物业公司应有专人进行停车费管理，定期结算与公示收支，停车费收入在扣除管理成本和经业主大会授权使用的费用后的结余部分纳入小区专项维修基金账户，每年一次分摊到业主账户"，体现了公开透明、平等共享的原则。公开透明才能让业主知晓自己合法权利的范围，平等共享才能获得业主的积极支持，并使其在业主大会表决时做出有利于社区整体利益的意见（投票）。在之后的业主大会中，以85.36%的同意率通过了《小区停车管理办法》。此次征询实发表决票478张，回收表决票465张，全程符合业主大会会议召开条件和《业主大会议事规则》的约定。

在此期间，律佑法律服务中心同步参与、协助另一个中型物业服务企业成功解决了秦家弄老小区停车难问题。两个具有不同特征的居民区在解决停车难题过程中，都因地制宜地发挥了小区自身的优势，对症下药，在项目实施过程中注重建章立制，小区停车难问题迎刃而解，小区也走上有序的管理轨道。

（三）注入法律力量，壮大"业委会朋友圈"服务联盟

2014年，上海市委出台的《关于进一步创新社会治理加强基层建设的意见》提出："继续优化社区事务受理服务中心、社区文化活动中心、社区卫生服务中心的基础公共服务功能，进一步建立完善城市网格化综合管理中心、社区党建服务中心和社区综治中心。"社会管理不再以政府为单一主体,而是多元主体的平等协商与合作。基层社区规范有序是社会治理的核心目标之一,关乎整个社会的协调稳定。在全面依法治国的背景下,律佑法律服务中心无论是从专业角度还是社会责任方面,都成为基层治理重要的法治力量。

目前上海市文明养犬工作情况普遍不乐观,几乎皆由政府行政干预。由于各居委会无执法权,文明养犬工作几乎仅限于宣传层面。律佑法律服务中心与杨浦区平凉路街道海杨社区联合开展"犬主自治·党员参与·法治保障"文明养犬工作,从接受任务、展开调研到设计预可行方案,全程参与并提供法律支持。

在文明养犬实施过程中,居民区两任书记接力组织,社区贤达能人群策群力,从制订实施方案、成立犬主自治筹备小组、扩建基本志愿者队伍、对相关人员进行授课培训、登记犬户数及犬数、公布《告居民书》、社区布展宣传造势渲染气氛、登记造册、签订《犬主自治文明养犬约定》(养犬户一户一份约定书、一户一份登记表,分别签名、填表)、对全体犬主进行培训提醒、举行签约仪式,成立了"海杨社区居民养犬自治会"。经过10个月的不懈努力,该社区(共3个小区)的2个小区共有58户养犬户参与签约,党员犬主参加犬主自治筹备小组并带头签约达100%。

这项工作的成功是一次从理念到内容再到形式的创新举措,具有长效性、可操作性、可推广性,是一次居民自我约束、自我治理的有效探索。

三、创新·成效

"业委会朋友圈"品牌活动是深入贯彻落实党的十九大关于完善公共服务体系工作要求的创新实践,坚持以人民为中心,坚持共建共治共享,坚持重心下移、力量下沉,更加注重在细微处下功夫、见成效,提升了社区治理的社会化、法治化、专业化水平,提升了基本公共服务的水平和质量,让社区居民有了更多的获得感、幸福感和安全感。

(一)搭建平台,激发了基层协商自治活力

律佑法律服务中心通过打造"业委会朋友圈"品牌活动,每次由一个

居委会作为主场,分享一个已取得成功且总结过经验的自治主题,围绕社区治理堵点、难点、痛点,把社区治理中的利益相关方和所有积极因素整合到一个规范的自治平台进行互动,通过主题活动发掘民智。

分享经验和讨论的过程就是自我管理、自我教育、自我服务的过程。它进一步拓宽了业委会等社区自治组织的自治空间,提升了其自治能力和自治水平,形成了业委会、居民、社会组织等多个层面的自治规则体系,提高了居民对社区公共事务的参与度,共同规制社区中的各项治理活动。

"业委会朋友圈"把社区里有志于公益事业与服务居民的能人、志愿者及各类专业人士有效动员起来,通过传授指导、交流探讨、实地调研等形式,群策群力破解社区治理中的老大难问题,培育了良好的社区自治氛围。

(二) 整合资源,提升了社区治理专业水平

治理活动的落实和社区服务的生产都需要相应的人力、物力、财力等社区治理资源。社区治理资源从来源看主要包括内部资源和外部资源两种类型,丰富的治理资源能够促进社区的有效治理。更重要的是,自治应建立在法治的轨道上,要使法治为自治服务,法治为自治保驾护航。

在社区自治中,居委会和业委会起着核心作用,但一个常见的现象是:虽然业委会委员和业委会主任都非常热心负责,但业委会内部抵触情绪多发,经常因管理上的问题引发纠纷。这主要是因为业委会工作会涉及很多物业管理知识和法律法规政策,若不具备一定的专业知识会造成工作上的失误。律佑法律服务中心打造的"业委会朋友圈",作为专业的第三方力量,为业委会成员的工作提供了专业支持,为解决社区治理难题提供了重要的辅助作用。

"业委会朋友圈"的法治指导员为居民区依法自治提供了法律支持,为解决和化解社区治理矛盾和纠纷提供了法律途径,为居委会和社区居民提供了法律服务,促进社区法治、自治、共治融合发展,使各方自治主体在法律框架内达成共识。"业委会朋友圈"既有效动员了社区内部资源,又精准输入了社区外部资源,实现内部动员和外部注入的良性循环,为社区居民提供更高水平、更高质量的公共服务。

（三）服务落地，推动了治理绩效提速增质

治理绩效是对社区治理效果的可置信评价，即治理主体利用治理资源在治理规则规制下的社区治理活动有产出，并且这种产出是有效的，主要体现在能够切实满足居民需求、提供优质服务上。借助"业委会朋友圈"的活动平台，律佑法律服务中心加强对社区业委会的指导培训，促进其有效运行，提高其服务业主的能力，并发挥其对物业公司的监督作用，促使物业服务质量的改善。

作为非营利性的社会组织，律佑法律服务中心公益性较强，团队由对服务社会、服务群众具有高度自觉、高度热忱的法律志愿者组成，充满凝聚力和公益心，贴近社区、服务在一线，向社区及时有效地提供了专业法律服务。治理主体的多元化建设，使得社区服务资源越来越多样化，这些资源的配置更多地依据自治的逻辑而不是行政的逻辑。从层级上看，这些资源也从社区、小区下移到具体的治理活动中，实现了社区服务的精准化、持续化供给。

四、启示·展望

社区是社会的细胞，社区和睦是社会和睦的前提，没有社区的和谐便没有城市社会的和谐。社区自治建设是一项市、区、街道、社区、居民五位一体的艰巨工程。社区治理必须将自治、法治、德治融为一体来实施共同治理。律佑法律服务中心在做好社区居民身边的"法律顾问"的同时，利用"业委会朋友圈"这类行之有效的社区居民自治活动，在潜移默化中规范居民的日常行为，使其自觉地与居民区的自治章程、制度公约有效衔接。正因如此，"业委会朋友圈"受到平凉路街道各居民区党组织、自治组织的广泛支持。

"业委会朋友圈"具有良好的发展前景，在充分肯定其成效的同时，也要正视其中存在的不足，并在未来工作中加以修正。一是要通过探讨"业委会朋友圈"活动的使命与成效，从机制上保障活动的规范化、制度化、标准化开展；二是在活动召集、组织、协调、开展等多个环节中，厘清社区治

理各主体之间的权责界限,理顺"业委会朋友圈"工作机制;三是"业委会朋友圈"品牌项目的开展离不开人力、财力、场所等方面的支撑,要科学、合理、规范使用经费,进一步加强监督措施。律佑法律服务中心将充分发挥"业委会朋友圈"的示范效应,贴近群众,发现群众的法律服务需求,努力把平凉路街道社区打造成为安定和谐、创新包容的幸福家园。

多管齐下："清运卡"搭起小区
建筑垃圾管理之道

一、背景·缘起

2016年，上海的建筑垃圾被偷倒至江苏太湖、南通等地的事件接连发生，建筑垃圾管理问题成为公众关注的焦点。事实上，小区内装修废弃的建筑垃圾随意倾倒，已经成为上海城市发展进程中的顽症。按照上海市物业管理有关规定，小区物业公司应向购买房屋的业主收取维修基金和装修保证金，用于出资聘请环卫作业队统一清运处理。

实践中，物业和居委会往往对小区管控不力，没有定期排查住宅小区内的装修户数，对于小区内进出的装修公司车队和私人垃圾清运车不够重视。居民常常将建筑垃圾混在生活垃圾中，随意倾倒在小区公共区域内，或者让收费较低但没有垃圾处理资质的私人清运队清理。这些私人清运队很多是装修"游击队"，将建筑垃圾运走后，寻找僻静的街道偷偷倾倒。长期无人处理的建筑垃圾成了无主垃圾，严重破坏了城市生活环境，造成了社会安全隐患，增加了政府公共财政负担和公共治理难度。

清运作业的调整是关乎居民生活环境和城市形象提升的重要课题。杨浦区相关部门、建设单位和街道多次召开专题协调会，群策群力探索小区建筑垃圾科学管理之道。大桥街道位于杨浦区中南部，辖区面积达3.99平方公里，共有86个住宅小区，4.01万户居民，户籍人口数达12.32万，人口密度较大。辖区内平均每月有500套房屋装修，各小区普遍存在建筑垃圾堆积时间长、清运效率低、污染公共空间等问题。2016年8月，大桥街道联合海桥保洁分公司，率先发行"建筑垃圾清运卡"，以"先付费购卡，后清运垃圾"为工作机制，明确补贴政策。同时，加强联合执法，严厉打击偷倒建筑垃圾的不法行为。双管齐下强化管理，有效缓解了建筑垃圾"清运难"的问题，成功打造了以人为本的宜居社区。

二、举措·机制

很多时候，小区里的建筑垃圾处于尴尬的境地，它既不归物业管，也不归环卫管，装修报备、及时清运、分类回收、费用结算等具体操作过程并不顺畅，制约着建筑垃圾清运的效率。

（一）以理顺流程为核心，创新建筑垃圾治理新方式

大桥街道明确规定，要求业主开始装修前必须向物业报备装修情况，如自行处理建筑垃圾的，必须向物业出示施工队、清运车相关资料，确保清运过程合法合规。同时，街道（镇）制订两套方案供居民自由选择：一是居民自己联系正规环卫作业队清运，支付的费用与委托物业或居委会代办相同；二是选择委托物业代办清理的，物业上门与业主商定清运车次，按规定收取清运费用，并向大桥街道管理办购买"建筑垃圾清运卡"。

"建筑垃圾清运卡"串联起街道、物业和居委会、环卫作业队以及社区居民等多元主体参与小区装修建筑垃圾互动治理模式。街道发行一定面额的"建筑垃圾清运卡"，统筹协调建筑垃圾清运工作。物业和居委会向街道买卡，预支垃圾处理费用，并通过多种途径和方式对居民进行宣传动员。

偷倒建筑垃圾的源头在于产生的大量建筑垃圾无人处理，居民没有意识到建筑垃圾不同于生活垃圾，需要自家买单处理。针对这一信息盲点，居委会定期开展有关建筑垃圾清理的居民座谈会、垃圾分类主题日、小区宣传栏宣传垃圾分类课题等活动，居民逐步意识到装修产生的建筑垃圾需自费处理。业委会充分发挥其在业主自治中的作用，从旁监督，督促业主装修前及时去物业处报备并交纳装修保证金，装修后向物业或居委会购买"建筑垃圾清运卡"。环卫作业队负责建筑垃圾的及时清运，清装完毕后当场收取相应的清运卡，凭清运卡到街道统一结算费用。一张张卡片使得建筑垃圾清运业务无缝对接，串起社区建筑垃圾高效透明的管理效

益链。

（二）以源头减量为抓手，优化激励垃圾分类新机制

一般的建筑垃圾中大约有40%的砌石砖块、25%的泥沙，其余为毛垃圾和焚烧垃圾。经过分类回收后，再利用率可达70%以上。根据《上海市建筑垃圾处理管理规定》，居民装修过程中拆除的沙发、橱柜、床垫、浴缸等大件毛垃圾以及生活垃圾不得混入建筑垃圾中处理，必须经过详细分类后逐类处理。建筑垃圾是收费清运，而毛垃圾和生活垃圾都是由政府负责免费清运。在没有分拣的机制下，居民扔掉的家装垃圾中有一部分是大件生活垃圾。"建筑垃圾清运卡"以建筑垃圾源头减量减排和资源化利用为抓手，巧妙利用25%的补贴措施（如物业或居委会向街道支付1 000元，可以得到1 250元的卡，其中250元由街道补贴，用于支付日常巡查、垃圾分类、零星垃圾清理等费用开支），激励物业和居委会向街道购买预付卡，积极主动承担起居民装修建筑垃圾的分拣和清运管理工作。

大桥街道辖区内，有物业管理的小区，建筑垃圾清运费由物业负责收取；没有物业管理的自治小区和私房地区，建筑垃圾清运费则由居委会负责收取。物业和居委会从源头对垃圾进行精细化分拣合并，充分压缩同类垃圾的体积，减少垃圾总量，提高资源再利用率，也为后续清运工作减负。例如，物业或居委会向居民收集4车建筑垃圾，收取居民2 000元垃圾处理费用。如果不分拣，则需要付给环卫作业队面值为2 000元的卡。但是，物业或居委会自主将毛垃圾和建筑垃圾在源头进行分离，4车垃圾缩减为3车，则只需要付给环卫作业队面值为1 500元的卡，多余费用直接作为对物业或居委会的补贴。当遇到少部分居民不肯付费或有零星建筑垃圾难以计费时，物业和居委会可以用这个补贴费用进行处理，从而节约在建筑垃圾处理上的支出。将物业和居委会纳入社区建筑垃圾治理主体中，优化激励措施，创新了从源头减量的管控模式。

（三）以引逼结合为手段，提升打击垃圾偷倒新能级

共识是行动的基础。谋求不同利益群体之间的合作的关键在于凝聚共识。由于回收渠道窄或受利益驱动，有部分居民明知建筑垃圾必须由专

职作业部门负责清运,仍悄悄请私人清运队处理装修产生的建筑垃圾。为了解居民在装修建筑垃圾处理工作上的需求及意愿,居委会牵头引导物业及业委会对小区住户进行入户摸排调研。通过征求居民的意见和建议,街道提出了"建筑垃圾清运卡"这一新举措。此举一经推出,街道(镇)便迅速组织相关宣传培训,让执法人员及时了解清运卡的管理流程,让各个部门对在其中承担的职责形成清晰的认识。居委会作为连接社区和居民的重要纽带,积极对社区居民开展"建筑垃圾清运卡"制度的宣传工作。居民逐渐认识到,小区环境的治理并不仅仅是物业的责任,也需要付出自己的一份力,人人做到不乱扔建筑垃圾,有意识地做好垃圾分类处理,就是在替自己节省物业费,共同打造美好的生活环境。

另一方面,偷倒装修建筑垃圾的行为也对市容环境建设和城市公共卫生造成了威胁。对此,上海市城市管理部门规定了具体而严厉的处罚措施:单位随意运输处置倾倒建筑垃圾,可以处以5 000至50 000元的罚款,个人处以200元以下罚款;街道可会同城管部门暂扣其用于偷倒建筑垃圾的运输工具,如运输工具为非法运输工具则予以没收销毁,派出所对涉嫌偷倒人员进行暂扣并调查偷倒事宜(24小时内)。在政策规定的指引下,大桥街道管理办、城管中队、派出所"大联动"民警、环卫作业队等抽调力量组成联合执法小组,加大对偷倒装修建筑垃圾的打击力度,从侧面推进"建筑垃圾清运卡"这一新规的实施。通过巡逻临检、蹲点布控、专项检查等手段,联合执法小组摸清偷倒、乱倒建筑垃圾的时间规律,开展严厉打击建筑垃圾违规运输、擅自处置和随意倾倒行为的专项整治行动,加强对建筑垃圾的处置管理。同时,街道积极开展各物业企业工作辅导,督促物业严查私人垃圾车进出,从源头减少私运建筑垃圾出小区的行为,形成严管严控的态势。

三、创新·成效

大桥街道"建筑垃圾清运卡"理顺了小区装修建筑垃圾管理流程,从源头减量,提高了建筑垃圾回收利用率。小区建筑垃圾偷倒现象大幅减少,基本实现了"建筑垃圾必须由指定的专业队伍清运"的目标,交出了一份满意的建筑垃圾治理"成绩单"。

(一) 从"先清后付"到"先付后清",减轻了托底压力

从2016年8月起,上海市相关管理部门要求居民建筑垃圾由专职作业部门负责清运。对小区内堆放的建筑垃圾,物业和居委会不定期找专业队伍集中清运。但原有的"先清运,后付费"的操作模式面临"收费难"的挑战。即使物业和居委会多次上门沟通调解,很多业主仍不愿意支付自家装修产生的建筑垃圾处理费。最终,街道只能自己投入资金托底清运。2017年以前,大桥街道每年投入的处理建筑垃圾清运经费超50万元,呈现逐年增长的趋势。"建筑垃圾清运卡"创建了"先付费购卡,后清运垃圾"的管理模式。自实施以来,物业和居委会基本都能按时收到费用,清运时也不需要多方人员在场,减少了人员投入。小区建筑垃圾随出随清,街道托底投入资金大幅下降,财政资金可以用到更多、更急切的民生项目上。如今,大桥街道的86个小区中,其中有70多家物业公司、10多个居委会购买了"建筑垃圾清运卡",基本实现"建筑垃圾清运卡"全面覆盖。

(二) 从"垃圾处理"到"垃圾治理",重塑了治理文化

大桥街道"建筑垃圾清运卡"有效助推了垃圾源头分拣工作的落实,提高了资源利用率,符合可持续发展的理念。垃圾分拣并不仅仅是处理垃圾的工作,更是垃圾治理的关键环节。它改变的也不仅是生态环境,更改变了人的观念与行为,重塑了整个社区的治理文化。建筑垃圾治理等生态议题成为撬动社区治理最为有效的支点。

大桥街道辖区平凉路的华谊星城名苑小区是一座纯商品房小区,在推广"建筑垃圾清运卡"制度之前,小区广场上时常堆积着半夜偷倒的建筑垃圾。小区居民因此而怨声载道,花了大价钱买来住房,交了高额的物业管理费,却换来并不对等的居住品质。在推广"建筑垃圾清运卡"制度后,小区物业严加排查装修住户,并在小区侧门50米开外的华谊新城大厦商务楼东侧设置了专门的建筑垃圾临时堆放点。物业经理负责与环卫作业队约定时间,及时清运装修产生的建筑垃圾。由于有了25%的补贴政策激励,物业工作的积极性得到提高,使得建筑垃圾在装车之前就实现了"瘦身",改善了社区环境质量,也减轻了社区和城市压力,居民满意度显著提高。

(三) 从"有心无力"到"得心应手",创出了解困新路

在启用"建筑垃圾清运卡"之前,物业和居委会都不愿意主动管理小区内四处散落的建筑垃圾,觉得吃力不讨好;业委会尽管对现状不满,但有心无力,只能对此睁一只眼闭一只眼。"建筑垃圾清运卡"这一管理方式激发了业委会、居委会、物业公司、社区居民等多元主体参与小区建筑垃圾治理的积极性。物业公司和居委会严守第一道门,督促门卫严查私人垃圾车进出,从源头上减少了偷运建筑垃圾出小区的行为;业委会主动承担起监管职责,通过小区楼组长及时了解每栋楼的装修情况,定期与居委会、物业开碰头会,确保信息沟通的畅通;社区居民垃圾分类意识显著增强,装修的居民开始主动去物业中心登记,交纳装修保证金。许多居民甚至已经主动换上了干湿分离垃圾桶,率先做好生活垃圾的分类工作。各方齐心协力管理好小区环境,小区的各类垃圾得到妥善处理,社区自治、共治效果明显,也为社区垃圾分类的可持续推行提供了一种参考模式。

四、启示·展望

大桥街道"建筑垃圾清运卡"是聚焦生态议题、围绕民生热点应运而生的社区治理创新管理方式,以"为民解困"为服务理念,牢牢抓住问题的核心,从基层、从源头上做好垃圾分类清运,减轻了后期分拣和处理工作的压力。一张张卡片串联起解决社区顽症的紧密管理链,有效遏制了大桥街道辖区内乱偷倒建筑垃圾现象,提高了资源再利用率,减轻了街道财政托底压力,也让基层社区共治善治活力充分涌流。"建筑垃圾清运卡"既是社区共治的创新,也是城市建设管理的亮点。

当然,"建筑垃圾清运卡"在实际运行管理中也存在一些亟待完善的地方。如果物业和居委会的主动管理意识不强,未在居民装修之前就收取垃圾处理费用,在装修结束后可能出现居民不愿买单的情况;如果居民支付给物业或居委会的垃圾处理费高于市场平均价格,居民还是会为了省钱

找更便宜的私人清运队。从长远来看,持续推广"建筑垃圾清运卡"需要加强政策法规和垃圾分类治理的宣传工作,转变居民"只要是垃圾都该政府买单"的旧观念。同时,进一步完善物业和居委会作为"中间环节"的管理制度,改变"凡事都有街道托底买单"的旧理念。大桥街道要以"建筑垃圾清运卡"的成功运行为契机,扎实推进《上海市生活垃圾管理条例》的落实。

多元协作：敲开加装电梯的"四重门"

一、背景·缘起

上海的多层住宅改造主要经历了三个阶段：第一阶段是20世纪60—70年代的"加层改造"，即在既有住宅的基础上增加住宅面积；第二阶段是20世纪80—90年代初的"设备改造""合改独"，改善住房卫生和厨房煤气设备等条件；第三阶段是20世纪90年代末的"平改坡"，改善顶楼的保温防晒和防漏雨。随着城市社会经济发展和人口老龄化的深入，上海加大了既有多层住宅加装电梯项目的推进力度。2016年，上海市住房和城乡建设管理委员会、上海市规划和国土资源管理局、上海市质量技术监督局联合发布《关于本市既有多层住宅增设电梯建设管理相关建设审批的通知》，明确了既有多层住宅加装电梯项目的建设管理审批程序。国务院办公厅也于2017年出台了《关于制定和实施老年人照顾服务项目的意见》，其中明确要求"加强社区家庭适老化设施改造，优先支持老年人居住比例高的住宅加装电梯"。可以预见，上海多层住宅改造的第四个阶段必将是完善住宅使用功能的"加装电梯"改造。

殷行街道建于20世纪80年代，辖区内有近3 000幢多层住宅，60岁以上的老年人约占户籍居民的43%，是上海最具代表性的特大型居民区之一。近年来，房屋老龄化和人口老龄化问题突出，许多老年人被迫常年"悬"于楼上，辖区内居民对老公房加装电梯的需求强烈。但是，在推进加装电梯的过程中也存在利益协调难、安装设计难、行政审批难、费用分摊难等问题。为满足居民的迫切需求，殷行街道在摸清底数的基础上，以加强沟通协商和社区自治为重点，扎实推进电梯加装工作，加大和加快居住小区适老化改造的力度与速度。

二、举措·机制

城市是千百万人生活的有机载体,旧住宅更新改造的原动力来自城市居民的现实生活需要。既有住宅加装电梯是一项以"适老""便民"为核心理念的民心工程,具有广泛的民意基础。殷行街道主张以"自上而下"和"自下而上"相结合的方式,充分调动居民参与的积极性,敲开电梯加装的"四重门"。

(一) 以社区协商为先导,敲开加装电梯"协调门"

殷行街道明确由社区自治办作为电梯加装工作的牵头部门,以社区协商为先导,将引导居民自治作为工作推进的关键突破口。针对部分业主对政策和施工影响不了解、费用分摊方案存在分歧等加装电梯工作中的"拦路虎",街道在各居民楼成立以党员、楼组长、自治骨干为核心的电梯自治管理小组,建立良好的沟通协商机制,居民联席会议定方向,征询会、协调会、谈心会做工作,征询居民关于加装电梯的意见,对于未到会的业主进行个别征询。市光四村(3)居民区7号楼是一幢多层老公房,住户以中老年人居多,其中还有腿脚不便的残疾人,加装电梯一直是他们的梦想。在意见征询中,大部分业主同意加装电梯,但也有少数业主提出加装电梯影响其室内采光,住在二楼的居民则认为加装电梯无关紧要。针对业主提出的问题,电梯自治管理小组先统一思想,研究具有针对性的解决方案,力争使各方利益诉求达到平衡;再对部分业主提出的问题进行协商疏通,认真解释加装电梯对于部分楼层室内采光确有影响,但不至于影响居民的正常生活。7号楼电梯自治管理小组组长邵师傅更是晓之以理、动之以情,"楼里几乎每层都有老人或残疾人,每个人都有年老的那一天,现在对电梯加装与否无所谓,但不等于今后老了不需要。远亲不如近邻,近邻不如对门,大家要从大局出发"。"有了电梯,房屋也能升值不少呢!"通过多协商、勤协调,最终化解了邻里间对于加装电梯的分歧,所有业主都同意加装电梯,敲开了加装电梯的"协调门"。

(二) 以评估规划为关键,敲开加装电梯"设计门"

殷行街道在加装电梯的评估规划阶段就进行通盘考虑,对楼栋电梯的加装方式、加装位置、轿厢面积、结构安全、扰民程度和工程耗时等方面都进行了全方位的考量。此外,街道(镇)还充分考虑到老年人的诉求,据此设计电梯扶手、按钮等要素。街道一方面支持设计、施工、电梯安装等第三方专业单位参与,为电梯加装工作提供咨询;另一方面,学习借鉴已有的成功经验,动员社区居民参与电梯评估设计的工作。7号楼电梯自治管理小组带领楼栋居民,自发前往加装成功的小区学习经验,再会同业委会多方比价选择施工单位,邀请行业专家参加征询会,通过现场勘查,逐一解决了结构安全、采光、噪声等问题,初步形成了施工方案,之后进一步优化设计,增加了电梯门宽度,确保轮椅能够方便进出,楼栋门口设置了无障碍坡道,体现了适老化的要求。在达成设计方案全体满意后,对比5家公司的报价,在确保安全的基础上做到物美价廉,既解决了部分居民对于出资过多的忧虑,又解决了部分居民对于加装电梯造成楼道不美观的担忧。7号楼加装的电梯与原建筑有机结合,外立面协调一致,电梯运行顺畅,为居民带来了更加舒适便捷的体验。楼组居民拧成一股绳,共同参与,敲开了加装电梯的"设计门"。

(三) 以合作配合为抓手,敲开加装电梯"审批门"

加装电梯是一项专业性较强的工作,复杂的审批流程让居民们望而却步。殷行街道社区自治办、管理办、房办、司法所等相关部门形成街道层面的指导小组,主动跨前服务,回应需求,积极为居民提供各类支持,为加装电梯项目审批落地打好基础。社区自治办为居民加装电梯搭建指导培训、经验交流的沟通平台,积极培育和引进相关领域的社会组织和专业机构。社区管理办做好项目前期审核和备案工作,对有意向加装电梯的小区进行业务指导。房办负责居民区加装电梯相关政策解释,做好与杨浦区相关委办局的沟通协调工作,优化程序,指导有意向的业主做好申报工作。司法所帮助居民解决项目协商推进中可能产生的法律纠纷,指导居民严格依法办事、切实履行协议,并对居民达成的相关协议文本进行审核。在《关于本市既有多层住宅增设电梯建设管理相关建设审批的通知》文件出台后,殷行街道抓住加装电梯审批流程简化的契机,在确保加装项目可行性、安全性的基础上，委托施工单位用最快的速度走审批流程。同时，合理利用居民区约请工作机制，约请一线工作领导为加装电梯工作助力。在各方的合力支持下，殷行街道加装电梯工作从计划立项、规划审批、房屋安全性论证、施工许可、质量技术监督到最终竣工验收，环环紧扣，敲开了加装电梯的"审批门"。

（四）以公平透明为原则，敲开加装电梯"经费门"

确定如何分摊安装电梯费用的比例，是涉及每户业主切身利益的问题，也是加装电梯工作的重中之重。殷行街道根据已成功加装电梯的实例和辖区具体情况，以公平透明为原则，按照"谁受益，谁出资"的思路，引入分歧管理的方法，建立问题协商机制，从而化解矛盾、有序推进、逐步达成一致意见，解决加装电梯费用分摊难题。在7号楼加装电梯自治管理小组的带领下，楼栋居民结成"利益共同体"，形成了一套党建引领下的"1+3+1"民主协商制度，即"居民区联席会议制度+征询会、谈心会、协调会+楼组会议"。通过征询会、谈心会、协调会开展集体协商，讨论确定不同楼层的出资比例；利用居民区联席会议制度平台和单独协商的方式，与低层住户讨论优惠条件，适当减免部分费用，慢慢啃下"硬骨头"。在综合考虑电梯使用率、增加的分摊面积、房产增值比例等多方面因素的基础上，全体住户共同协商确定了"4321"的出资方案，即按层楼依次递减，6楼承担40%，5楼承担30%，4楼承担20%，3楼承担10%，2楼不承担安装费用，每年8 000元的维修经费由所有楼层共同承担，6楼承担38%，5楼承担28%，4楼承担18%，3楼承担11%，2楼承担5%，打通了加装电梯过程中的"最后一公里"，费用列支公开透明，敲开了加装电梯的"经费门"。

三、创新·成效

殷行街道通过凝聚居民共识、可行方案评估、费用分摊机制设计、适老改建方式确定等环节，构建出一套居民协商自治、多元力量协同的加装电梯模式，在细微之处彰显柔性关怀，使"悬空老人"的生活问题得到了圆满解决。

（一）健全协商自治机制，释放自主性社区治理活力

电梯加装的关键不仅在于施工，更在于完善的居民自治体系，只有居民充分发挥"大家的事大家商量"的精神，深入开展沟通协商，真正达成一致意见，才能为电梯的建设、运行和管理提供全周期保障。殷行街道结合加装电梯工作的管理实践，制定发布了《殷行街道（镇）加装电梯自治指南》，从自治原则、自治流程、部门职责、参考表式、典型案例等方面着手，详述开展电梯加装自治项目的具体操作步骤，为居民提供了一张清晰的路线图，使居民手中有了指南、心中有了底气、脚下少了弯路，从而提升了项目实施的规范性和便捷性。同时，依托"1+3+1"民主协商制度，使得各方能够自愿、自主、和平地协商，科学地化解了分歧、缓和了矛盾。工农四村129号是殷行街道首个成功加装的楼栋，在运行一年后，却发生了因维保费用不到位导致电梯停运的状况。居民协商不到位是引发问题的主要原因。该楼居民在协商中急于求成，在未对维护问题达成完全一致意见的情况下就仓促报批开工，最终导致矛盾激化。针对这一问题，殷行街道再次启动楼组协商，按照《殷行街道（镇）加装电梯自治指南》，促使业主就维保等关键问题达成一致意见，最终使电梯恢复运行。

（二）整合力量共同参与，构建多元化社区治理格局

殷行街道成功加装电梯的背后，不仅有政府政策的引领和资金补贴，还包括社区统筹协调、楼栋居民自主参与和社会组织专业服务的助力，多元化的力量有机结合，共同助推加装电梯项目落地。针对住户利益协调难的问题，殷行街道在各居民区开展自治达人的挖掘和培育工作，通过发挥楼组党员骨干的作用，激发了居民自治活力，凝聚了加装电梯的共识。为尽快解决"悬空老人"上下楼难的问题，街道多次开展走访调研，了解居民需求，与爬楼机租赁服务企业取得联系，对爬楼机使用人数、预约等候时间、出行目的以及人员类别进行了深入细致的分析。在经过街道购买社会组织公共服务联席会议审议工作和完整的招投标流程后，殷行街道独具特色的爬楼机服务项目于2018年5月正式启用，服务的目标群体限定于殷行地区居民。承接服务的社会组织每半个月将使用人、预约时间、使用时间、

出行目的等数据进行汇总反馈,使街道职能部门及时了解和掌握社区爬楼机服务需求和运行情况。引入社会组织参与运营管理,大大缩短了爬楼机服务的预约时间,有效缓解了高峰时段预约难等问题,形成了政府、居民和社会共同发力支持加装电梯的氛围。

(三) 民生工程建设落地,提高柔性化养老服务水平

加装电梯是解决中高层居民、特别是老弱病残者出行难的有效途径,贴合了社区居民的所需所想,破解了居家养老出行的难题。殷行街道通过加装电梯"四个一"工程,即绘制一幅电梯加装地图,编制一本《殷行街道(镇)电梯加装自治指南》,搭建一个电梯加装服务平台,争取启动一批加装电梯项目,成功推动了民生工程建设落地。殷行街道在调研中发现,共有273幢居民楼组具有初步加装意愿,特别是行动不便的老年居民对于加装电梯的需求更迫切。但居民主观上有加装的意愿,并不等于客观上具备加装条件。街道积极与杨浦区房管局等职能部门沟通,委托专业机构对首批273幢住宅楼开展勘测分析,并从具备加装条件、可设法创造加装条件、完全不具备加装条件三个方面,进行分类标识、绘制加装地图。目前,首张地图的绘制工作正在积极推进,殷行街道还将进一步扩大勘测范围,力争将可行性调研覆盖辖区内近3 000幢老公房住宅,切实改善殷行辖区内老年居民的生活品质。柔性化的服务理念也贯穿于电梯方案设计之中,着眼于电梯运行噪声控制、开关门等候时间、安全扶手设置等细微之处,让老年人乘坐电梯时感到安全、舒适,提升了老年居民的幸福感。

四、启示·展望

随着城市老龄化程度的加深,为老旧小区加装电梯,让居民们尤其是银发一族不再饱受爬楼之苦,既是大势所趋,也体现了城市的人文关怀。殷行街道遵循业主自愿、充分协商、公开公正、依法实施的原则,在老旧小区加装电梯的步伐不断加快。7号楼加装电梯的成功经验在小区里形成了良好的示范效应,8号楼也即将与电梯安装公司签约,其他楼栋也纷纷表达了加装意愿。这一加速度的背后,是从利益协调、规划设计、项目审批

到费用分摊,一路坚持不懈的探索。

在"增速"的基础上,下一步要着重"提质",完善物业管理,确保加装电梯工程的施工安全,做好电梯的日常运行维护工作;理顺后期电梯维修资金管理,每年业主须按照规定的比例支付电梯的维修资金,利用协商自治机制解决分歧;强化经费使用监督机制,指定专门人员作为电梯维护专项资金保管员,资金使用情况每年向楼道内的全体业主公示。殷行街道将持续稳妥推进加装电梯工作,服务好老弱病残幼最迫切的需求,让社区更美、更有温度、更富魅力。

内外兼修：老旧小区华丽蜕变为"白天鹅小区"

一、背景·缘起

杨浦区是上海近代工业发展最早、最集中的地带，也是上海中心城区最大的工业区。作为工业企业的配套，杨浦中部地区建有大规模的工人新村。随着全市产业转型，杨浦的工业产业功能逐步弱化，工人新村也渐渐失去活力。路二居民区所辖延吉东路149弄小区就是典型代表。该小区建于1975年，建筑面积达2 730平方米，共有4个门栋，60户居民，位于长白"两万户"（长白社区229街坊）边缘，历史上长期与"两万户"连通并存。随着"两万户"征收的结束，这里变成了一座"孤岛"。小区公共空间局促，公共活动体系亟待补充和完善；有条件的居民纷纷迁出，人情淡漠问题凸显，邻里关系的和谐度不断下降；居民主动参与社区事务的意识薄弱，社区自治活力日渐消退。

近年来，在城市快速发展、人口剧增所带来的旧城老化、服务能力不足等挑战下，上海持续推进城市更新行动计划，通过制定《上海市城市更新实施办法》《上海市城市更新规划土地实施细则》等相关配套文件，形成城市更新工作的整体框架，无疑为杨浦这样的旧城区带来了新的发展机遇。在政策的引领下，长白街道致力于打造以"谊居清情楼"为品牌的居民自治项目，把曾经的"丑小鸭小区"打造成管理有序、服务完善、环境优美、治安良好、生活便利、人际关系和谐的"白天鹅小区"。

二、举措·机制

城市老旧小区治理是当前中国城市社区治理关注的重要民生工程之一。如何解决城市老旧社区的治理问题，使其既能跟上时代步伐，又能向世人展示城市历史的厚重与积淀,是上海城市发展中必须解决的难题之一。长白街道路二居民区在梳理社区基本情况和突出问题的基础上,重点从居民自助管理、党员先锋模范、社区文化塑造、为民服务导向等方面出发,探索出一条"丑小鸭"的蜕变之道。

(一) 建立居民自管模式,营造居民参与社区治理氛围

社区治理离不开居民的参与。路二居民区建立起"街道—社区—业主"三位一体的社区管理模式,将重心落在业主身上,让业主直接参与小区管理。从"普通居民"到"社区业主"的转变,不仅仅体现在称呼上,更重要的是居民对社区事务具有发言权,真正成为小区管理的主人。

居委会首先以居民需求为导向,通过征询走访,了解管理中的难点和痛点,再采取居民自管与聘请法制专员相结合的方式,通过组建管理小组的形式,调动居民参与小区管理的积极性和主动性,营造人人参与的自治氛围,实现小区自主管理的良性运转。路二居民区公共空间有限,随着小区业主车辆的增加,停车纷争不断。电瓶车随意停放,严重阻碍居民正常通行;电瓶车在楼道内充电,造成消防安全隐患;机动车乱鸣喇叭,不礼让行人,对居民尤其是老人和小孩构成安全威胁。路二居民区在前期广泛征询的基础上,推选出有公信力的居民代表组建车辆管理小组,打造"车管家"服务项目。在法制专员的指导下,制定车辆停放登记制度、人员值班制度及车辆管理制度,有效避免外来车辆进入小区,保障了小区居民的停车权益。车辆管理小组组员每日巡查小区车辆,对于乱停乱放的车子张贴标签,提醒车主停放规整。车辆进入小区必须减速慢行,禁止鸣笛。自行车库也按照集中与分散相结合的方式进行改造,保证单车有序停放。通过宣传教育和制度约束,引导居民建立良好的停车意识,真正做到居民小区居民管。

(二) 发挥党员带头作用,打造党建引领社区治理方式

社区是社会最基本的单元,也是党和政府各项任务的最终落脚点。街道社区与基层党组织的工作各有侧重,往往"各人自扫门前雪",难以发挥联动效应。路二居民区积极推进街道社区与基层党组织互联互动,创新党组织及党员为群众服务的途径和方式。通过党组织搭建自治平台，发挥广大党员、社区群众骨干模范带头效应，把政治优势、组织优势转化为治理优势，引导和动员居民自觉参与小区环境整治、社区文化建设和志愿服务等活动，充分彰显基层群众自治的活力和能量。

过去，路二居民区可以说是"脏乱差"的代名词。居民公共空间和公共卫生意识不强，走廊及其他公共空间常常充斥着果皮纸屑、烟头和其他杂物，在楼道晾晒衣物的现象也屡见不鲜，既影响了小区的整体容貌，又挡住了消防通道，存在引发火灾的安全隐患。

为彻底解决楼道堆物的顽症，提高居民的文明素养，全力打造整洁优美的居住环境，由居委会牵头，党员带头响应，召开楼组长和志愿者会议。通过民主议事机制，四个楼组每一层楼推选出一名居民作为本楼的卫生监督员，党员全部亮身份，在楼道内向全体居民公示。卫生员及时劝阻乱堆物行为并进行整改，对确实需要暂时存放在楼道内的物品，在经楼组长同意后插上居委会统一制作的"临时堆放"标牌，并注明室号和限制堆放日期。居民可随时将垃圾袋投放在楼道口指定的专用垃圾桶内，由卫生员集中清运。卫生员做到12小时保洁，楼道走廊每星期清扫一次。主要由党员组建的这支卫生员队伍，是党组织与居委会联合为群众服务的创新方式。在优势互补、共联共建中，推动更多服务和管理资源向社区倾斜，为群众提供更加方便、优质的服务。

（三）注重特色文化营造，充实社区治理力量

上海在推动城市更新过程中，高度重视更新与原有旧城改造工作的衔接，以"留改拆并举，以保留保护为主"为指导方针。老旧小区的改造也应以传承城市的历史、文化内涵为先，切忌全部推倒重来，完全摒除传统特色。路二居民区坚持更新与保护并重的理念，着力赋予社区新的活力和功能，提升社区的文化价值和内涵品质，建设一片更富魅力的人文社区。根据楼道特色，贴合楼组居民的特点和所需所盼，路二居民区以多样的文化表现形式打造独特的楼道文化活动，调动楼道居民的积极性和创造性，传递文化价值，推动健康文明理念在社区生根发芽，如邻里互帮互助的"睦邻楼道"、宣传健康知识的"科普楼道"、爱好养花植绿的"绿色楼道"、普法宣传和以案示法的"学法楼道"等。居委会也积极引导有手工艺技能的居民,鼓励他们把自己的作品放在楼道内进行展示,并根据不同节庆活动对内容进行更新,不定期开展评比,投票选出优秀作品,以发放日常生活用品的形式表彰积极参与的居民,不断激励居民创作更多文化作品。此外,广泛开展争创"特色文化小区"活动,引导全小区居民共同参与,孕育文明新风,促进社区精神文明建设再上新台阶。

(四) 树立为民服务意识,打开协商推进社区治理思路

在社区管理中,管理是手段,服务是目的;管理是载体,服务是内容。从这个意义上说,社区管理就是服务。社区工作要坚持用精细化思维破解难题,不论是想问题、做决策都应坚持以人为本、以民为本,将服务居民的工作落实在社区一线。路二居委会整合人力资源,积极推动社区工作下沉,把居民对社区服务和社区活动的需求作为"白天鹅小区"建设和运行的立足点和出发点,坚持问需于民、问计于民、问效于民,打通"最后一公里",提高服务的精准度和持续性。

为推进"白天鹅小区"建设工作扎实有效地开展,居委会充分发挥"两个带头"作用,即居委会书记带头、党员带头,通过摸排走访,多层次、多渠道协商解决矛盾纠纷。延吉东路309号居民多年来饱受农田鸡饭店餐饮油烟之苦,居委会在了解情况后第一时间到现场察看,及时向街道管理办、区环保部门反映,同时与饭店负责人进行沟通。最终,饭店负责人同意按照环保要求重新排设油烟管道,困扰居民多年的难题得到了解决。随着城市居民的生活空间范围不断向外延伸,邻里关系不再是人际关系的主要部分,邻里之间的情感纽带逐渐松弛。路二居委会通过搭建公共平台,形成社区合作共建网络,构建熟人社区。居委会牵头组建由党员、楼组长、居民骨干构成的居民自治议事会,倡导居民的空间让居民自己来打造,这一举措为打破楼宇隔阂,打造轻松、互助、有爱的文化氛围,推动小区议事和共建共享提供了载体。

三、创新·成效

随着上海城市社区治理步入管理升级期、体系创新期，长白街道路二居民区立足于满足人民日益增长的美好生活需要，着眼于社会治理现代化的目标，取得了社区环境优美、邻里关系融洽、服务优质高效的治理成效，文明向上的社区文化也为老旧社区治理奠定了重要的文化基础。

（一）治理安全隐患，提升居住环境品质

开展社区综合环境整治，消除道路、消防等方面安全隐患，是改善居民生活质量的迫切需要，也是提升社区发展品质的重要抓手。居民共同参与小区自治"四步走"改造计划，即成立车辆管理队、设立楼层卫生员、打造特色睦邻楼、共绘小区文化墙，是路二居民区基础设施领域供给侧结构性改革的重要举措，解决了历史遗留的老大难问题。

改造后的老旧小区大变脸：车辆管理队指挥有方，车辆停放井然有序，消除了道路安全隐患；楼层卫生员每日巡查楼道卫生，治理乱丢垃圾现象，楼层卫生不留死角，消防安全隐患无处藏身；楼组居民齐心协力共建特色文化楼道，邻里关系其乐融融；楼面外墙涂绘一新，不仅不用担心墙体脱落的危险，还摇身一变成为一道亮丽的风景线。群策群力的社区合作模式，让曾经管理缺位、脏乱无序的路二居民区蜕变成了美丽精致、邻里和睦的"白天鹅小区"。

（二）构建熟人社区，激发了基层自治活力

路二居民区着力打造的熟人社区，将陌生人变为熟人，由熟人变为家人，最终由家人变为主人。通过开展楼道内和安全门刷新、走廊灯和应急灯更换等工作，增加了居民之间的沟通频次，在良好的自治氛围中将底楼公共区域打造成了封闭式的睦邻客厅和开放式的健身区域。

居民共商共议贯穿于改造全过程。施工前，改造方案张贴在小区大门处，居民可以畅所欲言，提出修改意见；建成后，经线上投票，改造后的底楼空间取名为"白天鹅"，意为汇聚温馨快乐。现在，居民愿意走出家门，融入社区建设，"白天鹅"成为拉近邻里距离、增进交流互动的空间。这一

成果也让社区治理变得更有温度、更有质感。在这里,开展了甜蜜六一、小老师天文课等亲子活动,组织了面向老年朋友的养生讲座和女性喜爱的插花会邻活动,还举办了暑期电影播放活动,等等。现在,大家的共同心愿就是把家园建设得更加文明、和谐、安全、舒适。社区居民充分认识到了参与社区治理的重要性,增强了对社区的认同感和归属感。

(三) 营造社区文化,促进了社区有机更新

路二居民区摒弃传统的大拆大建改造方式,采用小规模、渐进式和综合性的有机更新,配套高品质的各类公共服务设施、文化设施,打造特色楼道文化,迎合了社区居民需要,唤醒了社区居民参与文化营造的意识,也提高了一批社区居民参与文化营造的能力,引导社区居民有序参与社区文化营造。楼道作品展示采用"移步换景"的设计理念,成功创建了一套能够被社区居民所接受的文化表达方式,不仅美化了社区环境,更使楼道成为书墨飘香的长廊和人际互动的平台,居民在进出楼道时都能接受文明教育和文化熏陶。比如,具有绘画功底的陈阿姨献出精心装裱的"麦秆画";崔阿姨改造利用旧衣服,制作了创意十足的"布条画";留学生小李身在国外,寄来漂洋过海的书法字……特色文化楼道已经成为社区精神文明宣传的新窗口,折射出了"人人参与社区文化,人人享受社区文化"的建设新貌。

(四) 下沉服务职能,增强了为民服务效果

社区邻里之间难免会出现一些矛盾和纠纷,处理不当或多或少会影响社区安定。路二居委会以"让大事化小、小事化了"为目标,切实将矛盾纠纷化解在基层。505号业主李师傅的楼道门口垃圾堆积如山,气温升高时,整个楼道便弥漫着难闻的气味,招来苍蝇蚊虫。同楼层其他业主怨声载道,无可奈何只得向居委会投诉。得知这一情况后,居委会立即组织人员上门劝告。但李师傅脾气很倔,起初并不配合,将居委会人员拒之门外。居委会工作人员就在门外耐心劝说,向其讲解环境卫生对于健康的重要性,希望李师傅也能体谅其他业主的处境。经过长达20多天的协调,李师傅终于愿意将垃圾归类后扔到楼下指定的垃圾桶内。楼道卫生得到了明

显改善，李师傅甚至还自愿当起了小区的卫生志愿者和绿化修剪员，与其他居民融洽相处。路二居委会还将"民思我想、民困我帮、民求我应、民需我做"作为社区各项工作的出发点和落脚点，做到为居民服务贴近、贴身、贴心。小区内老年人居多，居委会秉持为老服务、生活服务、健康服务的理念，主动提供健身器材供老人们活动锻炼。每天早晨，社区内的老人都会聚集在一起，锻炼身体、谈天说地，一派其乐融融的景象，居民对社区的归属感显著增强。

四、启示·展望

路二居民区探索建立居民自助管理模式，充分发挥党员的带头示范效应，着力提升社区文化内涵，精准问需于民、服务于民，通过成立车辆管理队、设立楼层卫生员、打造特色睦邻楼、共绘小区文化墙等举措，在提升社区基础设施功能、改善人居环境和人文环境、培育社区自治氛围、增强为民服务效能等方面取得了积极进展。曾经的"丑小鸭"在众人的"精心照料"下蜕变为名副其实的"白天鹅"。

在取得成效的同时也要看到，"白天鹅小区"的更新工作仍面临许多问题和挑战：一是居民诉求多元化，沟通协调难度大，社区管理人力资源不足；二是改造内容较为单一，小区景观布局仍需改善，社区整体品质有待提升；三是文化建设和公共精神的重塑要谋长远，重视民众的生活情趣和文化追求。老旧小区的更新改造是一项长期工程，未来，"白天鹅小区"建设将更加紧扣居民需求，丰富多元文化内涵，在蜕变的基础上不断实现质的突破。

案例评析

杨浦区睦邻民生建设的成功经验表明，基层党建引领、制度规范建设和发展社会组织是实现城市精细化治理的重要支柱。而在其之上，缜密完备的规划同样必不可少。以上各部分共同构成了睦邻民生建设的完整体系。自从治理理论提出以来，虽然学界对基层党建、法治建设和精细化治理的研究层出不穷，但大多都仅限于特定角度，难以完全反映当前城市基层治理的全貌。杨浦区睦邻民生建设中的成功案例无疑生动翔实地为读者展现了以上治理要素是如何在现阶段城市精细化治理中有机结合，并取得良好实效的。

具体而言，杨浦区在以上治理体系的建构中，首先通过基层党建引领、完善法律规章制度和发展各种社会组织搭建了基层民主与社区共治体系的整体框架，为基层治理提供了必要的组织结构、人员和硬件支持。随后，在以上架构的基础上，依托既有法律法规和约定俗成的社会自治惯例，有序开展群众工作，以协调平衡不同社会群体的利益诉求。最后，基于此前积累的群众基础，充分引导、发动广大群众，群策群力地解决各种基层治理中的问题与困难，充分有效地满足不同社群的多样化民生需求，深刻践行"人民城市人民建，人民城市为人民"的发展理念，最终实现"睦邻民生"的城市精细化治理目标。

案例《博施济众：社区基金会助力社区治理新作为》展示了"社区基金会"在基层治理中的巨大潜力。城市化进程不断加快、城市人口的迅速增长，以及从熟人社会向陌生人社会的转变，使得居民个体化、原子化现象更为普遍。但各种城市问题的治理又迫切需要充分调动社会力量与广大居民普遍参与。这就对睦邻民生建设提出了新要求。针对以上问题，杨浦区与时俱进，不再采取计划、指令和运动等传统方式机械地推行基层民主自治与社区共治，而是通过"社区基金会"这一创造性的组织模式为基层组织与民生建设提供必要保障。该创举不仅解决了传统的财政拨款与"铁饭碗"催生的组织惰性和市场模式缺乏社会公益性的问题，而且有效提升了社会资金使用效率，更将不同的治理主体纳入睦邻民生建设中，取得了良好的效果。

在建立社区基金会的过程中，街道政府与基层党组织充分发挥了带头作用。不仅积极吸纳社会公益资金，而且充分动员辖区内的企业和居民参与社区基金会的共建。这样既使社区基金会获得了稳定的资金来源，也使得社区基金会成为基层民主与社区共治体系的载体之一。同时，通过不断优化资金来源，基金会对睦邻民生建设的保障能力也随之提升。此外，通过订立社区基金会的章程与管理规则，基金会成为基层民主协商治理的平台。各主要参与方在街道政府与基层党组织的引导下，定期围绕社区热点问题与民生问题召开议事会，并提出相应的治理建议。随着社区基金会在杨浦区全面铺开，睦邻民生建设也获得了坚实的保障。

案例《凝心聚力：统一战线服务基层社会治理》展示了新时代基层治理中统一战线建设的新面貌。随着城市规模的扩大与城市人口流动的加快，城市居民的异质性也日益突出。而杨浦区由于历史原因，其辖区内的居民一直以来都是高度多元化的。如何将不同社群纳入基层民主与社区共治体系建设中去是杨浦区睦邻民生建设中的主要问题之一。通过统一战线建设，杨浦区成功整合和吸纳了辖区内的少数民族群众与归侨群体，并使其在睦邻民生建设中充分发挥了积极作用。虽然统战在基层治理中已是老生常谈，但如何在当前个体化、多元化的社会环境下与时俱进地做好统一战线的建设工作，却是基层治理的新问题。杨浦区延吉新村街道在既有统战优势的基础上，将新时期的统战工作提升到了新的高度。

延吉新村街道在统一战线工作中，一方面充分依托此前统战建设中的成功经验与社会关系积累，先后成立了社区基金会、统战之家、民族之家、商会之家、侨民之家等一系列社会组织，有效团结凝聚了统一战线中的主要社会群体。在此基础上，充分调动统一战线中的社会力量，将其引导到助老、助残、助困等社会弱势群体帮扶活动，以及各种社会民生热点问题的解决中去；同时，延吉新村街道还通过"一事一议"、建立议事平台等方式，将统战中的社会力量引导到基层民主与社区共治体系建设中，并在社区事务与公共问题治理方面发挥了积极的作用。通过统一战线建设推动睦邻民生建设，是值得借鉴的城市治理经验。

案例《博采众长："业委会朋友圈"找准社区治理新支点》展示了业委会对居民自治的重要补充作用。城市发展的日新月异意味着城市基层治理面临的各种复杂问题也与日俱增。而以上情况也造成了部分社区基层工作人员的年龄结构、知识水平和工作观念与当前基层治理的工作要求相脱节。如何在现有条件下对基层治理中的各种复杂矛盾进行调节，则是基层民主与社区共治体系面临的一项新挑战。杨浦区平凉路街道辖区内社会环境复杂，从垃圾处理、楼院卫生到犬只管理等公共问题层出不穷。面对以上情况，该街道一方面加强辖区内业委会建设工作，另一方面引入专业的法务工作室，将各种法律规章作为业委会实施各种日常管理的行动依据。通过基层法治解决各种矛盾纠纷，为睦邻民生建设扫除了障碍。

平凉路街道的经验表明，在基层工作人员人手不足、能力有待提升的情况下，合理运用法律工具并推动社区公约、民约的制定和落实，可以有效应对基层治理中的各种复杂问题。该案例回答了在依法治国大势所趋的情况下，如何将各种法律规章融入基层民主与社区共治体系中，并不断将基层治理的成功经验上升为社区公约、民约等固定制度，从而降低基层精细化治理运行成本的问题。在以上过程中，法务工作室等第三方专业力量在基层治理和纠纷调解中将法律和法规作为定纷止争的依据，并鼓励居民把基层治理实践中产生的成功经验制度化，作为各种社区公共问题调解的标准。

案例《多管齐下："清运卡"搭起小区建筑垃圾管理之道》展示了基层治理如何克服建筑垃圾清运等集体行动困境。解决社区居民生活中的重点与难点问题，是睦邻民生建设成效的突出体现。然而，由于集体行动困境，普通民众往往不愿改变习已久的行为方式，且普遍缺乏参与公共问题治理的积极性，更倾向于让政府"包干一切"。如何调动民众积极性，改变"等靠要"的传统，打破上述困局，是睦邻民生建设必须考虑的问题。杨浦区大桥街道长期面临建筑垃圾泛滥堆积的问题，严重影响辖区市容和民众的生活质量。针对以上情况，大桥街道采取了"建筑垃圾清运卡"的方式，解决了小区建筑垃圾清运的问题。

"建筑垃圾清运卡"作为一种治理措施，表明大桥街道的垃圾处理模式由传统的政府包干逐渐转向"谁污染，谁付费"的现代管理模式。该街道在开展群众工作时，抓住居民深受建筑垃圾困扰这一矛盾焦点，充分引导和发动群众，使"建筑垃圾清运卡"的推行获得了充分的群众基础。同时，街道也加强执法力度，严厉打击私自倾倒建筑垃圾的违法行为，为"建筑垃圾清运卡"制度的顺利运行提供了必要保障。以上案例表明，在睦邻民生建设，特别是在群众缺乏理解配合的情况下解决热点问题时，应准确抓住问题的核心矛盾，细致耐心地开展群众工作，同时配合各种辅助手段，才能及时、有效地解决此类问题。

案例《多元协作：敲开加装电梯的"四重门"》展示了社区多元利益主体协商平衡的互动过程。平衡、协调好不同社会群体在各种具体问题上的利益关系是基层民主与社区共治体系建设的关键。在杨浦区这种居民组成多元化、利益关系错综复杂的城区中，此类问题并不鲜见，为老年居民所在楼栋加装电梯便是一例。殷行街道在睦邻民生建设中，一方面通过基层党员发挥带头作用，深入开展群众工作，解决了电梯加装过程中的审批、施工等一系列问题；另一方面通过公众参与、集体协商解决了电梯安装与维护费用的分摊问题。该案例是睦邻民生建设中处理不同主体之间的利益诉求，探寻各相关方利益的"最大公约数"，确保各参与方积极投入社区共治的成功案例。

杨浦区殷行街道辖区内，老旧小区和老年居民数量众多。加装电梯是解决老人们"下楼难"问题的关键。但电梯安装的审批、招标、施工监管和运营维护的难题却无人解决。此外，不同楼层的居民如何分摊加装电梯的费用也是一大难点。针对以上问题，街道基层党员干部与社区工作人员充分发挥党员的带头作用与服务精神，先后解决了电梯安装的审批、招标和施工监理问题；随后，对各楼栋居民开展了深入细致的群众工作。秉着睦邻友爱的原则，通过公众参与、集体协商确定了各户费用分摊比例。党员干部与基层工作者在该案例中表现出的主观能动性和深入群众的工作方法有效平衡了不同群体间的利益诉求，也有力地推动了社区的睦邻民生建设。

案例《内外兼修：老旧小区华丽蜕变为"白天鹅小区"》展现了当代社区协同治理实践如何改善社区人居环境。睦邻民生建设及其代表的基层民主与社区共治体系建设的优势之一，便是由基层党组织引领与动员，发动广大居民群众积极参与社区公共问题的治理，"由点到面"地改变社区人居环境、邻里氛围，提升居民生活质量。在由长白街道主导的老旧社区治理活动中，大量老旧小区经过基层党组织和广大群众的共同努力，不仅解决了单车乱停乱放、楼院卫生清理等痼疾，而且通过建立各种群众组织和兴趣团体，丰富了广大居民的业余生活。以上种种在显著改变老旧小区的面貌与人居环境，实现老旧小区"旧貌换新颜"之余，也逐渐在居民间培养起睦邻友爱的氛围，使邻里疏离的楼宇重新充满人文关怀。

长白街道的老旧小区改造之所以成效显著，首先要归功于基层党组织的引领与首创精神。在老旧小区日趋萧条、居民对社区公共事务缺乏参与积极性的情况下，基层党员干部以身作则，充分发挥带头作用，在单车停放、楼院环境清理等一系列具体事务中发挥了积极作用，也逐渐争取到了社区居民对睦邻民生建设的支持。在此基础上，基层党组织深入加强群众工作，鼓励群众积极参与社区治理，同时通过社区民约等方式将各种成功治理经验制度化，为基层民主和社区共治体系的长期运行提供了必要保障。与此同时，社区基层党组织也聚焦于社区精神文明建设与居民睦邻精神培养工作。通过多管齐下，老旧小区最终展现出与以往完全不同的全新面貌，成功蜕变为睦邻民生建设的典范。

睦邻民生建设作为当前城市精细化治理的典型案例，充分体现了由整体规划、党建引领、规章制度和社会组织共同构成的基层民主与社区共治体系是如何有效治理各种"城市病"的。这种治理经验的宝贵之处在于，从全面、整体、有机的角度向人们展现了如何将城市精细化治理的主体、要素和其他方方面面组合成一个结构完备、运转高效的治理体系。在城市治理所面临的公共问题日益复杂、治理主体日益多元化、民众需求日益多样化的大背景下，体系协同无疑是城市精细化治理的必由之路。而睦邻民生建设中的各项案例正是以上体系在治理实践中的具象显现。相信在今后上海市城市精细化治理中，睦邻民生建设还会继续取得成功，并为城市精细化治理增添更多生动翔实、可资借鉴的案例。

睦邻空间

引　言

　　城市本就是人与物质、情感与精神高度集聚的地域空间,时间与空间的交错铸就了魅力各异的现代都市。空间治理是国家治理体系和治理能力现代化的重要议题,更是城市治理走向卓越的破题之门。在已经高度城市化的上海,建设卓越的全球城市离不开对空间治理的精细化布局。谈及城市中的空间治理,最先想到的总是各类城乡规划、楼宇建设的案例,而本部分所介绍的杨浦区的六个案例则与之不同,这些案例更贴近基层,更贴近市民,更能代表当前城市空间治理的前沿方向,彰显了新时代中国特色社会主义人民城市发展理念。

　　在人类社会的发展进程中,城市文明中的空间概念已经不局限于一种基于尺度的距离,不仅仅代表着地理和地缘意义。空间还意味着意识中的想象和表现,于是在城市治理中除了基于地理尺度的空间考量之外,“感觉空间”“身份空间”“交往空间”的建构也成为城市发展的内核。改革开放以来快速发展的城市化带来了人口的大量流动,随着“单位制”的瓦解,城市的社会治理体制逐步走向了社区制,而社区更是以空间为基本尺度的概念。城市建设中的“破”与“立”削弱了人们在城市中的身份感与归属感,网络化与市场化的快速实现更减少了人们现实交往的必然性。网络上的亲近带来了现实中的疏远,城市社区如何摆脱沦为“空间容器”的命运,成为城市空间治理的破局难题。近年来,杨浦区“精耕细作”城市治理中的空间单元,在一个又一个社区和微空间内建设起成熟的治理体系,调动起多元主体的参与,为杨浦居民找回了共同体的生活方式。

　　习近平总书记曾强调“山水林田湖草是生命共同体”。在现代都市中,摩天楼宇与工程建筑如何为城市开拓优质的生态空间,重现让居民乐在其中的“自然风光”。杨浦区在高档居民区和高端写字楼之间的隙地之上创造性地建起社区花园——创智农园。创智农园通过公益睦邻、农耕体验、自然教育等系列活动,不断吸引周边的社区家庭和白领一族,实现了基于微空间的人际交互,建立起一个又一个有活力可持续的社群,使原本疏离的人群逐步融合,促进居民参与本社区的共建共治共享。"农园是你的我的,一起变成我们的。"创智农园的出现,有效激活了社区交往,成为有特色的基层自治案例。

在城市发展之中,空间相对静止而时间相对加速,老旧小区与高档小区并立已成为大都市的常见形态。要破除小区之间的壁垒,打通社区、园区、街区、校区,塑造起基层居民紧密联系的纽带,党建是重要的法宝。案例《睦邻之门:党建引领共建共治的五角场实践》深刻展现了基层党建引领下的睦邻家园建设。依托党建引领,各方主体建起协商平台和议事制度,形成了长效共治共建方案。在本案例中,社区规划师不仅参与社区的外观设计,更充分参与社区功能内涵的设计之中,尤其是社区规划师积极对接居民群众的需求等举措具有可推广性。

城市的发展与治理,离不开公共资源在空间上的合理配置。如何打破城市住宅小区的壁垒,在居民认同的基础上,建起多方共享的睦邻家园?杨浦区江浦路街道三个居民区在推进睦邻家园建设的过程中,精准洞察居民顾虑,通过组织参观考察、居民协商投票等举措,让居民在睦邻家园建设中发挥主体作用。"政府搭台,百姓唱戏,民事民议"的思路,使得睦邻家园这一在交往空间的建设中塑造了居民认同感,与居民美好生活的需要形成了对接。老旧小区如何蜕变为美丽家园,是现代大城市发展中的重要议题。本案例中,在推进"一脉三园"建设的进程中,也与"五违四必"等重点工作相结合。通过社区空间的改造,也为居民停车难等关键社区治理难题找到了破解方案。

城市作为有机的生长体,其更新与建设都是同样重要的发展环节。在密度相对较高的市区如何有效利用有限的空间,通过更新成为符合生态化、人本化的城市功能地带,是具有挑战性的议题。《众智众创:公共空间的微更新与品质提升》中介绍了政通路沿线改造、翔殷路491弄集中绿地改造和飞虹路绿地微更新三个具体的实践。其中,政通路改造过程中广泛吸引优秀设计团队参与设计,不设置规模、设计资质等门槛,有效扩大了设计团队的参与度,凸显了地域特色,并且在项目微更新中注重使用人群的实际需求和行为特征,更强调人的感受,突出了人本特性。例如,在翔殷路491弄集中绿地改造中,就以日照分析作为场地布局的依据,将活动场地区域划分为幼龄儿童活动区和大龄儿童活动区,并进行了精细设计。微更新不仅实现了物理空间的品质更新,更是走出了自下而上推进自主规划和建设的现代基层治理模式,确立了一条以公众参与推进社区治理的基本工作路径。

　　城市的发展不仅是建起一座座钢筋混凝土构筑的高楼大厦,还有在街头弥漫的人文气息与艺术品质。而城市的老旧小区基础设施较差,环境问题与社会问题突出,如何转型成为高品质的城市空间,成为现代都市治理的重要议题。四平空间创生行动,在既有的社区空间通过微更新,在精准对接居民需求、改善社区基本硬件的同时,将多艺术元素植入社区生活空间,这些创意作品不仅对社区环境起到了美化的作用,更增添了居民的幸福感。四平空间的每一季创生行动,都能够通过专业化、艺术化、集约化的建设,激活城市的空间脉动与生命力。在微更新的行动中,居民由生活空间改变的"旁观者",逐渐转变为"设计者、建设者、管理者",在幸福感倍增的同时,也增强了对社区的归属感和认同感。

　　睦邻中心建设是杨浦区基层治理的特色与亮点。习近平总书记提出,"人民城市人民建,人民城市为人民"。睦邻中心建设如何能在小空间中做出大文章,兼顾居民的精神和文化需求进而促进社区"善治"? 如何通过政府积极转变职能,推动街道、社区居委会、物业管理公司、业主委员会、驻区单位以及广大社区居民参与共建共治共享,推动形成自觉支持、参与社区治理的良好生态? 延吉新村街道依靠党工委统揽全局,通过推动多元主体的有效参与,实现了社区治理工作的有序开展;通过培育"草根领袖"和先进典型,进一步夯实了居民自我管理、自我教育、自我服务的自治体系,为不断深化睦邻中心的功能与内涵提供了支撑。

人为"园"融:"创智农园"自然体验 助推社区融合

一、背景·缘起

创智农园是上海第一个位于开放街区中的社区花园,占地面积约2 000平方米。这里曾是城市开发中的典型隙地,因地下有重要市政管线通过,未得到充分利用,因而成为临时工棚和闲置地,2016年通过微更新项目改建成创智农园。

创智坊小区是杨浦区唯一的开放式小区。与一般商品房不同,部分住宅有着商住两用房的特殊产权,因此是一个集商区、社区于一体的小区。除居民区之外,创智坊小区周边还有哔哩哔哩、腾讯众创空间、易保软件等众多互联网企业,小区设有基层党建服务站、睦邻中心等综合服务体,能够为园区、社区、校区提供多种服务,创智坊荣获上海市互联网企业党建工作创新基地、新的社会阶层人士统战工作实践创新基地示范点等荣誉称号。

上海创智天地园区,位于上海市杨浦区五角场地区,是上海市的大学密集区域,集聚了5个国家级大学科技园和10个专业化科技园区,已经建成了上海最大的科技孵化器,3 500多家"头脑型"、创业型中小科技企业集聚在周边,形成了以创智天地园区为核心,辐射江湾五角场地区的杨浦区高新技术产业发展集聚区,成为杨浦区公共活动中心、创新服务中心和示范性功能区。

创智农园位于五角场街道创智坊居民区和创智天地园区之间,毗邻高档居民区和高端写字楼,在附近生活、工作的居民和白领素质较高,但由于他们在生活和职业习惯上更为注重个人空间,导致居民疏离感较强,回家关上门邻里就成了陌生人,社区凝聚力和向心力较微缺乏。自2016年7月以来,为了积极发动社会组织参与社会治理,自下而上培育居民自治能力,结合创智坊社区睦邻中心的建设,作为杨浦区绿化委员会办公室绿化管理创新试验点的创智农园开始与创智坊居委会合作,探索融入社区的新方式。通过公益睦邻、农耕体验、自然教育等系列微更新活动,不断吸引周边的社区家庭,在场地与人际的不断交互中,使原本疏离的人群逐步融合,促进居民参与本社区的共建共享。

二、举措·机制

创智农园按照"农园是你的我的,一起变成我们的"的建设思路,举办了耕读会、户外绘本阅读、种红薯、植物扎染、生态瓶等共20期创智坊睦邻系列活动,面向创智坊居民免费开放。一开始,就确定其运作是社区自治路线,不由政府主导,社会组织也不再只是提供社区服务的给予方。创智农园在建设过程中逐步扩大社区居民参与面,有意识地培育公民,以自我策划和自主开展更多、更丰富的社区活动,激发社区自治活力。创智农园的特点是以地景为基地,主打食农体验和自然教育,以社区孩童为目标人群,展开自然亲子睦邻活动。睦邻活动结合社区微更新,遵循着"照顾人、照顾地球、分享盈余"的朴门永续理念开展,将农园营造各个阶段的实践工作分解为居民易学习、易参与的活动步骤,为居民参与提供了有效的切入点,利用社区微信群、微信公众号、海报宣传等方式邀请居民参加。在活动过程中,逐渐形成了以居民为服务对象的一系列相关制度,如园区管理办法、活动组织管理办法、轮流值日制度等,并采用灵析等在线数据收集工具完成活动前期调研、活动报名及后期反馈工作,形成社区活动闭环机制,推动农园服务与社区自治走向规范化。

创智农园的睦邻活动从发动社区居民探索自然世界、共建共享社区农园,到鼓励居民自发举办社区分享活动,建立人与自然、人与人的情感纽带,促进社区形成不同类型的社群,共同行动,共同发展。

（一）社群形成途径之一：小菜园主自主成长

创智农园开放后,越来越多的大人带着孩子来农园游玩,或参与体验农耕,或参与社区沙龙等,孩子们不仅喜欢上农园的环境,而且不满足于看看摸摸,开始尝试自己动手劳作耕种。在兴趣的驱动下,2017年这里形成了一支小菜园主队伍。

平日小菜园主们在家长的陪同下来农园耕作自己的一米菜园,相互探讨种子图书馆、DIY雨水收集系统、植物科普标志系统等绿色环保元素。在一米菜园的维护过程中,小菜园主们主动遵守菜园工具借用、蔬菜采摘等相关约定。目前,小菜园主的队伍已扩大至60人的规模,并不断壮大,拥有一个活跃的微信群。2016年底,创智农园联合《五角场社区晨报》发起"小菜园主年度评优"活动,家长们撰稿做推荐,孩子们相互投票,带动社区温度不断上升。

(二)社群形成途径之二:白领交互空间促融入

创智农园位于创智天地片区,周围多是办公楼,有不少科创公司或孵化创业团队。创智农园开放后,周边的上班族希望午休时间在这里开展一些活动。

为了回应周边创智天地园区白领用餐与休憩的需求,几位妈妈志愿者利用生态农夫市集的资源发起并建立了一个微信群,即现在的"白领午餐休闲时光"微信群,周一到周五的午休时段,有需求的白领提前在微信群里订餐,接着到"社区会客厅"开始线下活动,在农园集装箱室内空间享受农园合作商家提供的简餐、自助咖啡、香草茶,也可以小憩放松、赏花、闲聊、临时招呼朋友等,白领交互空间就此形成。目前,白领社群已有230多人,大家在工作之余到这里来开展植物生染、植物标本水晶、花艺课等多彩活动,发起的社区植物漂流活动更是吸引大量白领青年参与。他们在对农园有了感情之后,更乐意利用自己的专长和创意,自发参与共建。

(三)社群形成途径之三:婆婆妈妈提菜有共识

创智农园还以农园为公共汇聚点,搭建了生态小农和社区家庭联结、邻里互动的平台,同住一个街区的婆婆、妈妈们建立了一个有150多人的微信群,蔬菜选购、美食烹饪、生活休闲等活动从线上走到线下,睦邻达人妈妈们分享美食手艺,教大家制作南瓜馒头、青团等美食,小朋友们和年轻白领动手参与,人际情感在一来一往中不断升温。随着面对面走动越来多，居民们经常探讨食品安全、生态农业等话题，邻里关系逐步拉近，重塑了一个具有强互动性的熟人社区。

（四）社群形成途径之四：志愿者见学实践

在创智农园，丰富的社区活动，不仅是由社区和社会组织来发起，更多的是依靠居民和志愿者参与和策划。农园周边的复旦大学、同济大学等高校在校学生和创智坊社区居民等100多位志愿者承担了摄影、绘画、助教、设计、调研、农务等志愿岗位。所有志愿者根据自身特长选择岗位与合适的服务时间，有条不紊地参加农园活动。复旦大学青年志愿者协会还与农园建立常规联动机制，招募50多位学生志愿者在此实践，志愿者社群不断壮大，并逐渐分流细化，比如在社区张贴大学生志愿者的设计、摄影作品，供社区居民共赏，或挂在群里让居民评说称赞，并通过署名的方式表达对作者的尊重；创智农园还通过统计志愿者服务时间，定期评选优秀志愿者，颁发证书或其他奖励。此外，农园还制定了志愿者职责说明等制度或公约，来规范志愿者的服务内容。包括大学生志愿者在内，创智农园已经拥有由100多人组成的志愿者队伍，共同参与创智农园的共建。志愿者社群还在逐步壮大，并通过志愿服务的细化形成更具互动性的社群。

（五）社群形成途径之五：互助夏令营自我管治

在共享夏令营中，活动带领者的招募与课程排班，成人与学生志愿者的招募与培训，夏令营的日常管理与后勤保障，都主要由社区家长志愿者负责。家长们专门成立了夏令营自治委员会，包括策划组、活动组、宣传组、财务组、后勤组、志愿者组等条线，通过线上线下的团队沟通与会议建立分工机制。线上由家长志愿者全程参与活动方案的制订、社区活动的宣传等，每天上下午均由2名以上志愿者参与夏令营的日常管理。

创智坊社区互助夏令营不仅为社区家庭提供暑期托管的帮助，更是一个激励社区居民互助的社区自治尝试。社区互助夏令营在兼顾暑期作业、保障儿童日常健康生活的基础上，引导社区居民用互助的方式走出自己的小家，贡献自己的智慧、时间、精力来帮助社区居民，走出小家服务大家，促进了居民之间深度的交流。

三、创新·成效

创智农园探索融入社区的新方式,通过公益睦邻、农耕体验、自然教育等系列微更新活动,促进居民参与本社区的共建共享,取得了一些创新成效。

(一) 居民自治意识增强,议事协商能力增强

创智农园根据社区交互的不同发展阶段,逐步探索适合本社区居民的自治模式,从刚开始的吸引居民参加活动,到居民自觉主动组织、承办活动,居民的议事协商能力在一次次自治活动中得到了有效提升。以2017年为例,春节期间,居民就自主协商时间,策划内容细节,组织联谊活动;7月,居民自主举办文艺演奏会;9月,居民自发举办精彩的暑期生活分享会;从10月起,每周五的"萱萱讲故事"和每周三的"农园太极时间"已成为固定活动板块。同时,居民对与农园和社区相关的大事小情也更为关心。一件件小事,不断增强了居民参与公共生活的意识与热情。

(二) 社区认同感增强,社区温度提升

创智农园依托地、场、景、物等要素,缔造了社区居民联结和交互的纽带,逐渐提升了居民对社区的认同感,居民纷纷走出家门参与社区活动。空闲时,大小居民自发前来打理农园,浇水、拔草、捡拾垃圾。农园里的草帽、钟表、绘本、儿童玩具、小盆景、种子、植物,大多来自社区居民的捐赠。这些捐赠物品汇集在农园后,又开放给其他社区居民使用,共建共享不断激发社群的成长和互动,也传达着"分享盈余"的美好价值观。居民们对农园的公益之心,不断成为提升社区温度的重要来源。

(三) 社会资本集聚能力增强,社区共治格局完善

创智坊居民区作为一个居住小区,与创智天地园区大量高科技企业联系不紧密。自然体验社区共融项目开展后,借助创智农园的品牌效应,大量的企业白领被吸引来社区,自发地利用自身的专长和创意融入社区共建。如Aecom设计公司派出志愿者为社区围墙设计墙绘,并与社区居民

共同制作"缤纷魔法墙"；同济大学景观系学生将自己的创意景观"植物漂流书箱"捐给农园，社区居民们带来自家的书籍放入其中分享给他人，开始知识漂流；睦邻中心各类团建党建活动也成为周边互联网企业党建的重要支撑。除此之外，创智农园还吸引了多种学术类、公益类沙龙活动，并请来各界大咖作为活动嘉宾面向居民开放，居民区与周边企业、学校、国际专家之间的关联、互惠网络由此建立，小区社会资本不断累积，社区共治格局渐趋形成。

四、启示·展望

创智农园社区自然体验共融项目以社区花园作为社区居民自治的切入点，定位于自下而上、自发自建的模式，不由政府主导，社会组织也不仅仅是提供社区服务的给予方，强调人与自然、人与人的有机互动，渐进式地扩大社区居民参与，有意识地培力育人，以自我策划和自主管理积极参与社区治理，不断激活社会资本，扩大居民参与，从而生长出多类型的共识社群，提升了居民自治能力和社区温度。这些创新真正体现了"人民城市人民建"的城市治理理念。这一社区花园营造与居民自治相结合的做法，成为2017年世界城市日国际案例展中国唯一入选案例，《人民日报》《文汇报》《解放日报》等主流媒体纷纷对此进行了报道。

为了进一步推进睦邻家园建设，吸引更多居民参与，创智农园以"授人以渔"的方式为小区建设增效赋能，五角场街道于2018年启动了五角场街道社区营造种子计划，邀请专业社会组织开展社区营造种子计划项目，项目通过教学、座谈会、小组交流、现场教学等课程，复制创智农园共治共享理念，从社区微景观理念、花园设计到日常维护，为提升社区建设和治理水平提供有益借鉴。

在现代城市建设之中，既有的社区治理总是依据边界而定，作为一种能打通社区与园区交往的创新尝试，创智农园提供了重要的实践思路。从创智农园的实践探索中我们可以看到，在缺少熟人社区环境的社区需要通过切实有效的长期交流和社区活动来建立不同主体间的信任与合作关系。

在管理维护甚至空间更新中要注重强化社区参与，在社区花园建设运营初期也要结合社区特质设立不同的参与方式，使得公民有积极意愿、有能力、有规划地参与到公共事务之中。展望未来，城市空间的设计与搭建都应当充分做好景观设计和社会设计两方面的文章，为实现空间的可持续发展奠定基础。

睦邻之门：党建引领共建共治的五角场实践

一、背景·缘起

为贯彻落实上海市委关于创新社会治理加强基层建设的总要求，杨浦区五角场街道依托区域内高校智力资源高地优势，发挥社区规划师参与社区营造的重要作用，以党建引领助推区域融合发展，以专业能力提升共治自治能级，通过居民自治和社区共治的方式，打通老旧小区国定一小区、高档商品房小区创智坊小区的围墙，开启"睦邻门"，获得了居民群众的认可与好评。

（一）睦邻家园建设引入"社区规划师"

2015年以来，杨浦区大力推进睦邻家园建设，致力于以优化社区公共空间、弘扬睦邻精神、培育睦邻达人、构建睦邻体系为载体，打造洁美宜居、服务便捷、守望相助、文明与共的居民生活共同体。为充分发挥区域内高校集聚、专业力量强的优势，杨浦区政府与同济大学等高校合作，聘请高校规划设计领域专家担任"社区规划师"，重点对辖区内亟待改善的老旧社区、广场、街角街边等公共空间进行排摸、分析，在开展问题调研、方案建议、政策理念宣传、群众动员的基础上，为公共空间更新提供专业指导、监督实施和长期运维服务，不断提升社区更新工作的整体品质，实现睦邻家园建设的众智众创和共建共享。

（二）创智坊、国定一社区发展不平衡不协调

五角场街道创智坊小区是2006年建成的高档商品房社区，小区环境整洁优美，人文气息浓郁，且毗邻大学路、五角场繁华商圈，社区内集聚了社区睦邻中心、创智农园开放式花园等优质公共资源，而一墙之隔的国定一社区是20世纪80年代末建成的老旧小区，存在社区老龄化程度高、外来

人口聚集、公共设施陈旧等问题。随着创智坊社区的不断发展，国定一小区居民到隔壁的睦邻中心、社区花园、大学路越来越不便，甚至出行乘坐地铁也需绕行，一堵围墙使得两侧社区发展不平衡不协调，制约了人民群众的美好生活需要。

二、举措·机制

为解决社区之间的不平衡发展问题，五角场街道着力优化社区公共空间，为弘扬睦邻精神、培育睦邻达人、构建睦邻载体采取了一系列卓有成效的举措。

（一）社区规划助力社区营造，睦邻参与催生群众需求

2016年，关于创智坊社区的一块废弃地，经过政府支持和企业投资，引入社会组织四叶草堂来运营，吸纳周边企业和居民参与，建成了与社区共融共建共享的开放式社区花园——创智农园。2018年，五角场街道聘请同济大学知名教授担任社区规划师，全程指导公共空间微更新、美丽家园等社区更新项目的实施，开展"社区营造种子计划"，参与了街道多个社区营造、花园微更新项目。五角场街道结合创智坊社区睦邻中心的建设，与创智农园共同整合周边社区、校区、园区、商区、营区线上线下各类资源，开展白领美食类活动、耕读会、户外绘本阅读、万圣节等睦邻主题活动，吸引了周边大量居民参加。同时，在创智农园设立了五角场社区规划师办公室和社区营造中心，作为社区规划师了解社区情况、听取居民意见的一线工作室。通过在社区的广泛调研、听取意见以及在创智农园、睦邻中心参与活动的居民反映，创智坊、国定一两社区的巨大差异和围墙阻隔带来的不便成为规划师、居委会、街道共同关心的问题。街道有关部门、居民区党组织与社区规划师采取多种方式听取居民意见，了解到不仅国定一居民想要方便地接通创智坊社区，创智坊也有许多居民希望能就近至国定路买菜、配药、接送孩子上学，越来越多的居民提出打通"国定创智"的隔阂。2016年6月，创智农园与2个居民区党组织共同组成社区议事会，讨论未来打开围墙的可能性，并开展社区营造沙龙，活动发动居民一起探

讨什么是有温度的社区。同年9月，通过发动社区企业员工参与策划，连同社区小朋友一起在阻隔两个小区的围墙上手绘了缤纷魔法门，表达了期待这堵墙有朝一日能够打开，进一步激发围墙两侧居民推动"开门"的意愿。

（二）互动协商绘就共建愿景，美好期望打通居民心墙

1. 专业组织助力，社区互动凝聚开门共识

为了推动"开门"，社区规划师团队在街道的支持下，在国定一社区入口广场组织了一次500余人参与的大型社区互动日活动，通过丰富的现场活动和详细的社区规划讲解，使得打破围墙形成整体社区的理念深入人心；组织包括同济大学、北京大学、华南理工大学在内的多所高校的师生以及国内外的社区营造专家在2个社区共开办4次工作坊。工作坊主要开展社区规划设计讨论活动，增进了与围墙开门等社区微更新项目关系最密切的利益相关方对社区治理的理解；在国定一小区内设计营建了200平方米的社区花园"馨园"，以社区花园的种植实践和后期维护议题为抓手，激发社区志愿者共同参与社区治理的热情，增强居民对"开门"的理解，消除其心理顾虑，逐渐打开社区居民的"心墙"，形成了居民共建共治美好社区的共识。

2. 党建引领带动，协商议事达成开门决议

在广泛的"开门"呼声下，也有一些居民提出了顾虑，如"开门后，今后门由谁来管理，费用由谁承担，会不会给创智坊小区带来脏乱差状况，会不会增加国定一小区治安隐患，政府会不会批准？"等问题，也有不少对"开门"不理解的居民。2018年，五角场街道党工委利用换届的机会将创智坊居民区行政负责人调至国定一任居民区党总支书记，就是想发挥党建引领的作用，加强两个居民区的交流合作，将创智坊睦邻中心、创智农园的丰富资源辐射到国定一小区。双方党组织多次就如何打通小区围墙的提议，召开由业委会、物业成员、社会组织、居民、群团负责人等多元主体参与的"百脑汇"议事堂会议，社区规划师也作为"百脑汇"成员参与其中，以专业理论激发居民自发参与空间更新的积极性。为验证"开门"方案的

可行性,在"百脑汇"议事堂会议商议的基础上,双方居民区党组织还多次召开由居委会、业委会、物业"三驾马车"加街道职能部门及执法部门的"五位一体"会议,邀请城管、社区民警、房办、自治办、管理办共同商议,取得了政府相关部门的支持,最终达成了由国定一社区实施破墙"开门"的决议。

(三) 自治共治助力睦邻门开,互通共融促进持续发力

破墙开门的决议形成后,国定一居民区党总支进一步邀请社区规划师团队开展大调研,选定了政立路580弄小区的"开门"地址,确定了包括在"睦邻门"两侧安装监控设施、开关门时间、招募党员志愿者定期巡查"睦邻门"及周边、清洁美化两侧空间、国定一物业进行日常管理等内容在内的开门方案,将该方案与一些反对开门的居民进行分析说明,并通过业委会征得三分之二以上业主同意。五角场街道为了促成这件实事,将国定一政立路580弄小区纳入了街道"美丽家园"改造,最终由居委会、业委会、物业共同牵头,于2019年3月13日在实施破墙建设,3月28日正式开门通行。社区规划师在开门"前后"通过现场勘查,对技术问题给予指导,而且从街区整体发展和社区治理的角度出发,进一步提出关于门的起名、装饰,对周边的围墙进行透空、美化、连接的设想,不断助力居民区持续建设睦邻社区升级版。

三、创新·成效

五角场街道以睦邻为核心理念的特色机制建设,实现了党建引领共建共治的新景象,提升了百姓对基层社区的感知和认知,真正实现了以人民为中心的基层建设。

(一) 打开行路物理门,走出一条新老小区共治新路

随着睦邻门的启用,对五角场街道国定一小区、创智坊小区的居民来说是件大好事,有效缓解了新老小区之间发展不平衡不充分的矛盾。每天出出进进,居民们走着顺畅,看着开心。退休老党员表示,住在小区几十年,老房子老邻居,现在每天吃了早饭步行遛狗,每个周末去创智农园种种

菜,到党建服务站听听课,生活质量更高了。创智坊不少居民表示,睦邻门开了,买菜方便了,看病方便了,走过一扇门,服务就在身边。有的居民谈道,街道把大家的事当自己的事,把大家最想办的给办了,把大家最需要解决的给解决了。据统计,睦邻门开启后,日均进出500人次,居民群众交口称赞。

(二)打开了百姓的心门,走出了一条城市基层党建新路

睦邻门一头牵着社区,一头牵着大学路沿线的各方,打通的不仅是物理意义上的一扇门,更是打通了社区、园区、街区、校区各方的心门。以睦邻门旁的创智农园为例,农园开设的绿植养护、垃圾分类、暑期夏令营等活动,吸引了一大批社区居民、企业白领、高校师生的参与;不少来自不同领域的党员自发组建微信群,自主策划开展活动、运维农园;除夕夜,由党员骨干发起,开展多场别有风味的家园"年夜饭",园区企业员工、一线环卫工人、党员志愿者骨干等纷纷加入。正如一位新上海人所说,自己住在国定一老小区,女儿在大学路上班,但都是五角场社区的一分子,大家不分你我,共享资源、共建家园。

(三)打开了社区治理门,走出了一条城市精细化治理新路

社区规划师不仅设计"壳",即外观设计,更设计"核",即功能内涵。在五角场街道,社区规划师刘悦来在这里有专门的办公室,长效收集居民群众的意见和建议,还将在睦邻门的基础上,抓紧推进拆墙透绿工程,建设小型花园,让两侧新老社区的美景交相呼应,并联动复旦大学管理学院、创智农园,打造睦邻街区升级版。同时,社区规划师不仅设计当下,更设计长远。

四、启示·展望

五角场街道的睦邻探索富有特色,不仅提升了社区公共空间的"面子",更做足了睦邻友好的"里子"。人民群众的满意是睦邻建设的最终归宿,深入总结五角场街道的经验,有助于提供更多可供复制与推广的经验。

(一) 创新社会治理加强基层建设,党建引领是根本保证

在引入社区规划师参与社区治理中,杨浦始终坚持党建引领,用好"区—街道—居民区—党员"四级党建工作体系。其中,区委发挥龙头作用,联手同济大学,引入12名社区规划师与各街道结对,为社区公共空间微更新项目提供专业规划和设计支持;街道党(工)委发挥一线指挥部作用,加强统筹协调,以五角场街道为例,专门选派创智坊居委会行政负责人担任国定一居民区党总支书记,促进融合;居民区党组织发挥战斗堡垒作用,建立"两委班子会议""百脑汇议事堂会议""党员骨干会议"等制度,通过"听、议、研、表决、公开、反馈"方法来推进工作;党员发挥先锋模范作用,带头结对邻居,带头包干楼层,带头引导居民共同参与。通过上下共同发力,整体推进,一级抓一级,形成一盘棋,共促社会治理创新。

(二) 创新社会治理加强基层建设,居民自治共治是重要基础

各街道联合社区规划师,采取"询、看、听、议"等多种方法,推动社区居民全过程有序、充分参与,把社区微更新的过程转变为居民自治、社区共治的过程。在睦邻门项目规划中,规划师深入小区进行现场勘查,对居民进行问卷征询,查看沿线可供开门的方位,召开党组织、业委会、物业公司、居民代表等多方代表参加的座谈会,梳理归纳了"险、阻、乱、缺"四大类诉求清单,在设计方案中予以充分回应,并反复征询居民意见,最终形成居民认可的设计方案;在项目施工过程中,社区规划师常驻社区,收集各方意见和建议,提出改进方案;在睦邻门建成后,举办启用仪式,邀请党员群众参加,让大家充分知晓睦邻门,这也为下一步推进拆墙透绿工程做好准备。不难发现,居民自治共治,必须以征求群众意见、掌握群众心结为前提,以久久为功解决群众问题为根本。

(三) 创新社会治理加强基层建设,专业力量和社会力量是重要补充

城市的精细化治理是慢活细功夫,要提高社会治理专业化水平,不能单兵作战,需要引入专业力量,在细微处下功夫、见成效。杨浦区委以街道社区党组织为核心,以区域化党建联盟为平台,建立了"两师两顾问"制度,即社区规划师、社区政工师和社区治理顾问、社区法律顾问,通过专业力量协同参与,不断提高公共服务水平和质量,让群众有更多获得感、幸福感、安全感。比如,社区规划师的专业导入,全面提升了社区更新项目的品质,探索了成本低、参与度高、易于复制推广的城市更新新路径。同时,各街道还积极引入四叶草堂等社会组织,培育"群众草根领袖",发挥物业、民警等与居民小区密切相关的各方的作用,构建组织引领、专业补充、各方参与的格局,不断疏通城市精细化治理的"毛细血管"。

民事民议：江浦路"一脉三园"的建设之路

一、背景·缘起

睦邻家园建设是杨浦区向上海乃至全国展示创新社会治理加强基层建设成效的重要标志和品牌，也是杨浦区当前的重要任务之一。为进一步弘扬睦邻文化，传递睦邻精神，构建睦邻体系，全面整合社区公共资源，实现自治共治"双轮驱动""双轨并行"，推动老旧小区的有机更新，杨浦区在多个小区探索开展了"美丽家园"建设计划。

江浦路街道"新老旧"三合一的社区形态明显，其中房龄为三四十年的老旧小区占了大多数。辽源西路190弄、打虎山路1弄以及铁路公房位于江浦路街道161地块，建成于20世纪80年代，东起打虎山路，西至恒阳花苑，南至辽源西路，北至昆明中学，总建筑面积约2.6万平方米，常住居民438户。其中，辽源西路190弄是老式商品房小区，铁路公房是无物业小区，打虎山路1弄是售后公房小区，三个小区的房屋面积都较小，其中一个小区仅有两幢住宅楼。三个小区虽相互毗邻，但彼此隔断，公共空间相对较少。在小区交界处，一个睦邻中心就坐落其间，但由于围墙阻隔，公共设施虽近在咫尺，居民却无法使用。近年来小区出现了房屋设施老化、机动车乱停放、物业管理费难收、业委会维修资金不足、公共活动空间缺失等共性问题，使这块被新商品房小区包围的区域成为社区管理的一块洼地，居民经常投诉小区居住环境差、管理效率低下，小区居民对于提升小区品质、提高居住质量的需求十分迫切。

为此，杨浦区将辽源西路190弄、打虎山路1弄以及铁路公房纳入"美丽家园"建设第一批试点小区，以"三区合一，一脉三园"为建设思路，坚持党建引领，结合"五违四必""里子工程"要求，专题针对三个小区探索开展"城市更新"工程，方案围绕"打破围墙，整合公共资源；调整绿化，优化外部环境；房屋整修，美化楼道环境；统一管理，提升服务能力"的四大改造目标，通过"破除空间壁垒、重塑小区格局"，切实优化小区环境，提升管理水平，真正让老百姓有获得感、幸福感。

二、举措·机制

基层治理中管理和服务的碎片化问题是制约人民群众满意度和幸福感的重要影响因素，建好"一脉三园"需要着力解决基层治理的碎片化，重塑空间格局，打通社区壁垒。江浦路街道为解决这些突出问题采取了一系列具有创新示范价值的举措。

（一）全程参与汇民智

2017年初，辽源西路190弄、打虎山路1弄、铁路公房"美丽家园"建设项目正式启动，由同济城市规划设计研究院提供的"三区合一，一脉三园"建设方案开始进入征询阶段，由于改造力度大、涉及范围广，不少居民依然心存疑虑，如担心破墙改造导致自家违建被拆、自家小区的公共空间被毗邻小区居民占用等。2017年2月和3月，居民区党组织和居委会分两批组织业委会成员、党员、志愿者、楼组长、骨干等80余人，赴静安区临汾街道驰骋小区观摩，学习同行在"睦邻家园"建设中的宝贵经验，同时让居民直观地感受到改造后小区的全新面貌，在一定程度上打消居民疑虑。

为了让广大居民在第一时间了解改造方案的详情，在党总支、居委会的牵头下，来自三个小区的楼组长、群团负责人、志愿者骨干等与工程设计方、建设方齐聚一堂，向设计方了解方案详情，在会上仔细聆听、积极提问，在互动中畅所欲言、各抒己见、达成共识，居民骨干利用早、中、晚不同时间段挨家挨户上门发放告知书和改造效果图，主动征询居民们关于改造的意见和建议。为获得更多居民的支持，骨干们还充分利用辽西睦邻中心等平台，以及群团、志愿者活动等载体，反复宣传改造带来的好处，及时消除居民对于改造的顾虑。经过一个半月的不懈努力，改造方案征询同意率达到了85.84%，项目顺利进入实施阶段，新家园的梦想更进了一步。为引导居民积极参与，居民区党总支、居委会还牵头开展新家园征名活动，经居民投票,确定了"辽源花苑"这个名字,并由热心居民书写后挂在入口处。

(二) 借势借力破违建

老旧小区违法搭建现象相对突出,不少违法搭建已经存在十余年,拆除难度极大,居民抵触情绪一度非常强烈。为确保建设工程的顺利推进,必须将这些顽症"连根拔除",街道自2017年底开始,借助上海市开展"五违四必"和"无违建居村(街镇)创建"之势,对小区及周边的无证建筑进行了集中整治拆除行动。在拆违过程中,街道一方面坚持"公平、公开、公正",对所有无证建筑"一视同仁",对"公字头"违法建筑"带头拆除",形成强大声势,消除居民的侥幸和观望心理;另一方面坚持"深入群众",由街道牵头,从城管、房办、居委会抽调人员,并联合社区民警、机关联络员等组成拆违工作小组,制订"一户一方案",对拒不配合或确实存在实际困难的家庭进行重点研判,并由多部门会商解决,将工作真正做到居民的"心坎上",不断扩大居民共识的"同心圆"。同时,由居民骨干组成一支以助推改造为目标的自治团队,通过团队成员锲而不舍的劝说,部分居民不仅配合拆了违建,还从对立方转为支持者。若得知有人传播关于改造的不实信息,工作小组成员及时向居民澄清事实,并对当事人进行批评教育,小区不和谐的声音越来越少。其间,街道共计拆除小区存量无证建筑19间,合计204平方米,封闭底层"居改非"20间,封闭天井破墙开门17处,为后续工程建设奠定了有力基础。

(三) 小区焕发新光彩

截至2018年底,"三区合一,一脉三园"建设主体工程已经基本完成,改造后的小区实现了"六大提升",即活动空间大提升、景观环境大提升、社区功能大提升、治安防控大提升、管理秩序大提升、睦邻友好大提升,全方位打造小区优美环境。

在小区立面方面,针对居民楼外部,对暴露管道、电线,包括架空线路等进行重新布局,管网入地,并对房屋外立面进行粉刷,统一更新雨棚,使房屋外立面整洁美观,同时也减少因管线暴露在外可能存在的安全隐患;针对居民楼内部,主要包括对居民污水管、油烟管道等进行统一改造,结合光明工程对楼道内电、网等线路以及电表箱等进行优化调整。

在小区平面方面，核心是"重塑空间格局"，通过两个"拆除"，即拆除围墙、拆除小区违法搭建，使三个小区彻底融合，进一步拓展物理空间，为小区进行整体规划奠定基础，并在打开空间布局的基础上，对小区绿化、车棚、健身设施等进行优化布局，在营造优美环境的同时释放更多空间，同时解决小区居民停车难问题。

在小区通道方面，在对三个小区进行空间整合后，对小区内的通道进行重新规划，形成贯通整个小区的大循环，统一铺设沥青路面，为居民出行创造良好环境，同时对出入口进行调整，增设门岗门禁，加强日常管理，提升小区治安防控水平。

在统一管理方面，为配合"硬环境"的改造升级，街道还牵头推动小区"软管理"的跃升，在小区业委会面向全体业主征询意见的基础上，打破过去三家物业各行其是的局面，转而引入万伽物业公司对小区实行统一封闭式管理，对交通动线、机动车和非机动车停车区域、小区门岗等关键环节进行优化，有效解决了过去因多头管理、管理不到位等引起的矛盾和问题，居民对物业管理的满意度正在逐步提升，小区公益性收入也在不断增长，小区管理的长效水平正在不断提高。

三、创新·成效

对于特大城市而言，需要不断挖掘在细微之处做文章的真本领，提升对未来城市更新精准化与城市治理精细化的谋划能力。通过整合碎片化资源，重塑基层治理的理念，"一脉三园"的城市场景得以形成，实现了基于创新的实践效能。

（一）公共资源实现共享

老旧小区公共空间的不足是引发诸多矛盾的导火索，因此如何破除壁垒，最大限度地释放和利用公共空间，是此次小区更新改造的核心。为此，街道在区房管局的指导和支持下，与同济城市规划设计研究院联手，经过反复走访、调研、听取居民和昆明中学方面的意见和建议后，提出了"破除空间壁垒、重塑小区格局"的"三区合一，一脉三园，校区联动"的建设思路，即拆除三个小区之间的隔断围墙，通过一条"健身康体脉"贯穿社区，将社区休闲园、睦邻文化园和健康活力园"三园"串联起来。健康活力园占地700平方米，有共享广场、儿童游戏场和健身广场，并设置旋转门联通小区与学校，方便居民在不影响学校上课的情况下使用操场资源。共享广场以保留的一段打靶墙为中心，是健康活力园的入口地标；打靶墙立面种上绿植，增设一组家庭主题人物剪影雕塑，与打靶墙斜接，寓意从社区里走出的邻里，体现共享主题；儿童游戏场将铺设彩色马赛克等特色铺装材料，形成五彩缤纷的儿童活动场地，同时设置彩色无边角圆柱作为儿童互动装置。睦邻中心周边为睦邻文化园，在睦邻中心入口设置特色景观铺装，形成入口广场，慢行步道绕睦邻中心，穿梭绿化之间，形成外部林荫休闲空间，有机绿墙上，不同的植物品种还设有不同的二维码，用手机扫码就能了解植物的科普知识。社区休闲园的入口处沿围墙种植单排竹子，两侧花坛以种植低矮的整形灌木及草本花卉为主，打造一个开敞的入口空间，休闲园中间较为宽敞的地带将为社区居民个人展演、互动交流提供一个公共平台，这样一个阳光充足、易于交流的休闲之地，将集聚人气，盘活原有的楼盘商铺。共享开放的社区绿地、景观和健身场地，满足不同年龄段居民的多元化诉求，使公共服务、公共管理等软硬件资源得到最大化共享，三个毗邻小区的居民均在停车位增加、活动场地扩大、居住环境优化、物业管理统筹、业委会运作以及参与社区活动、获取睦邻中心服务、开展邻里互助等多方面受益，大幅降低了公共资源投入的人均成本，有效提升了公共资源使用的辐射面。

（二）民主协商体现成效

"一脉三园"建设从始至终都充分体现了民意，自项目初始，街道便提出了"居民自愿、政府扶持"的建设思路，将小区建设与管理的更多"主动权"交给居民，通过"政府搭台、百姓唱戏"，更多地体现民事民议、共治共享的睦邻建设理念。在后续建设过程中，街道在方案拟定阶段反复征询并听取居民意见，在拆违过程中凝聚多元力量积极解决矛盾，在新家园的征名环节里多方听取居民意见，在施工项目里加入更多个性化元素，注重居民的意愿诉求。项目的各个环节都有着居民积极参与的身影，做到了"居民自己的事情就要让居民自己做主"，居民通过有序协商，理性地发表真知灼见，在参与具体公共事务的民主实践中，不断激发民主协商的意识，提升民主协商的水平，共享民主协商的硕果。

（三）邻里关系更加融洽

小区围墙隔断的不仅是居民每日出行的通路，更是邻里守望相助的心路，身虽近在咫尺，心却远在天涯。三个小区的公共空间被打通之后，来自三个小区的群众活动团队有了更多的互动，居民们不出小区就能参加更丰富多彩的社区活动，感受亲密邻里关系带来的愉悦，在活动中结识新朋友，增进邻里情，推动社区逐步向"熟人社会"转变，宽敞美观的公共活动空间吸引了更多居民走出家门，在享受"一脉三园"美好环境的同时，自发携手开展志愿服务，传递正能量，守护新家园。同时，"一脉三园"工程结束后，共同推进工程建设的居民骨干之间也建立了深厚的情感，他们积极主动维护好这来之不易的建设成果，代表三个小区民意的同心缘议事会就此诞生，成员们将通过规范有序的民主协商和互动融合来增强合力，带动更多居民参与自治共治，共同建设好美丽温馨的辽源花苑。

四、启示·展望

处理复杂的基层事务，核心是要实现治理有效、人民满意。江浦路街道的实践，通过精心的制度安排和机制设计，使原本复杂的基层问题得以化解，其中形成的经验启示具有较强的示范意义。

（一）善借外脑

随着居民物质生活水平的不断提升，对环境、文娱、服务等"软环境"的要求也在不断提高，如何整合多方资源，不断提升小区综合治理水平，防止政府工作与群众感受之间出现"剪刀差"，是当前需要探索解决的主要问题之一。在辽源西路190弄"一脉三园"建设过程中，街道自项目伊始便和同济城市规划设计研究院开展合作，"借外脑"对三个小区进行整体设计规划，"外脑"的专业知识体系与居民群众的"痛点""难点""堵点"实现了精准对接，形成了先进理念、专业设计和群众基础的有机融合，让"三区合一，一脉三园"的建设更加符合群众的实际需求，使得"美丽家园"建设真正做到群众的心坎上。

（二）善听民意

"人民城市为人民"，居民的获得感、满意度是一切工作的出发点和落脚点。过去在小区综合治理的过程中，经常出现"政府一头热，群众不买账"的情况，要摸清"脉搏"，就必须"望闻问切"，要深入小区、深入群众倾听意见，把重点落在居民"需要什么"。在"一脉三园"的建设工程中，就充分发挥了居民区党总支的战斗堡垒作用，以"居民自愿、政府扶持"理念，依托"红色港湾"党群议事会平台，引导党员骨干、社区志愿者等关键群体参与规划建设全过程，畅通议事决策渠道，让居民更关心、更多参与"身边事"，真正成为小区管理的"主人翁"。

（三）善抓长效

真正提升居民的获得感、满意度，关键在于对小区的长效管理。要进一步加强党建引领，通过选出好的"领头雁""带头人"，切实增强社区工作者的服务意识和群众工作能力，充分挖掘社区人才，建立小区管理"梯队"，为小区治理掌好舵、把握好大方向。加强制度保障，完善小区议事规则、管理规约、维修资金使用规约等，制定并完善小区长效发展的规则，确保居民能够在法律法规的框架下行事议事；进一步理顺"三驾马车"的关系，通过聘请法律、教育、物业管理等多方面的专业团队，对物业、业委会日常运行开展专业化指导，使得小区长效管理机制更加顺畅，手段进一步优化，治理效果更佳。

众智众创：公共空间的微更新与品质提升

一、背景·缘起

为促进城市更新发展模式的推广，加强公众对社区公共空间更新的参与度，上海市规划和自然资源局公共空间设计促进中心于2016年11月启动了"行走上海2017——社区公共空间微更新计划"活动。经杨浦区规划和自然资源局推荐，五角场街道的"政通路沿线改造"及五角场镇的"翔殷路491弄集中绿地改造"两个项目被纳入全市11个试点项目。

为进一步提高社会治理社会化、法治化、智能化、专业化水平，提升杨浦区社区公共空间的整体品质，2017年，杨浦区规划和自然资源局启动了杨浦区社区公共空间微更新试点工作，经各个街道推荐，综合考虑改造项目的紧迫性、示范性、可实施性等方面，选取几个项目作为试点。

（一）政通路沿线改造

政通路改造路段西接国定路，东接淞沪路，全长700多米，是江湾体育场地铁站到复旦大学邯郸校区的必经之路，位于"闹"与"静"的交界处。这样一条区位条件良好的路，却被普遍评价为"老旧平庸、缺乏特色"，甚至问题重重：街道窄、地砖不平导致学生和居民拖移行李箱非常不便，沿街墙面、楼道门、信箱等破损严重，街头绿地使用消极，店招风格不一、围墙老旧。

在政通路沿线改造过程中，设计师认为街道的本义是社区的公共活动空间，而街道设计要回归这个本义。针对居民和使用者提出的街道缺乏特色、老旧平庸这一问题，方案把改变道路的微表情作为突破口，致力于打造五角场地区适宜慢行的具有艺术特色的静雅街道，关注面向多元人群和多元活动的街道设计，通过提炼符号化的文化元素，刻画政通路的"文艺表情"。方案对道路使用者的行为和需求做了翔实的分析和研究，针对绿地利用消极、设备箱不美观、围墙界面老旧等核心问题做出了积极的回应,以修补现状和嵌入小微设施为主,符合"微更新"的主旨和目标,可实施性强。此外,政通路改造还特别聚焦了复旦大学学生的需求。作为通往江湾地铁站和复旦大学的必经之路,复旦大学师生代表提出了能否开辟一条专门的行李通道的倡议。经多次沟通协商,这一构想最终变成了现实,政通路上出现了上海首条设置拉杆箱专用道的道路。

（二）翔殷路491弄集中绿地改造

翔殷路491弄位于翔殷路,该小区建于1993年,具有20世纪90年代老旧小区的典型特点,生活气息强但整体环境品质不高。小区内一处集中绿地是主要的公共活动空间,但由于布局混乱、乔木众多、日照不足、活动设施及场地缺乏等原因,使用率较低,居民改造意愿强烈。

本次改造项目方案针对小区内缺乏儿童活动公共空间这一情况,充分考虑了小区绿地的场地特征,以日照分析作为场地布局的依据。同时,考虑了不同年龄段儿童的特点,将活动场地划分为幼龄儿童活动区和大龄儿童活动区。幼龄区以安全无死角的圆形设计、开阔的空间视野方便家长随身陪护,无规则无固定的游玩路线,玩法开发给予孩子们最大的自主权。同时,考虑到看护家长的需要,对休息和邻里交流场所进行了细致贴心的设计。整个改造过程注重以问题为导向,聚焦实操,强调项目落地和实施,力求权衡设计、施工、管理及后续设施维护等各个环节,哪一种游憩设施既能兼顾安全性又能满足童趣,哪一种场地铺装更耐久实用,每一个细节问题都是小区居民、居委会、五角场镇街道和设计师共同探讨和协商的结果。

（三）飞虹路绿地微更新

飞虹路许昌路路口西北角的带状绿地占地380平方米,是没有任何进入空间的纯绿地。绿地被公共厕所分割成为面积相近的南北两块。绿地内以常绿植物为主,虽绿量充足,但绿化长势与层次杂乱不堪,绿地内部阴暗不见阳光,对社区开放空间景观塑造毫无帮助。同时,绿地周边多为缺乏公共活动与休闲空间的老式居民区和私房区域。根据调研结果显示,周边居民对于在街头开放空间开展休闲活动的需求强烈。

　　本次微更新方突出强调以空间利用创意为切入点,以设计为主线贯穿整个项目实施过程,使得该项目在建成后既有较为时尚、简洁、明快的街景效果,同时也成为内部空间高效利用、为居民服务的进入式休闲绿地,并且周全考虑昼夜景观效果,结合景观照明形成有趣的艺术夜景。更新方案还强调建成环境的意义,注重对更新改造前绿地现状的尊重,尽可能保留现有主要绿化、高大乔灌木、置石,并结合"活力江浦"的社区发展理念,强化空间创意与设计对绿地活力与居民参与性的关注,进一步满足周边居民的使用需求,激发街头绿地空间的活力。

二、举措·机制

　　杨浦区公共空间微更新的实践极具特色,很多探索人性化色彩较强,具有较强的可操作性和较好的社会延展性,非常贴近小区内居民的实际需求,为居民提供了更丰富多元、充满活力的空间环境。

　　（一）开展方案征集,集思广益

　　为进一步扩大社区公共空间微更新活动的社会影响力和知晓度,拓宽设计方案的创作思路和方法,吸引更多优秀的设计团队参与进来,多角度、多层次进行方案设计研究,上海市规划和自然资源局公共空间设计促进中心牵头针对微更新试点项目开展设计方案征集活动。对于有意愿参加征集活动的设计团队不设置规模、设计资质等门槛,无论是经验丰富的设计院和设计公司,还是有情怀的独立设计师甚至是设计专业的学生都可以参加,有效扩大了设计团队的甄选空间。

　　（二）倡导以人为本,满足多样化需求

　　政通路沿线改造、翔殷路491弄集中绿地改造和飞虹路绿地微更新试点项目均积极倡导以人为本的理念,强调为社区居民做规划,切切实实地改变社区公共空间的环境和品质,聚焦使用人群的实际需求和行为特征,更强调人的感受。项目更新改造特别关注激活社区公共空间的活力,提高居民使用频次,以"小确幸"的视角关注小空间、微场所对于社区氛围营造的贡献,力求塑造一个有温度、有归属感、有趣味的多元复合功能空间。

（三）确立以公众参与链接社区治理的基本工作路径

社区公共空间微更新试点项目改变了以往由政府全面主导、自上而下的传统模式，形成自下而上的自主规划和参与模式，确立了一条以公众参与链接社区治理的基本工作路径。项目强调开放性，力求接地气，提供居民充分表达意愿的平台和渠道，更强调社区营造和自治。从前期策划到设计过程再到建设施工过程及建成后的回访，都进行了全过程、多层次的现场调研，充分征集民意诉求，始终强调以居民和使用者真实的需求为导向，针对细节问题进行专项讨论和协调，以期获得最佳的居民使用反馈。随着建成后地块景观品质和实际功能的大幅提升，社区居民对于公共空间的爱护意识也大大增强，逐渐形成一个由社区居民参与的"自治"空间。

（四）创立"1+1+1+X"多维度合作机制

在微更新项目中，形成了"1+1+1+X"多维度合作机制。第一个"1"为项目倡导和牵头部门，具体为上海市规划和自然资源局公共空间设计促进中心以及杨浦区规划和自然资源局，其主要职能为统筹协调项目设计相关事宜；第二个"1"为过程协调和建设实施部门，具体为街道办事处和项目实施部门，其职能为对接居民需求、对接设计方案，并组织管理现场施工；第三个"1"是负责全流程需求调研、更新设计、施工指导、居民满意度回访的设计团队；"X"则是由城市规划、建筑设计、风景园林等专业专家顾问团和最接近民意诉求的居委与居民代表构成。通过"1+1+1+X"这一多维度合作机制，使得微更新项目既有具体的直接管理部门与实施主体，又整合了最大范围内的资源，为整个改造过程夯实了社区共治的基础。最终，完成改造的社区公共空间已经成为所有参与者共同的作品，每一个角落、每一处细节都体现着集体的智慧。

三、创新·成效

社区公共空间微更新能有效促进社区各类公共空间品质的提升，贴近居民的实际需求，为居民提供更丰富多元、充满活力的空间环境。"微更新"作为一种全新的城市更新模式，对于进一步集约利用存量土地、实现社区空间重构、提升城市功能、增强城市魅力具有重要意义。目前，政通路沿线改造、翔殷路491弄集中绿地微更新和飞虹路绿地微更新均已完成施工并投入使用，社会反响良好，成为使用频率较高的公共空间，真正达到了社区激活的目的。

（一）探索了一种全新的城市更新模式

随着城市建设发展到一定阶段，过去一味强调大拆大建的建设模式已经不再适合，更加强调空间环境品质提升的内涵式发展成为社会的关注重点。社区公共空间微更新正是以一种微改造、微提升、微治理为手段，以渐进式的节奏提升城市功能，改善环境品质，细微之处见真章，实现城市的精细化管理。相对于大动干戈的建设开发和更新改造而言，微更新模式改造成本低，可参与度高，更有利于复制和推广，从而引发链条效应，真正使与居民生活息息相关的社区公共空间更有温度和活力。

（二）提升了社区居民的归属感、获得感和幸福感

微更新改变了以往由政府主导、自上而下的传统模式，形成一种自下而上的参与模式，力求实现规划资源局、街道、规划建筑专家和市民等多方群体深度参与设计与建设，更加注重公众意愿的表达和落实。从初期的方案设计开始，社区居民就有了投票权，后续的方案优化、施工和维护管理也始终强调和尊重居民的需求。不仅如此，在社区规划师培训上也充分体现开放性，使社区居民能够走进课堂，表达想法和建议。正是这种被动接受到主动参与的转变，大大激发了居民的归属感和认同感。通过实现社区公共空间小而美的"微更新"，为社区居民带来了身边的"微幸福"，提升了社区居民的获得感和幸福感，切实体现出"人民城市为人民"的城市发展理念。

（三）打造出社区共治和梦想实践的新平台

社区规划师制度的建立，为社区共治和梦想实践提供了平台。一方面，高水平、专业化的资源可以有效指导社区更新，保障更新质量；另一方面，社区也为来自景观、建筑、规划、社会学等不同领域的专业人士提供了施展拳脚、成就梦想的舞台，将专业学识运用在社区建设中，实现在地化转

化,达到共赢发展。

四、启示·展望

社区公共空间微更新为社区营造提供了一个平台,迈出了尝试性的一步,这个过程中也显现出诸多需要协调和优化的问题,如怎样平衡社区居民的需求多元性和复杂性;怎样降低协商成本,促成各参与方之间的高效沟通;如何保证设计方案的精髓在施工阶段的有效落实;如何形成可持续的管理维护模式等。要解决以上问题,一是要进一步完善相关配套的体制机制,如2018年初杨浦区建立的社区规划师制度,使社区规划师与街道结对,作为为该街道社区更新工作提供长期跟踪指导、咨询服务的专家,对社区更新项目的设计质量进行把控,并指导结对街道进行项目实施。二是要调动社区居民的主观能动性,逐步培养和引导社区居民自我管理、自我服务、自我维护的责任意识和能力,用好居民共治自治这根"绣花针"。三是加大宣传力度,扩大影响面,同时通过组织论坛、沙龙、主题活动等形式,使居民、设计师、施工团队和相关职能部门的沟通更顺畅、更高效。以上需要各参与方更好地转变工作方式,明确自身定位,深入社区、扎根社区,共同参与社区营造,最终实现众智众创和共建共享。

空间激活：四平路街道老工人新村创生行动

一、背景·缘起

四平路街道位于杨浦区中西部，东起杨树浦港，与控江路街道相望，南到控江路，与江浦路街道接壤，西至大连路、大连西路，与虹口区毗邻。该街道地处杨浦区环同济知识经济圈核心区，交通便捷，生活设施较为齐全，是一个环境优美，人文情怀浓厚，适合生活、学习、创业的综合型现代社区。辖区面积约为2.75平方公里，常住人口约10万人，住宅面积200多万平方米，其中70%的住宅都是20世纪50—80年代建成的售后公房，约120万平方米，多层且无电梯，是个典型的传统老工人新村聚集地。随着物质生活水平的提高，社区居民更加关心社区公共环境的质量，更加需要和谐的社区人文生态。该社区虽先后进行了住房综合配套改造，但社区在硬件上的硬伤依然存在，人口密度大，房屋结构先天不足，物业管理历史欠账多，街区业态级别不高，居民互动交流较少，社区关系不够紧密等社区治理难题凸显。街区人口严重老龄化，已经成为工人新村近年面临的突出问题。街道辖区内60岁以上老人占比为33.78%，就医看病难，地段医院压力大；看护难，独居、纯老家庭多，老人下楼难，加装电梯存在很多软硬件方面的困难。除此之外，相对老旧的城区环境还引发了市容环境脏乱差、违法建筑点位多、安全隐患多、停车难等诸多城市管理短板。

自2015年起，杨浦区四平路街道办事处充分利用同济大学的知识溢出效应，与同济大学设计创意学院、建筑与城市规划学院的景观学系加强合作，采用"街校合作的方式"，通过"四平空间创生行动"，持续推进社区花园微更新、社区业态调整、楼道微自治等项目，同时积极搭建更新资金保障平台，成立社区发展基金，引入社会组织参与，用较小的成本、创新的机制,让高校创意与社区更新相结合,既为创新科研提供了实践基地和空间载体,也提升了社区的服务功能,改善了居住环境品质,逐步建立起居委会组织引导、高校专业指导、居民参与主导的微更新维护管理机制,让老工人新村焕发出新的活力,让社区更有温度,居民的获得感和满意度进一步增强。

二、举措·机制

四平路围绕着改善老工人新村的硬件条件,解决老旧社区普遍存在的管理缺陷,充分开发利用小区内的公共空间,满足老年人和未成年人的不同需求,提升居民的满意度和获得感,开展了卓有成效的社区改造。

（一） 启动并持续举办四平空间创生行动,让创意融入社区的角角落落

目前,街道与同济大学设计创意学院已共同举办了四季四平空间创生行动,第五季四平空间创生行动正在稳步推进。电表箱画上了充满老上海弄堂风情的油画,幼儿园围墙上绘上童趣十足的涂鸦,路边围墙装上了随风转动的纸风车,街角、花坛边多了让行人歇脚聊天、别致新颖的座椅,景观道路苏家屯路的行道树上挂上了一轮皎洁的"月亮",社区文化活动中心门外一处空地被改造成儿童圈圈王国,闲置的电话亭被改造成街边艺术画廊,这样的一些微创意遍布四平社区的各个角落,让这个老工人新村"处处有惊喜"。

（二） 开展小区花园微更新,改善社区空间

四平路街道和同济大学开展深度合作,对一些老小区的中心小花园实施改造,将其打造成包括可食地景、手握花园、螺旋花园、迷你绿乐园等多个部分的小型社区花园。通过培训发动居民广泛参与,用自然、生态、可持续的理念,开展废物利用(轮胎种植)、厚土种植、宠物粪便和厨余垃圾堆肥、雨水循环利用等项目。同济大学的师生们还结合二十四节气,在小花园中为孩子们开展自然教育活动。活动提升了居民对社区的归属感与认同感,使居民发现社区中的"植物资源",培养了资源意识;通过社区植物漂流站的认养、捐赠、寄养等方式,鼓励居民将家中闲置或打算废弃的植物

资源转移到"百草园"中,丰富了"百草园"植物的品类。

（三）结合业态调整,让脏乱差地区变身开放型创新实验室

铁岭路115号门面房先后开了棋牌室、宠物店、馄饨店等低端业态,产生的油烟、噪声给周边居民带来了困扰,一度成为居民投诉的焦点。2015年,街道设法收回了房屋,但这近100平方米的空间很难被用于公共服务设施。随后,街道与同济大学设计创意学院合作,设立了"当代首饰与新文化中心",成为首饰艺术科研教学展示的实验室。同样,阜新路200号原来是一家存在10多年的废品回收站,环境脏乱差,居民投诉不断。2016年,街道对其实施综合整治,促其搬离,又与同济大学设计创意学院联手,开设了由同济大学和美国麻省理工学院合作成立的上海城市科学实验室。这些实验室都对社区居民免费开放,经常邀请社区居民、学生前来参观、体验。目前,街道正与同济大学及其他社会资本合作,将200米长的四平路1028弄这一多年脏乱差的街坊弄堂,着力打造为"Nice2035——未来生活原型街"。

三、创新·成效

在社区改造中,四平路街道激发起居民参与的积极性,间接地培养社区居民的自治能力,采取了一系列具有特色的创新方式,彰显了"创生"的社区改造主题。

（一）美化社区环境,为居民营造艺术氛围

作为第三季四平空间创生行动的重要项目之一,四平电话亭美术馆是目前全国首个由街边电话亭改造的美术馆。经过艺术家的设计策划,电信公司的支持配合,四平社区内的10座电话亭完美升级为街头美术馆,街道邀请同济大学设计创意学院师生、同济大学博物馆、社区等主体定期前来布展,拉近了艺术与社区日常生活之间的距离,引领四平居民看艺术、看世界。

由于辖区面积不大,许多居民都是步行前往社区文化活动中心的,原本在文化中心人行道边的自行车停车架因使用率过低而破损荒废。为了减少安全隐患并变废为宝,设计者将停车架包装得五颜六色,并组合成不

同造型,围绕着沙坑形成了一组可供小朋友们玩耍嬉戏的圈圈王国,社区街角从单色变为彩色,孩子们的欢声笑语萦绕在周围。

再比如"苏家屯之月",通过声控装置进行路灯改造,即在苏家屯路的一棵大树上,安置了一颗带有人体感应装置的玻璃球,随着周围声音的变化,玻璃球自动变化亮度,集聚的人越多,月亮造型的玻璃球就越亮。

阜新路自治口袋花园是四平空间创生行动第四季的重要项目之一,也是四平路街道党员和同济大学设计创意学院学生党员的共建基地,80米长的沿街绿化带被打造成玩乐口袋花园。该设计保留原来花坛的布局,并在中心地带将学院简称"D&I"、中文"四平"以及玩乐设施创意性地结合在一起,地面的彩色几何图形改变了行人的行走体验。更新后的花园把人们带回了公共空间,把人与人联结在了一起,使社区变得活络生动。同时,口袋花园还与麻省理工学院上海城市科学实验室合作,通过观测人的行为,来预测人与"新活力空间"之间的互动关系,量化分析城市相关数据,对城市更新的有效性进行评价,从而更有效地推进社区迭代更新。

这些创意作品的植入,不仅美化了社区环境,为居民们带去了便利和欢乐,更在社区营造了艺术氛围,让居民们在家门口就能感受到富有张力的人文生态和活跃的艺术气息。

(二)提高居民参与度,提升居民自治能力

"人民城市人民建",很多居民对公共事务很感兴趣,只是缺少合适的参与平台。街道和同济大学建筑与城市规划学院景观学系合作,发起社区花园微更新项目,通过社区花园改造,组织居民参与社区建设,逐步丰富居民可参与的社区活动。位于鞍山四村第三小区中心广场的"我们的百草园"项目是各方合作打造的首个社区花园。街道充分探索了"政府引导、高校指导、居民主导"的共治模式,使居民在社区公共事务中由"旁观者"转变为"设计者、建设者、管理者"。

在社区营造过程中,街道共召集居民开会讨论20多次,引导居民自己动手参与松土、施肥、施工、涂鸦等营造环节,利用废旧木料、废弃轮胎、公园落叶等废弃资源。居民们对自己参与建设的小花园里的一草一木都很珍惜，几乎每天都去照看，这也很好地推动了公民素质和社会文明素养的提升。据初步统计，累计参与"我们的百草园"营造的社区居民有千余人次，其中固定志愿者有上百人，形成了以学生、年轻妈妈等群体为主导的参与结构，改变了社区活动以老年人为主的传统局面，拉近了人与人之间的关系，促进了"熟人社会"的形成。"我们的百草园"项目已被评为上海市低碳社区示范项目和杨浦区居民自治十佳项目。

（三）改造楼道公共空间，充分发挥党建引领

抚顺路363弄5号楼底层的空置空间，介于地面与一楼之间，大约一人多高，以前用来停放自行车、堆杂物，现改造成"居民会客厅"。这个项目就是这一个单元12户居民自主发起的，起初打算每家出资4 000元整治楼底的公共空间。街道层面认为此想法可行，于是按照1∶1的资金配比，给予鼓励和支持，即街道再补贴每户4 000元。改造后，居民可以在这里商议公共事务，带小孩的阿姨们常聚在这里聊天拉家常，逢年过节也在这里举办活动。环境变美了，房子升值了，居民是直接的受益者，邻里关系更和睦了。此后，363弄的1～4号楼都相继学习5号楼的经验，并根据各自楼栋的实际情况完成改造。2号楼将二楼原有外廊式公共空间改造成公共花园。赤峰路上的伊顿公寓也进行了楼梯改造。

街道党组织在社区微更新过程中发挥了重要的引领作用。363弄居委会办公地同时是居民议事厅，居民共同商议改造方案，自主表决，遇到意见分歧，大家相互做工作。改造前有户主觉得房子常年出租，改善公共空间对自己没有帮助，有居民以环境提升后租金也可以上涨来劝解他。相互之间的协调过程很有意思，曾经有一栋楼的改造起初打算每家出1 000元，后来合计觉得总额不够，不可能做出较大改观，又决定每家出2 000元，最后一直涨到4 000元，其中有两户人家不同意，大家就一起上门说服劝解。

居民与街道配比的资金投入方式，保障了居民自发组织的更新顺利得以落实。一方面，激发了居民的社区参与积极性；另一方面，间接地培养了社区居民的自治能力，发现了一些社区能人，如善于劝解和谈判的，善于施工和监理的，善于收集社区意见并能成文或者口述表达的。

四、启示·展望

四平街道的城市微更新做法,无论是对城市建设,还是对社会治理,都有一定的启示和借鉴意义。

(一) 以较小的成本解决城市衰朽难题

四平街道这样的建成区,不可能大拆大建,微更新让城市空间得到了更加科学合理、人性化的改造,让单调陈旧的社区有了色彩和活力,广受居民欢迎,许多创生作品成为新的公共交流空间,微更新改造较为集中的苏家屯路2018年入选上海市民最喜爱的12条景观道路之一。

(二) 推动居民转变为设计者、建设者和维护者

同济大学师生在城市微更新的每一个环节都特别注重居民的参与和反馈,有效激活了社区治理的内生动力。无论是鞍山四村三居委的"我们的百草园"项目,还是363弄居委会升级为"居民议事客厅",抑或是抚顺路363弄5号楼底层的"睦邻客厅",居民们都参与了项目的规划和建设,并自觉转化为这些项目的维护者。由四平社区志愿者组成的"OYS营造队",成为改造更新点的守护人,对公共空间里的日常状态进行使用反馈,让社区更新不仅仅有设计师的参与,更有社区的每一个人共同参与社区营造。在增强区域单位和居民群众的认同感和归属感的同时,邻里之间也通过参与构建增强了信任,形成良好的邻里氛围。

(三) 走出了老旧社区服务创新创业的新路子

杨浦区四平路街道办事处立足实际,因地制宜地开展城市微更新,实现了社区与大学合作共赢,越来越多的社区企事业单位也参与进来。作为老工人新村,四平路成规模的旧厂房、旧仓库较少,100平方米左右、分布零散的存量国有资产倒是不少,收回来后如何再开发利用一直是个问题,街道与同济大学合作设立了创新实验室,既解决了创新载体不足的问题,也有效提高了资源使用效率。社区面貌改变了,品质提升了,有形无形的围墙被打破了,为大学师生提供了社会实践基地,让创新创意创业走出"象牙塔",真正融入社区,惠及民生,实现价值。

内涵延展：延吉社区睦邻中心打造创新式服务

一、背景·缘起

杨浦区延吉新村街道属于建成居住区，人口密集，社区人口老龄化程度较高，老年人口约占总人口的40%，社区结构、居民需求更加多元化。延吉新村街道传统的为民服务机制与新形势下的群众需求已经不相适应。其典型表现是社区硬件建设无法满足居民日常交往与活动的需要，并且社区居民便利化需求得不到有效满足，社区参与程度较低。从2009年开始，杨浦区延吉新村街道从社区实际出发，加强顶层设计和规划，逐步建成四个"社区睦邻中心"，同时引入和培育草根性、专业性和职业性社会组织，着力丰富和完善社区治理体系，推进社区的发展。2013年，杨浦区延吉街道"建设社区睦邻中心"项目被评为上海市加强和创新社区管理"十佳示范案例"；2014年，该项目被民政部评为"中国社区治理十大创新成果"。2014年，杨浦区委一号课题调研报告充分肯定了延吉街道的探索与实践，指出"大力提升拓展延吉街道睦邻中心模式，按照多功能、品牌化、实体化发展方向，把睦邻中心模式作为创新社会治理的重要支点，总结出可复制的规范模式"。

二、举措·机制

为了更好地服务群众，延吉新村街道沉下心来以多种形式到居民区中开展服务项目的需求调研，接地气、听民意、摸实情，及时了解平时难以听到、不易看到、意想不到的群众需求。

（一）以群众需求为导向，创新调研与发现机制

为了让居民群众真正享受创新社区治理的成果，延吉新村街道组织开

展了以"共享美好生活、共建和谐家园"为课题的调查研究,街道深入居民之中召开民意恳谈会、决策征询会,同时以问卷调查、座谈、寻访、设置征求意见箱、向社代会代表征集意见等多种形式,广泛听取群众意见。街道还委托社会组织组建了由10位居民代表参加的"睦邻中心顾问委员会"。顾问委员会成员来自居民、了解居民、服务居民,从而进一步畅通了与居民群众的日常联系沟通,也为街道引入社会组织参与社区治理提供了启示和依据。街道坚持根据居民需求的变化动态调整服务项目。在充分调研的基础上,经专家论证,街道决定把建设睦邻中心和购买社会组织服务作为创新社区治理、推进政社合作的切入点和特色实事工程来抓。

　　睦邻中心通过7年的运营,在2016年实现了人气旺盛、活动丰富的目标。但睦邻中心随之也出现了设施设备老化、部分场馆功能不能满足居民需求等情况。针对该情况,街道启动了对4个睦邻中心的整体升级改造。在升级改造过程中,街道反复听取社区居民、社会组织、群众团队等多方意见,结合过往数年各活动室使用的情况及居民的反馈,对场馆硬件设施设备进行改造升级。改造完成后,各睦邻中心均设有运动小站、亲子乐园、健康馆等基础功能场馆。同时,各睦邻中心也会结合所覆盖居民区的特点,量身设立一些特色场馆。如在第一睦邻中心设立社区博物馆——睦邻记忆馆,在保留原有居民团队活动功能的基础上,从温暖、开放、公益、善治四个方面在社区中广泛征集老物件、老故事、老回忆。社区居民、机关干部、辖区单位等都积极参与,提供各自留存的老物件、老照片用以展示,支持睦邻记忆馆建设。通过睦邻记忆馆的建设,社区居民能够重温当年的回忆,传承"睦邻"蕴含的文化,续写睦邻精神。

　　(二) 整合场地资源,构建"点、线、面"网络化服务格局

　　作为建成居住区,延吉街道辖区内大中型企业较少,没有过多的闲置空地或厂房可以利用。根据这一现状,街道对社区内的资源开展了认真细致的摸底调查,采取租赁、收购、共享等多种模式获得场地资源。按照社区十分钟生活圈的标准,将区域内17个居委会划分为东南西北4个片区,先后投资1 000多万元,全部建设完成总面积达5 000平方米的4个片区社区睦邻中心。街道还在睦邻中心设立了社区事务受理中心延伸点，居民不出小区大门就可以在受理中心延伸点办理35项各类事务，提供200多项事务的咨询及材料预审；与社区卫生服务中心进行合作，在睦邻中心设立社区卫生服务延伸点，为社区居民提供代办配药、挂水吊针、医疗咨询、艾草针灸等各类医疗卫生服务。

延吉新村街道已逐步在社区构建起“1+4+13”公共服务设施工作格局：“1”是指1个标准化、多功能的社区文化活动中心；“4”是指4个社区睦邻中心；“13”是指辖区内其他13个居民区，充分利用原有老年活动室，通过整修和改建成为睦邻点，延伸睦邻中心的服务内容。街道将这些公共服务设施打造成为直接与居民区连为一体的综合性、网络化社区服务平台，居民步行十分钟就能享受各类服务。

在做好睦邻中心硬件建设的同时，各睦邻中心也正发挥居民协商议事功能，以点带线、以线促面，从睦邻中心到睦邻楼组，从睦邻广场到睦邻街区，打造完整的睦邻品牌体系。

延吉社区第一睦邻中心所在的延吉四村25号楼组自治委员会通过讨论决定对废弃房间进行改造，供居民开会、议事、聚会使用，经过测算，需要每家出资300元，最后共筹得4万多元资金，同时通过项目申请得到延吉社区公益基金会的1万元自治项目支持，具备了改造的条件。楼组自治委员会通过找材料、比价格，动员大楼167户居民对大楼底层小房间及公共通道进行改造，形成了崭新的交流空间。原本废旧的空间已经完成了华丽的转变，摇身变为环境舒适的公共客厅。

延吉社区第一睦邻中心对面的中心广场的改造，街道通过睦邻片区党建促进会，与阿里体育达成合作，阿里体育出资出物支持社区体育事业发展，为广场无偿赞助体育设施、健身步道。同时，为了吸引更多居民走出家门，阿里体育对原有设施进行改造，街道通过在广场地面上增设3D画面，让社区中的家长与孩子能够一起“跳房子”、玩巨型“飞行棋”，让家长、孩子在相互交流中增进了解。

延吉社区第四睦邻中心所在的控江路645弄居民区党总支通过党组

织服务群众专项经费在中心花园、广场建设议事长廊、议事亭,为居民提供了议事、交流、互动的平台;对小广场、非机动车停放处进行微景观改造,通过绘画、涂鸦等形式,对原本老旧的墙面进行改造,让社区焕发出新的面貌。同时,在中心广场打造青青绿园,由居民参与种植认领养护植物,让更多楼组的居民都参与到公共空间建设中来。

三、创新·成效

在充分了解居民需求的基础上,延吉新村街道认识到社区的服务功能应向网络化延伸,通过一系列创新举措,使得社区居民的生活和精神文化多元需求得到满足。

(一) 拓展服务内涵,方便居民生活

延吉新村街道注重睦邻中心服务设施功能的进一步开发和完善,在加强社区公共服务的过程中注重对居民需求的满足,培育居民互通互联、互助互爱的良好氛围。街道在设计活动场馆与活动名称时让居民群众共同参与,开展了场馆名称和活动名称征集活动。除了在设定服务设施和项目时首先考虑老年人的需要之外,如日托中心、社区卫生医疗点、家庭医生服务站等,还兼顾一般居民的精神和文化需求,在延吉睦邻中心开设了“智慧社区”体验厅、运动小站、妇女之家、亲子活动室、慈善超市等10多个功能齐全的服务区。街道还定期在睦邻中心组织开展志愿者“大篷车”巡回服务、“好帮手”服务队进社区、“睦邻文化月”等群众喜闻乐见的活动。居民把这里当作自己的生活家园,通过参与各类活动和加入兴趣小组交友谈心、沟通交流,分享心得体会与生活感悟,增进了彼此的了解,传播了社区正能量。目前每个睦邻中心平均每年服务居民超7万人次,有些老人除了晚上回家睡觉外,白天大部分时间都在睦邻中心度过。

(二) 激活社区要素,进一步打通社会组织参与渠道

延吉新村街道通过梳理政府职能清单,进一步明确了自身职能范围不仅包括社区事务性和公益服务性的工作,还包括部分党建工作。街道将党建文化作为引领睦邻中心日常服务项目的重要载体,重视指导在睦邻中心

建立由党总支、居委会、社会组织和居民参与的协商共事平台,策划了"红色港湾"系列、"党员之家"等红色服务系列活动。为进一步提高社会组织参与活力,街道成立了社会组织联合党支部和社会组织联合会,大力举荐优秀社会组织党员为市党代表、区政协委员,吸纳社会组织党组织负责人为街道党工委委员,还将社会组织负责人直接引入社区委员会担任委员,不断扩大党的组织覆盖和工作覆盖。此外,还通过定期召开社会组织恳谈会、举办公益沙龙等活动,建立起街道与社会组织的定期联系和双向沟通机制,为社会组织参与社区建设和管理搭建平台,进一步充实了社区共治的组织和制度基础。

四、启示·展望

延吉新村街道创新社区治理的目标不仅仅落在完善社区公共服务体系上,更要追求的是社区的"善治"状态,即政府积极转变职能,逐步确立公助的理念,走出无限责任的误区;街道、社区居委会、物业管理公司、业主委员会、驻区单位以及广大社区居民都能从中感受到共建共享的积极力量,形成自觉支持、参与社区治理的良好生态;培育居民的社会参与意识和个体责任,促进其自助精神与能力的培养,逐步实现治理更加有序、居民更加幸福、社区更加和谐的"善治"目标。

(一)党工委统揽全局,进一步保障社区治理工作

纵览社区共治工作,无论是组织架构、机制保障还是经费落实,延吉新村街道党工委始终起到了统领全局、领导各方的作用,精心策划、研究指导,推进社区共治不断向前发展。比如,在全区率先探索和建立了政府购买服务机制,成立了社会组织服务中心,作为孵化和培育社会组织的摇篮,使社区公共服务不断向规范化、精细化方向发展;率先建立社区志愿服务中心,推动志愿活动规范化发展;率先建立了社区治安的"三方联动"机制,为社区的长治久安提供了制度上的保障;等等。

(二)多元主体参与,进一步凸显社区共治的效果

居委会、社会组织和广大社区居民成为社区共治和自治的重要组成部分。社会组织的组织建设实现了有效转型,开始从单纯承接政府合同走向主动代表和满足社区需求,其自主性和社区扎根性得到增强。社会组织的加入给社区治理带来了新发展和新动向,他们积极挖掘社区资源,引入外部力量,形成了多元主体共同参与社区治理的新格局。2014—2018年,街道参与了"汇丰中国社区建设计划"及"交行·汇丰上海颐乐行动计划"项目,通过引入企业资源,引导居民对"小区宠物管理""小区治安巡逻"等项目进行研究和决策,极大地丰富了社区共治的内涵。

（三）培育"草根领袖",步夯实居民自治体系

延吉新村街道在睦邻中心建设过程中一直强调居民自我服务能力的提高,强调如何通过社会组织来促进人际交往,改善社区氛围,破解社区人情冷漠和一盘散沙的局面,形成具有自主性和共识性的社区。在睦邻中心成立之初,街道就组建了由党支部、居委会、社会组织、社群团队负责人共同参与的"睦邻中心顾问委员会"。在此基础上,街道进一步梳理完善居民区各类社群团队和居民自组织,在辖区17个居委会推广成立了"睦邻家园居民自治理事会"。睦邻家园居民自治理事会将物业、业委会、辖区单位纳入其中,完善了原有顾问委员会的组成,下设爱心互助、综合治理、文体娱乐、睦邻议事、文化教育、健康促进、绿化环境、共建家园8个功能性专业委员会,对应47个工作小组,涉及帮困助困、调解维稳、环境物业、文化健康、资源整合等社区公共事务,使一大批居民和文体团队实实在在地参与居委会治理工作,成为居民群众参与社区自治的议事平台。

案例评析

　　市民对城市生活的体验，包括时间体验和空间体验。从时间体验上来看，改革开放以来，城市化进程塑造了城市发展的奇迹。更高的收入和社会保障，更便捷的交通和通信，日新月异的城市面貌都成为时间带给人们的优良体验。而从空间看，快速的发展使更多的乡村变为城市，生态绿色家园变成摩登都市，熟悉的邻里变为陌生的住客，人们难以在地缘空间内找到较强的归属感与身份感，对社区共同体的认同也打了折扣。杨浦区在城市治理中将空间治理与人民对美好生活的需求对接，与"人民城市人民建，人民城市为人民"的新时代中国特色社会主义城市发展理念相结合，与现代城市基层治理的发展规律结合，依托空间这一重要变量，在微更新、社区花园营造、社区治理协同等方面形成了具有示范意义的特色治理实践。

　　《人为"园"融："创智农园"自然体验助推社区融合》讲述了杨浦区五角场街道创智坊居民区和创智天地园区之间的社区花园的建设与发展历程。作为上海市第一个开放街区中的社区花园，创智农园在毗邻高档居民区和高端写字楼的微空间中，依托自然体验凝聚起多个社群，为共建共治共享的社区发展模式建立奠定了基础。此案例中主要有四大亮点：一是创智农园主依托地、场、景、物的自然体验吸引孩童、成人的广泛参与，增强了居民对社区的认同感。二是创智农园的建设遵循自下而上的模式，不再是政府主导，在建设过程中社区居民的参与力度不断增强。居民通过协商建立起一系列制度，如园区管理办法、活动组织管理办法、轮流值日制度等，充分体现了社区自治。三是创智农园的活动开发能够以人为本，将实践工作分解为居民易学易参与的活动步骤，并在农园运营中利用了微信群、微信公众号等线上宣传方式。四是创智农园的丰富活动凝聚了多个社群，既有"小菜园主"这个社群，也有白领这个社群，还吸引了大批学生志愿者这个群体，社群的形成为社区创造了更为紧密和活跃的交往空间。

　　在《睦邻之门：党建引领共建共治的五角场实践》的案例中，为打破创智坊社区和国定一社区之间的"隔阂"，推动两侧居民区"开门"，杨浦区的"区—街道—居民区—党员"四级党建工作体系发挥了重要的作用。区级党委的统筹规划与支持，街道党组织的干部资源选配，居民区党组织的制度建设与群众工作开展，党员骨干积极参与谋划活动，有效带动了共治共建基层治理格局的形成。以党建工作体系为核心，打破空间壁垒，疏通社区、园区、街区、校区的"心门"，有利于巩固党的基层组织，优化基层治理中的空间谋划和整体布局，强化党对社区活动和社区建设的主导。除此之外，本案例中还有一些具体的做法也具有可复制、可推广的价值。比如，为社区规划师成立了解社区情况、听取居民意见的一线工作室，有效避免了社区规划与居民需求和美好生活向往的脱节。又如，请社区内的小朋友在阻隔两个小区的围墙上手绘缤纷魔法门，这一举措不仅为"开门"行动造势，也以更具温度、更人性化的方式传递了社区发展的理念，丰富了社区的文化氛围。

　　在《民事民议：江浦路"一脉三园"的建设之路》案例中，杨浦区打通了辽源西路190弄、打虎山路1弄和铁路公房三个相对隔离的小区，以"三区合一，一脉三园"为建设思路，通过破除空间壁垒，重塑小区格局，建设睦邻家园，真正实现了活动空间大提升、景观环境大提升、社区功能大提升、治安防控大提升、管理秩序大提升、睦邻友好大提升，体现出发展为了人民、发展成果为人民享有的理念。在项目建设推进前期，居民区党组织和居委会组织业委会成员、党员、志愿者、楼组长、骨干等主体，赴其他小区观摩，一方面消除居民的疑虑，另一方面学习建设经验。居委骨干还主动向居民征询关于社会改造的意见和建议，通过民主投票为新家园征名。这些举措在汇聚民智的同时，也强化了社区自治与民主氛围。通过空间尺度的重塑，"一脉三园"做到了政府搭台、百姓唱戏、民事民议。家园由我建、由我治、由我享，百姓从头至尾的参与，使得睦邻家园在硬件提升的同时，也成为居民塑造家园认同的空间依托。

　　《众智众创：公共空间的微更新与品质提升》案例主要介绍了杨浦区在社区公共空间微更新上的亮点。微更新的核心就是重塑空间，重新理解和挖掘空间。在政通路沿线改造中，设计师注重挖掘街道的公共属性，尝试打造适宜慢行的具有艺术特色的静雅街道。与此同时，为了方便复旦大学师生地铁出行，街道还开辟一条专门的行李通道，充分彰显了以人为本的街道空间布局理念。翔殷路491弄的改造则着重考虑不同年龄段儿童的特点，将活动场地划分为幼龄儿童活动区和大龄儿童活动区，体现了精细化布局的理念。飞虹路绿地微更新注重绿色生态、使用效率、视觉特征的结合，并在微更新的方案设计中，始终强调以使用者的真实需求为导向，体现了城市建设的民本性。杨浦区的微更新不仅营造出了众多的特色，还形成了项目倡导和牵头部门、过程协调和建设实施部门、设计团队，以及专家顾问团和居委、居民代表组成的"1+1+1+X"合作机制。

　　在《空间激活：四平路街道老工人新村创生行动》案例中可以看到，老工人新村硬件设施较差，各类环境问题、社会问题和城市管理问题突出，并且居民之间的互动交流较少，社区联系不够紧密。杨浦区四平路街道办事处与同济大学采用"街校合作的方式"，通过"四平空间创生行动"，持续推进社区花园微更新改造、社区业态调整、楼道微自治等项目的实施。其中，第三季创生行动将街边电话亭改造为街头美术馆，实现了设施的功能性与艺术感的完美结合；在第四季创生行动之中，将80米长的沿街绿化带打造成玩乐口袋花园，口袋花园还通过与国际知名研究机构合作，为城市发展的量化研究提供新样本，实现了功能改造与社会效益的统一。在创生行动之中，不仅能够依托微更新为居民们带去了便利和欢乐，改善居民的生活质量，还能将艺术气息注入社区之中，显著提升了居民的幸福感。

　　《内涵延展：延吉社区睦邻中心打造创新式服务》案例系统讲述了延吉新村街道在建设睦邻中心过程中的主要做法。街道在睦邻中心建设中，深入居民之中召开民意恳谈会、决策征询会，同时以问卷调查、座谈、寻访、设置征求意见箱、向社代会代表征集意见等多种形式，广泛听取群众意见；在升级改造过程中，街道反复听取社区居民、社会组织、群众团队等多方意见，通过类似举措使得睦邻中心能够精准对接群众的需求，深刻体现出"人民城市人民建"的理念。延吉睦邻中心内开设了"智慧社区"体验厅、运动小站、妇女之家、亲子活动室、慈善超市等10多个功能齐全的服务区，极大地丰富了人民群众的生活。在具体的中心建设过程中，社区又通过充分利用原有的老年活动室，将其改建为睦邻点，拓展睦邻中心的服务内容，实现了基于空间的综合利用。尤其是在延吉社区第四睦邻中心，控江路645弄居民区党总支通过党组织服务群众专项经费在中心花园、广场建设议事长廊、议事亭，为居民提供了议事、交流、互动的平台。这种为基层党群工作进行精细化空间谋划的做法值得推广。

　　本章所选择的6个案例充分说明了在城市治理中，空间不仅是一种"容器"，也不仅仅是一种尺度，而是与秩序、繁荣、认同相关联的"实质"，是精准对接人民群众美好生活需要的重要出发点。空间治理是实现"人民城市人民建，人民城市为人民"的重要载体。空间本质上关乎秩序，城市居民的社区生活都是围绕空间展开的，打通社区的围墙、连通居民区与商务楼宇本质上都在重新刻画基层秩序。让居民在空间的重组与尺度的重构中更乐于参与社区的治理，让社区的共建共治共享活起来，是未来城市基层社区发展的重要抓手。空间本质上又深刻地影响城市繁荣，微更新和创生行动的案例告诉我们，只有当空间与人民群众的需求相结合，才能够集合众智创造出城市的繁荣。集约的城市空间同样可以通过精细化、人本化、生态化的布局成为城市的亮点。更为重要的是，城市空间深刻地影响居民认同，生活与工作的点滴记忆，构成了居民对城市的情感归属。让居民在城市生活中有归属感、参与感才能创造出认同感。因此，在城市治理中，要精准结合城市历史传统与居民生活习惯自然形成的社会性空间尺度，促进在空间上有共同利益、共同情感的多元主体参与城市基层共治之中。

睦邻创新

引　言

　　睦邻和谐是中国古代优秀的文化传统。传统文化中有"君子和而不同，小人同而不和"，"亲仁善邻，国之宝也"，"天时不如地利，地利不如人和"，"海内存知己，天涯若比邻"等名句。党的十九大报告提出"打造共建共治共享的社会治理格局"，体现了我国传统文化内涵在新时代的发展需求。在此背景下，上海市杨浦区委区政府提出了以"睦邻家园建设"为主题的基层治理新思路，营造"友善、互助、信任、共享"生活氛围，让社区更有温度、更具活力，进一步响应了习近平总书记"以人民为中心"的城市发展导向，明确了"以人为本"的城市治理格局，创新打造了"人民城市人民建，人民城市为人民"的杨浦睦邻典范。

　　为了更好地建设睦邻家园，杨浦区各街道基于自身条件和优势进行了广泛的探索和创新，本部分将从六个方面展示杨浦区在睦邻家园建设过程中采取的创新措施以及丰硕成果。

　　十年探索，成就多元共治新格局。随着居民对更高品质生活的追求，以行政化方式供给的传统社区基础服务已无法满足居民需求，睦邻家园建设作为一种新的社区治理思路，并不是一蹴而就的，而这种探索创新仍在继续。杨浦区睦邻家园建设经历了四个阶段：第一阶段，2010年延吉新村街道成立了全国第一家社区睦邻中心，其新型社区服务供给模式被民政部评为"2014年度中国社区治理十大创新成果"。第二阶段，2014年杨浦区率先在全区12个街道（镇）推广延吉社区睦邻中心模式，60家社区睦邻中心广泛分布在杨浦区60多平方公里的土地上，成为老少皆知的"家门口的百姓会所"。第三阶段，2016年杨浦区将睦邻文化理念和睦邻治理机制延伸至睦邻楼组、睦邻小区、睦邻街区、睦邻楼宇园区，现已建成400多个特色睦邻楼组，在305个居委会全面开展居民自治项目，睦邻机制助推社区各层面公共事务治理。第四阶段，2017年明确了睦邻家园建设的内涵、路径和目标，睦邻家园建设的总体框架基本确定；2018年推出《睦邻家园建设导则》，对各部门责任分工及时间表做了明确规定。

多方配合，理论结合实践出成果。杨浦睦邻家园建设是基层实践、课题研究、顶层推进相互促进的探索过程，从计划落地到实践发展，它本身就体现了共建共治的思想。政府支撑、学界研究和基层实践多方配合，从多个角度促成了睦邻家园建设的高水平开展。杨浦区在建立基层共治新机制的过程中重视科学推进、试点先行，先有"点"上的实践，将某一个社区作为试点，小范围创新，继而总结经验，再向符合条件的社区、街道全面推广，最后提升为全局性顶层设计，凝聚力量，形成认同，推进全领域各层级的睦邻家园建设实践。创新实践的重点从服务供给提升到关系构建，再提升到参与治理和价值认同，每一阶段的升级均基于大量的基层实践，得到了专家学者的鼎力支持，以区委区政府层面出台政策和制度来保障落实。

发挥优势，开拓睦邻建设新举措。杨浦区作为从传统工业区向国家创新型试点城区、全国大众创业万众创新示范基地转型发展的典型，双创企业的发展成为杨浦经济发展的新动力。杨浦区充分发挥这一优势，在园区内开展睦邻家园建设，增强创业青年们对社区治理的参与感和获得感。例如，大桥街道把党建服务站建在百年老厂房里，精准对接双创企业需求，针对不同成长期的企业因企施策。此外，杨浦区高校集聚，引入高校智力资源是杨浦区"睦邻家园"建设的一大亮点。例如，借助同济大学的智力资源，双方合作推进"我们的百草园""四平空间创生行动"等项目，打造了"睦邻楼组""睦邻广场""睦邻街区"。与复旦大学合作，邀请高校教师担任"社区规划师""社区政工师"等。

政社联动，撬动社会资源齐参与。面对早期睦邻家园社会参与积极性不高、社会组织专业化水平有待提升，以及公众对公共产品的需求趋于精细化、专业化、多元化等问题，睦邻家园建设要破解的核心问题是如何动员各方参与治理。睦邻家园建设采取了"打造公共空间——加强服务和活动吸引——促进各方关系连接和组织构建——引导各方参与治理——形成敦亲睦邻大家庭文化共识"的建设路径，通过提供扶持政策激励社会参与、建立孵化服务平台培育社会组织、加大政府购买力度等方式，逐步吸引社会资源与政府合作参与基层治理工作。截至2018年底，杨浦区60家社区睦邻中心分别引入32家社会组织托管运作，楼宇园区的党建工作站也积极引入社会组织负责平台运作；12个街道（镇）也建成了12家社区基金会，为睦邻家园建设募集来自社会各方的资金。

总之，睦邻家园建设作为杨浦区的一个新品牌，在现代化的基层治理中融合了中华民族"和贵""亲仁善邻""敦亲睦邻"等文化传统和核心价值观，增强了民众的文化归属感和价值认同感，充分体现了人民城市为人民的初心。杨浦区经过十年的探索，最终实现政府引领、社会参与、民众自治的良性互动，使得社区治理的内涵更为丰富，激活了基层共建美好生活环境的情感意识和行动力，对进一步以优质的"睦邻"品牌提升民众的幸福感，构建一个文明和谐共治共享的新生态，具有重要的意义。

模式创新：重塑敦亲睦邻新机制

一、背景·缘起

杨浦区作为中国近代工业发源地，是上海市人口最多、面积最广的中心城区。近十几年来，杨浦区从传统工业区向"三区一基地"①转型发展，人口以老产业工人与创新创业白领为主，居住形态以二级以下旧里和成片工人住宅新村居多，新型高档商品房散落分布，旧区形态调整仍在进行中。

过去十几年，以政府为主导，以行政化方式供给的社区基础服务已经基本覆盖全区。如今民众对生活品质有了新需求：更整洁的小区环境，更完善的小区设施，更多元的社区服务，更和谐的社区关系，更高的参与感和安全感。政府在提供社区服务、管理社区事务、加强城区建设的同时，也越发感觉到需要社会力量的参与。基层治理中存在社会参与组织性和有效性低、社会关系网络疏、政府与社会之间联系少等难题，其深层原因是吸引社会参与的平台少，动员社会参与的机制落后，参与协商治理的机会有限，各方主体之间的价值共识不高。

二、举措·机制

杨浦睦邻家园建设是基层实践、理论支撑、顶层推进三者相互促进的探索过程。杨浦区社会参与新机制、社区治理新格局并非一蹴而就，而是由"点"上的实践总结经验，再到全面推广，最后提升为全局性顶层设计，凝聚力量，形成共识，推进全领域、各层级的睦邻家园建设实践。创新实践的重点从服务供给提升到关系构建，再提升到参与治理和价值认同。每一

---

① "三区一基地"，即国家创新型城区、上海科创中心重要承载区、更高品质国际大都市中心城区和国家双创示范基地。

阶段的升级,均基于大量的基层实践,得到了杨浦"社会治理顾问"的智力支持,更有区委区政府健全制度、完善机制来抓落实、强推进。

(一)创建社区睦邻中心,拓展公共服务功能,构建社区睦邻关系

社区睦邻中心定位为"百姓家门口的会所",发挥其就近、便民、综合的服务功能,并积极引入各类社会组织参与运作,坚持社会化、专业化、规范化的运作方式,打通联系服务群众的"最后一公里"。社区睦邻中心与以往政府建设的条线化、行政化色彩较浓的社区服务平台不同,它是对以往社区服务平台单一服务群体、单一服务内容、单一供给主体和路径的一次全面革新,实现了社区服务功能拓展和业态新布局,更加重视服务活动过程中的情感关系连接、居民自组织构建、居民主体性作用发挥。

社区睦邻中心的服务内容围绕不同人群的需求来设计,涵盖琴棋书画、家庭教育、老年人健康娱乐课程,以及各类志愿暑托班、志愿理发修补集市、白领午休室等。中心由居民、居委会、社会组织、党组织共同组建的治理委员具体运营,用服务吸引人群,用情感连接和自组织留住人群。社会组织引导居民组建自组织,如孕妈咪沙龙、来沪务工人俱乐部、方伯伯读书会、便民服务队、候鸟俱乐部等。社区睦邻中心呈现出有服务、有活动、有组织、有活力、有情感的人文生态圈,构建了密集的社会关系网络。

(二)导入公益服务组织,吸引多元主体参与,聚合各类社会资源

社会组织是杨浦睦邻家园建设中最为专业的力量,杨浦区通过政府购买服务的方式,引入多种类型的社会组织参与睦邻家园建设。社会组织在睦邻公共空间负责基本运维,承接服务项目,促进社区融合,培育志愿服务精神,引导居民成立自组织,提升社区组织化程度,进而"倒逼"居委会和街道转变工作方式。

杨浦区自社区睦邻中心建立以来到现在全方位建设睦邻家园,已经形成了良好的社会组织生态。社会组织类型包括:一是中心托管型社会组织。全区60家社区睦邻中心共引入32家社会组织托管运作,楼宇园区的党建工作站也积极引入社会组织负责平台运作。二是项目运作型社会组织。例如承接自治达人培力项目、居民自治指导项目、青少年社区融入项

目、楼道治理指导项目等。三是社会组织孵化中心、服务中心、联盟促进会等社会机构，为各类社会组织排忧解难，促进互动交流，提供专业支持，把握政治方向。四是资金募集型组织社区基金会。目前杨浦区12个街道全部建成社区基金会，为睦邻家园建设募集来自社会各方的资金。社会组织的导入形成了社区服务新模式、社会主体参与和社会整合新机制。

（三）开创共建共治共享的睦邻公共空间，提升了社会主体的地位

杨浦区睦邻家园建设的基础是开创共建共治共享的睦邻公共空间。杨浦区打造睦邻楼组、睦邻小区、睦邻街区、睦邻园区以及"网上睦邻议事厅"，引导居民交流互动，讨论治理议题，协商治理方案，大幅度提升自治共治参与度，提升社会主体地位。五角场街道被民政部评为"全国社会工作服务示范区"。

"睦邻楼组"是距离居民最近的公共空间。目前全区已经建成孝敬楼组、学习楼组、绿色楼组等400多个睦邻楼组。例如，自筹资金成功加装电梯的长阳路1930号宁武小区与美化楼道、加装休闲椅、安装监控仪的延吉四村"聚福楼"等。"睦邻小区"打造更是直面小区细微治理，如五角场街道依托区域内高校智力资源高地优势，发挥社区规划师参与社区营造的重要作用，通过居民自治和社区共治的方式，打通国定路第一社区、高档商品房小区和创智坊小区之间的阻隔，开启了一道"睦邻门"，在提供更为便捷的社区服务的同时，促进了邻里间的融合。"睦邻街区"建设大力助推城市管理，如居民共同绘制艺术涂鸦墙美化街面。"睦邻园区"依托园区党建工作站，为楼宇园区白领提供午间活动和所需的其他服务。以社区睦邻中心为阵地，创建微信公众号，以居民区为单位，开设"网上睦邻议事厅"，打造互联网公共空间，引导居民共商共议小区事务，再由责任部门通过"网言网语"回应居民诉求，解决居民所反映的问题，汇总梳理社情民意，为区、街道（镇）科学决策提供依据和参考。线下线上公共空间实现了服务供给落地、关系构建落地、协商治理落地、文化认同落地。

（四）培育睦邻文化理念，凝聚了邻里守望、和谐共生价值认同

杨浦区睦邻家园建设将"睦邻"和"大家庭"文化理念贯穿在社会治

理全过程。"远亲不如近邻""敦亲睦邻""邻里一家亲"这些朴实的社会关系认知已深入人心。"睦邻"和"家园"概念，都与"己"密切相关，容易激发居民的利益关联和情感关联。睦邻家园建设着力凸显价值理念，在治理事前就能促进各方的价值凝聚，在治理事中、事后，仍然无声地表达着"睦邻"和"家园"的理念。

"睦邻"印刻在公共空间的名称上，凸显社区治理的社会关系特征；"睦邻"印刻在居民共同记忆里，例如延吉新村街道为展示老旧物件开设"睦邻记忆馆"，为展示家园历史修建"睦邻印记墙"；"睦邻"印刻在社区节庆活动上，例如12个街道每年开展大型"睦邻文化节"；"睦邻"印刻在文化作品上，凸显杨浦区睦邻精神的歌曲《邻里之间》入选全国"唱响主旋律"20大金曲；"睦邻"还印刻在政府行政作风上，倒逼政府干部更多考虑社区关系和政社合作。睦邻文化的树立，也让社区治理创新的各项事务得到充分整合。

（五）做实区域化党建联建，发挥党建引领睦邻家园建设的作用

睦邻家园建设打破了原有的条线化、行政化、一刀切式的社会治理方式，更加注重跨界联动、多域融合、多元共治，杨浦区各级党组织发挥强大的组织优势，充当跨界融合、带头引领的重要角色。杨浦区委做顶层设计抓方向，街道党工委牵头行政党组及社区党委抓统筹，行业党建联盟、居民区党组织、片区党组织、楼组党支部、驻区单位党组织、"两新组织"党组织、群众文艺团队党小组等各类党组织穿针引线、示范带头、引导协商、聚合资源，在睦邻家园建设的不同层面发挥着领导核心作用和政治引领作用。

杨浦区委吸引高校专家组建"社区政工师""社区规划师""社区治理顾问""社会法律顾问"等"两师两顾问"专业团队，为睦邻家园建设提供咨询指导。又如，四平路街道党工委协同同济大学和街道居民一同开展"四平空间创生行动"，完成社区微更新改造；五角场街道党工委与新社会阶层人士紧密互动，创智坊党建服务站被评为上海市互联网企业党建工作创新基地、新的社会阶层人士统战工作实践创新基地示范点。又如，将党员全家福张贴在居民楼道里,让党员联系方式家喻户晓。"睦邻党建"让群众找到了党组织,看到了带头人,让党组织找到了群众,回应群众需求。

三、创新·成效

截至2018年6月,杨浦区共建成60家社区睦邻中心,初步构建了1510睦邻服务圈,人民群众的获得感、幸福感和安全感显著提升。杨浦区"睦邻家园"建设得到各方的广泛关注,解放日报、新民晚报、中国青年报、东方网等媒体先后对杨浦区"睦邻家园"进行了专题报道。2014年,杨浦区"睦邻中心"获评"全国十大社会治理创新成果";2017年1月,杨浦区通过"第二批全国社区治理和服务创新实验区"验收;2018年10月,杨浦区"睦邻家园"建设项目获评首届长三角城市治理最佳实践案例;2019年6月,杨浦区"睦邻家园"建设项目入围首届"中国城市治理创新奖"。

杨浦睦邻家园建设具有一定的理论价值:丰富了社区服务的业态布局,政府公共服务、社会组织专业服务、各方志愿服务彼此补充;体现了中国特色的基层协商民主以及居民自治、社区共治、睦邻礼治机制;彰显了中国基层治理的文化自信,继承发扬了"敦亲睦邻"的传统文化;实现了基层党组织的政治领导力和群众组织力,党的执政基础进一步夯实。

回顾十年探索历程,杨浦睦邻家园建设呈现出三大新亮点:一是杨浦睦邻家园建设凸显"敦亲睦邻"的传统社会文化整合机制,为基层治理找到关系纽带,注入了文化内涵。二是杨浦睦邻家园建设符合社会参与规律,探索形成了"打造公共空间——加强服务和活动吸引——促进各方关系连接和组织构建——引导各方参与治理——形成敦亲睦邻大家庭文化共识"的建设路径,层层深入、步步推进,确保社会参与基层治理的可行性、持续性。三是杨浦睦邻家园建设整体布局和具体落实突破了以往局部性探索的局限,更突出了全领域、全局性、成体系、成规模的特点。

四、启示·展望

以提升基层治理体系和治理能力现代化为目标,着力推动社区治理体

系大发展、治理服务大升级、治理效率大提升是实现睦邻治理新局面的重
要举措。

（一）推动基层治理体系建设

杨浦睦邻家园建设将中国本土睦邻文化、现代多元治理新理念、中国
共产党基层组织动员优势贯穿于社区基层治理体系，以自我革新推动"陌
邻家园"变为"睦邻家园"，从自治走向共治，向世界展示中国特色基层治
理的无限魅力。

（二）推动基层治理服务升级

杨浦区委将进一步强化党建引领、深化条块协作、引入社会力量、激发
基层活力，分层分类推进睦邻家园系统化建设，实现政府治理和社会调节、
居民自治的良性互动，深化协商共治，织密基层治理"服务网"。

（三）推动基层治理效率提升

进一步推动数字技术在基层社会治理领域的广泛应用，坚持数字赋能
智慧治理，通过"网上办""就近办""上门办""码上办"等多样化形式延
伸社区服务半径，变"居民跑腿"为"数据跑路"，打通为民服务"最后一
公里"，不断提升城市温度，增强群众获得感，努力走出一条具有杨浦特色
的基层治理新路。

方法创新:推进一线工作法实践

一、背景·缘起

在推出"一线工作法"之前,杨浦正面临着发展阵痛期。作为老城区,杨浦经过多年改革发展,国有企业的数量从1 200家锐减到200家,产业工人的数量从60万下降到6万,各类社会救助对象的数量位列全市中心城区第一,二级以下旧里和棚户区占全市四分之一,旧改、就业、救助压力增大,基层积聚着大量民生问题,迫切需要上级党组织回应群众诉求。不仅如此,干部也需要"补课"。2005年的统计数字显示,全区58.1%的处级干部和新进机关年轻干部没有基层工作经历,普遍感到"本领恐慌",深入基层不够,对群众感情不深,不会做群众工作,迫切需要上级党组织引导干部到基层接受锻炼、提升能力,担当起发展重任,不负群众期望。

面对体制转轨和社会转型,推动机关干部下基层、直接联系服务群众,为基层解难题办实事,显得更为紧迫和重要。针对区域发展和民生改善的需要,杨浦区于2005年创造性地提出"一线工作法",做到"知民情,情况在一线了解;解民忧,问题在一线解决;聚民智,工作在一线推动;听民意,干部在一线考评"。经过十余年的实践,形成了主动了解群众诉求、上下联动解决问题、评价评估考核反馈的完整工作体系,创出了"过得硬、立得住"的群众工作品牌。

二、举措·机制

杨浦区于2005年初结合先进性教育探索推出"一线工作法",其目的是引导广大党员干部切实转变作风,深入实际、深入基层、深入群众,及时有效解决各种问题和矛盾,下移工作重心,让干部在一线为民服务中增强工作本领,密切党群干群关系,并建立长效化联系服务制度。近年来,杨浦区实行各级党组织和党员干部普遍走访、联系服务,已形成全天候、全方位、全领域、全覆盖格局。

（一）畅通"五条渠道",在一线了解民情

一是局级干部联系街居和企业。全体局级干部定点联系12个街道、相关居民区和企业,每月开展一次走访,听取一次街道、企业工作汇报,进行一次民情分析。二是处级干部联系居委会。300多名处级干部,每人带领1～2名机关干部作为联络员,每月定点联系居委会,面对面服务群众。三是机关事业党支部联系基层党支部。组织机关、国有企事业单位党支部与社区、"两新"组织党支部结对共建。四是党员干部联系困难家庭。党员干部与困难家庭结对帮扶、助困助学。五是党代表定时接待群众。组织市区党代表,轮流到街道党建服务中心接待群众,每年两次集中到社区接待群众。

（二）加强"四级联动",在一线解决问题

一是领导干部现场解决。依托职能部门,通过现场办公等形式,解决群众反映的问题。二是服务团队上门解决。结合网格走访、组团服务,解决群众诉求问题。三是条块单位协同解决。对需要跨部门解决的环境保护、综合治理、联合执法等问题,由有关区领导牵头组织相关部门,在街道召开联席会"会诊"解决。四是区"一线办"统筹解决。对于重要疑难问题,由区"一线办"平台登记受理,协调相关部门解决,或提交区委常委会、区政府常务会研究解决。

（三）汇集"三方动能",在一线推动工作

一是借助专业力量。发挥社区规划师、社区政工师、社区治理顾问、社区法治顾问的作用,打造社区精细化治理"专家组"。二是整合区域力量。指导居民区与驻区单位党组织结对共建,争取驻区单位对社区工作的支持和帮助,协同解决问题。三是汇聚自治力量。加强党建引领,发挥居民区"两委"、业委会、物业企业"三驾马车"的作用,用好"三会"制度,集思广益推进社区治理。

（四）坚持"双管齐下",在一线考核干部

一是抓目标考核。年初组织制定干部联系服务群众工作目标书,承诺要办的实事；每季度制定下发工作指导性意见；每月部署联系服务"规定动作"，要求结合自身及群众实际，安排特色活动和"自选动作"，落实情况记入干部"民情日记"，定期督查考核。二是抓群众测评。年底委托第三方社会组织进行群众满意度测评，建立与日常考核、年终述职、绩效考核相结合的综合考评体系。

三、创新·成效

杨浦区经历了从"工业杨浦"向"创新杨浦"的历史嬗变，改革转型加剧了利益关系调整，使得新老矛盾同时集聚，不同群体诉求相互交织，迫切需要上级党组织服务凝聚群众，增添发展动力。这正是"一线工作法"的创新特色：呼应区域转型。

（一）开通"民情直通车"

"一线工作法"是"民情直通车"，能有效解决群众的急难愁问题，群众诉求得以畅通传递。"一线工作法"为干群之间的互动提供了便利，是设在居民家门口的社情民意站、投诉咨询处和困难帮扶点。居民的急事愁事可以及时向干部反映，干部也能切实联系群众，解决群众的燃眉之急，进一步拉近了干群距离。

（二）打造"工作助推器"

"一线工作法"是"工作助推器"，增强了基层干部底气，提升了基层组织威信。"一线工作法"不仅能引导干部帮助群众解决问题，还能指导居委会开展工作，以"公转"带"自转"，起到了"输血"加"造血"的作用。通过发挥不同单位干部的业务专长，为居委干部传授工作经验，提高了基层干部的业务水平。同时，积极为居委会和周边单位牵线搭桥，为结对共建提供必要条件，调动外部力量搭建工作平台，为居民提供了更完善的服务。

（三）强化"服务责任区"

"一线工作法"是"服务责任区"，强化了基层干部执政为民的意识，使服务群众成为他们的一种习惯和责任。这种分工明确、责任到人的工作机制，让干部们明晰了自己的服务范围，解决群众的困难问题成为其不可推卸的责任，也能促使干部们专心专力了解责任区内的民情、及时帮助责任区内的群众解决难题。

（四）建设"培训主阵地"

"一线工作法"是"培训主阵地"，为基层干部提供了实践锻炼的机会，提高了其实际工作能力。在"一线工作法"中，年轻干部是联络员，协同配合开展工作，这种"导师带徒"、言传身教的方式，使那些缺乏基层历练的同志学有目标、干有方向，易于掌握沟通、辨别、协调和执行等工作的技巧和"实战"方法。

（五）培育"工作试验田"

"一线工作法"是"工作试验田"，完善了政策措施，提高了工作质量。所联系的街道居委会、企业实际上是了解部门工作在基层落实情况的检验点，也是制定新政策、推开新工作的试验田。通过"一线工作法"完善政策，既可以改进基层工作机制，也能积极引导群众了解政策。

四、启示·展望

（一）立足于直接联系

"一线工作法"有效解决了机关干部在工作中存在的脱离基层、脱离群众、脱离实际的问题。实践证明，联系群众是党员干部的基本功，不能简单地以服务代替直接联系。党员干部只有定期深入基层、深入群众、深入企业，广泛听取基层的意见和建议，做到"问政于民、问计于民、问需于民"，才能汇民智、聚民力，找到工作的突破口和着力点，从而在一线更好地推动事业不断地向前进。

（二）聚焦于解决问题

"一线工作法"的要旨是为民服务，核心是解决问题。实践证明，与群众打交道，只有解决问题才是立身之本，最具有说服力。推动干部直接联系和服务群众，一定要以解决问题为导向，持续关注居民群众不断出现的"近忧"和"远虑"，在解决昨天和今天遇到的问题之后，还要重视解决明天可能出现的问题。

（三）依托于组织整合

当前，社会阶层分化，利益格局复杂，群众诉求多样，单靠某一方面力量，不能"包打天下"。杨浦区以区域化党建为平台，引导所有单位党员干部、社会工作者和志愿者直接服务群众。比如，通过向大学借力借智，引入专业力量推进社区微更新，逐步将社区规划师制度推广到各街道。借鉴这些做法，要实施系统动员、条块联手、全员整合，把基层组织建设成为"为群众谋利益"的战斗堡垒，让党员干部在直接服务群众中体现先进性，构建"组织引领、干部带头、各方参与、社会协同"的格局。

合作创新：激发社区组织新活力

一、背景·缘起

杨浦区坐落于上海东北角，是上海市面积最大、人口最多的中心城区。全区现有社会组织828家，其中社会团体145家、社会服务机构683家。根据党的十九大和中央有关文件精神，杨浦区积极贯彻落实《民政部关于大力培育发展社区社会组织的意见》，将社会组织作为创新社会治理加强基层建设的重要主体，重点培育立足社区且能为居民提供专业化、社会化、差异化服务的社会组织，着力打造社区社会组织"孵化发展—规范引导—作用发挥"的培育成长链，现已取得初步成效。

自"十二五"以来，随着创新社会治理加强基层建设工作的不断推进，社区社会组织成为杨浦区社会组织培育发展的重点，呈现出三个特点：一是总体增速较快。2018年，杨浦区有社区社会组织357家，较之2012年底的150家，增幅达到了138%，年均增加35家。社区社会组织在全区社会组织总数中的占比，从2012年的26%增加到2018年的44%。二是服务领域不断拓展。社区社会组织主要有社区生活服务、社区公益慈善、社区文体活动、社区专业调处四大类，涉及助老、助残、青少年服务等传统领域，以及节能环保、社区营造、物业调解等20多个新兴领域，体现了基层社会治理需求和服务的发展导向。三是政府购买服务力度加大。自2013年以来，杨浦区逐年加大购买社区社会组织服务力度，2013年共涉及96个项目合计1 902万元，至2019年共涉及619个项目合计1.6亿元，项目和资金增幅翻了几番，成为推动社区社会组织发展的"源头活水"。

二、举措·机制

总结既往社会治理创新的成功经验，需要更加强调以社会合作推进社会治理实践创新。社会合作是对不同群体的利益关系和价值关系进行调整和再平衡的过程。通过社会合作行动来提升生活质量、维护社会秩序,实现社会关系的和谐和社会结构的优化,最终实现秩序与活力的高水平均衡。

(一)"政策＋机制"助推社区社会组织快速成长

通过"政策孵化＋园区孵化＋实践孵化",加大对初创期社区社会组织的培育扶持力度。

一是形成了促进本区社会组织培育发展的"1+4"政策扶持体系,推出开办补贴、记账代理补贴、带教服务等22项主导扶持政策,适度降低社区社会组织注册资金,从而支持更多社会力量在社区公益领域进行创业。

二是依托"1+X"社会组织孵化园建设布局,"1"为区民政局社会组织公益创新实践园,"X"为若干街道(镇)、委办局所建设的孵化园,为初创期社会组织提供场地支持,加强扶持引导,通过在孵化园设置公益卡位、提供微创空间,已成功孵化100余家社区社会组织。

三是开展公益创投活动,鼓励初创期的社区社会组织围绕公益服务领域群众关切的问题,积极尝试项目设计,对其中的"金点子"给予一定的财政资金扶持,使初创期社区社会组织在获得"第一桶金"的同时,深化对社区治理内涵的理解,提升社区治理的实践能力。

(二)"引领＋支撑"激发社区社会组织发展活力

通过"三张目录、三驾马车、三个同步",为社区社会组织发展让渡空间、培育动能、激发活力。

"三张目录"。一是落实财政部门制定的"政府购买服务目录";二是每年发布"社会组织优选名册目录",重点推荐在承接政府购买服务过程中表现优秀、对象满意的社区社会组织;三是推出"社会组织参与社区治理引导目录",梳理社会组织在社区治理中的更多可为空间,引导广大社会组织参与社区治理。

"三驾马车"。全区12个街道实现了社区社会组织联合会、社区基金会、社会组织服务中心建设的全覆盖,作为支持社区社会组织参与社区治理的"三驾马车",既各司其职、又相互配合,给予社区社会组织相应的人、财、物支撑,这些枢纽型社会组织日益成为撬动社区治理动能的支点。

"三个同步"。推进党建工作与社会组织成立登记、年检年报、规范化评估环节的"三同步",实现了社会组织党的组织覆盖和工作覆盖。此外,把党建工作延伸至社区群众活动团队,加强对群众活动团队的引领和指导。

(三)"联动＋融合"推动资源下沉社区服务基层治理

杨浦区具有"大学校区、科技园区和公共社区三区并存,产业之城、学校之城和创新之城三城共存"的空间布局优势,通过社区社会组织集聚和联结这些资源,使其下沉至社区,服务基层治理,最终回应社区群众需求。

一是依托高校资源,成立由政府、学校、社会三方合作举办的社会组织创新创业人才培育基地,对带头人、中层管理人员、一线社工、社区志愿者等四个类别的社会组织人才进行线上线下双渠道培养,提升社会组织人才的综合素养,促使社会组织以更专业的工作方法服务社区、服务群众。

二是盘活园区资源,鼓励和引导各类企业成为公益伙伴、认领公益任务。2018年有50家区域科创企业、国企和中小企业进入本区公益伙伴名录,它们踊跃参与公益志愿服务,与社区社会组织等公益群体定期沟通交流,实现企业与公益组织的跨界合作。

三是整合社区资源,比如用好基层党建资源,加强对社区社会组织的方向引领;用好群众资源,有利于社区社会组织在表达群众利益诉求、协商解决涉及社区公共利益的问题中发挥更大作用;用好专业资源,既支持社区社会组织承接老、弱、幼、残等传统公共服务,又关注物业纠纷、邻里纠纷等社区核心议题,提供调解服务,促进社区和谐。

三、创新·成效

近年来,在社区社会组织的积极参与下,社会活力得到进一步激发,群众的满意度和获得感显著提升,主要体现在以下三个方面。

(一)扩大了居民参与

社区社会组织赋权增能于社区居民,让居民在参与过程中逐渐担负起具有参与热情、自治精神的现代公民的重任,培育了居民在加强和创新社会治理中的主体意识和责任精神。如在全区近200家妇女之家示范点建立"妇女议事会",推动社区妇女工作自管、自转、自治。紫城居民区"妇女议事会"妥善解决了小区广场舞、社农对接送菜进小区、文明饲养宠物等社区群众反映强烈的问题,得到了各方的充分肯定。

（二）培育了社区文化

广大社区社会组织以"助力社区发展、营造熟人社区"的社会工作理念,对社区内的楼组、庭院、小道、花园、广场、社区服务中心、社区服务站等公共场所重新进行功能设置,通过带领社区居民设置居民文化展示栏、设计照片墙等,营造家的氛围,倡导了"敦亲睦邻"的社区文化理念。如上海四叶草堂青少年自然体验服务中心带领社区居民成功建设了"百草园"睦邻广场,被评为"上海市低碳社区示范项目和杨浦区居民自治十佳项目"。

（三）实现了联动治理

社会治理需要党委、政府、社会和公众各归其位、各担其责、共建共享,在党委领导、政府主导的同时,更加重视激发社会自治的活力,在这一过程中,尤其要加强政府与社会组织之间的合作。在杨浦创新社会治理推进"睦邻家园"建设的实践中,涌现出很多社会组织与其他治理主体加强联动、服务社会成员、化解社会矛盾的生动实例,一定程度上提高了治理效率。

四、启示·展望

杨浦区实施党建引领社会组织服务提升,着力构建社会组织有效参与社区治理的新机制,将始终围绕创新社会治理加强基层建设的现实要求,进一步健全管理制度、完备支持措施,充分发挥社区社会组织的积极作用,使其成为创新基层社会治理的有力支撑。

（一）党建引领是关键

杨浦区委高度重视社会组织党的建设,以党建为切入点,注重加强对社会组织的政治引领和示范带动作用,注重理顺党建工作体系、落实党建主体责任,注重创新党建工作方式方法、增强联系服务群众的合力,注重发挥党组织的政治核心作用和党员的先锋模范作用,关注群众需求、回应群众诉求,牢牢把握了社会组织发展的正确政治方向。

（二）搭建平台是重点

社会组织作用的发挥还需要合适的载体,杨浦区结合区域实际,将"睦邻家园"建设作为创新社会治理加强基层建设的重要抓手,也为社区社会组织参与社会治理提供了良好的平台。社区社会组织逐步实现从项目承接者向社会治理积极行动者的角色转变。"睦邻家园"建设为社区社会组织参与社会治理提供了更大的舞台,也为社会组织与居民的无缝衔接提供了坚实的保障。

（三）严格管理是保障

杨浦区始终秉持对社会组织培育与严管并重的工作思路。通过"信息共享、信用平台、信息公开",加强对社会组织的日常监管,打击整治非法社会组织、及时清理名存实亡的社会组织,督促社会组织整改年检中发现的问题,推动社会组织规范有序地参与基层治理创新。

党建创新：织密基层组织之网

一、背景·缘起

习近平总书记在党的十九大报告中指出，要加强党的基层组织建设，推进党的基层组织设置和活动方式创新，为进一步做好各基层党组织党建工作提出了要求、指明了方向。上海市委出台了《全面加强城市基层党建工作的意见》，要求统筹推进新兴领域党建工作，让每个党员都在组织、每个群众都有组织，织密基层组织之网，夯实党在城市的执政根基。园区因非公企业集聚、就业人群集聚、各类人才集聚的特点，成为党的建设的重要阵地。在我国经济发展进入新常态、企业转型升级面临巨大挑战的新形势下，抓好园区非公企业党建工作，对于引导和促进非公企业健康发展，有力带动基层党组织党建水平整体提升具有重要意义。园区党建工作面临亟须破解的普遍难题：一是找党员难，凝聚力不够。"两新"组织数量多、规模小、分布散、变化快，党员人数少、比例低，且流动较为频繁，管理难度较大。二是建立党组织难，引领力不够。三是活动开展难，组织力不够。

二、举措·机制

大桥街道党工委围绕"建站、连线、造带、拓幅"的工作思路，织密建强党的组织体系，借助全国"大众创业万众创新活动周"的契机，把党建服务站建在了长阳创谷百年老厂房里，这里有杨浦百年工业的历史缩影，通过"工业遗存＋智能科技"的设计方式，讲述长阳创谷从百年纺纱机械厂到全国"双创周"主会场的前世今生，强调面对年轻一代的创新创业者，要从他们最关心、最直接、最现实的问题入手，寓引领于服务中。长阳创谷党建服务站精准对接双创企业需求、当好服务企业的"店小二"，大大增强了社区居民群众的获得感，提高了其满意度，助推区域发展。

（一）百年工厂华丽蜕变，探索园区党建新模式

大桥街道于2016年建成长阳创谷党建服务站。然而，33平方米的创客集装箱、单间门市服务站略显简陋，大桥街道党工委决定升级再造原党建服务站。为了让服务更智能化、更便捷化、更年轻化，在升级再造之初，大桥街道就委托上海理工大学社会科学学院针对每家企业进行入户调查，通过问卷调查等多种方式了解企业需求、倾听创客心声、征集站点的设计金点子，最终由中国美院毕业的90后党员完成整个党建服务站点的智能设计改造。

1. 党建＋科技，智能创新显亮点

长阳创谷党建服务站是杨浦区大桥街道党工委紧贴"大众创业、万众创新"主题，运用"工业遗存＋智能科技"元素进行智能化打造的一个站点，旨在提升党建服务对双创企业的影响力、感染力和渗透力。轻触门口的"智慧党建"系统，一根纺纱线牵动的智能机器人带您了解辖区范围内各级党组织和党员的分布情况；拨动智能齿轮，清晰了解站点的各项服务内容。在一楼的党员宣誓宣教区，当每一名党员举起右手的时候，党旗会徐徐展开，镜头会记录下党员庄严宣誓的整个过程，党员只需扫码，就可以将这段珍贵的视频永远保存在手机里，铭记自己对党立下的誓言。在二楼，创客们通过服务站切水果、抓娃娃机等游戏领取社区困难人员的"微心愿"，并帮助他们实现心愿。此外，党建服务站还与附近居民区结对开展包元宵、猜灯谜、做青团等活动，寓教于乐，其乐融融。在三楼的书吧，服务站还为创客们提供共享阅读服务，扫码即可加入书香汇的交流群。

2. 搭建服务平台，特色项目促凝聚

为了更好地以园区党建助推园区发展，大桥街道党工委坚持"党建引领、服务双创"的宗旨，针对不同成长期的企业，通过"4+3"党建服务模式加强站点运作，把党建工作贯穿于企业整个成长链，为创业人才脱颖而出搭建平台，增强创客对党组织的信赖，让更多的企业感受到"党建工作抓实了也是生产力"。

服务站每天面向园区所有企业和企业员工开展形式新颖的"固定主

题日"活动：周一是阅读分享日。白领们可在党建服务站创客书吧挑选自己喜爱的书籍，待下次活动时分享读书心得。周二是文体活动日。服务站会开展瑜伽、飞镖、毽球等深受白领们喜爱的活动，吸引了白领们从相对封闭的工作环境中走出来，彼此多沟通、多交流。周三是咨询接待日。服务站通过政策宣传，为企业及其员工安排有针对性的政策咨询服务，比如公租房租赁、创业扶持、创新创业政策、市场监管政策、人才政策、党务政策等。周四是医疗服务日。党建服务站依托杨浦区区域化党建联盟卫生行业分会的医疗资源，使园区白领们在党建服务站就能享受到优质的医疗服务。周五是党员活动日。党建服务站为在职党员提供一个集教育培训、形象展示、党建活动、服务社区为一体的平台，党员们在这里亮形象、亮承诺，充分发挥党员的先锋模范作用。

3. 关注员工发展，为白领展现能力提供平台

大桥街道还积极依托区总工会、区妇联和团区委等群团组织的资源，打造创SPACE：创客港湾、创客学堂、创客书吧、创客缘地、创客丽人行和创客青春，丰富的活动为园区有一技之长的白领们提供了一个展现能力的舞台，在这里，你可以是学生，也可以是老师。这里有摄影达人与大家分享摄影技巧与旅途趣闻；有"好声音"诵读会，大家各抒己见，互相切磋；有体育达人竞相角逐，年轻党员绽放青春，在无形中既增加了员工之间的交流，又拉近了企业之间的距离。

（二）以服务促凝聚，推动党建形式再升级

1. 共建美好园区社区，白领居民心连心

园区白领以外地创业青年居多，每到传统佳节，为了让独自在异地打拼的白领感受家的温暖，服务站都会策划举办各种各样的趣味活动。例如，在农历新年之后，服务站举办了"家乡的年味"家乡趣闻趣事分享活动；正月十五元宵佳节，白领们在"欢乐闹元宵"的特别活动中，感受到了党的温暖和党建服务站带给大家的归属感和温馨感；服务站还在妇女节为园区白领们举办了"鲜花赠佳人，公益创谷行"主题活动，不出园区，就能够享受到专业医生带来的"智乐创谷、女性白领健康讲座"等一系列关

心妇女成长的主题活动；在植树节之际，服务站开展了"爱护植物、从我做起"主题活动；清明节期间，服务站为白领们组织了纪念革命先烈、青团DIY、诗歌朗诵活动；在五四青年节，服务站为园区白领们开展了"五四精神、薪火相传"举手投足争霸赛的活动；等等。党建服务站正是从细微之处着手，加强党建的凝聚力和向心力，让大家真正感受到组织温暖。

2. 党员学习教育，线上线下两手抓

线上，党员通过"大桥人家"微信公众号进入智慧党建平台，轻触手机就能了解站点服务，做到党建学习一点通、公益活动一线牵、资源清单一键查。党员通过远教平台、喜马拉雅App等渠道收听收看"给90后讲讲马克思"等直播党课，通过更符合新媒体收听和传播特点的短音频方式讲述贯穿马克思一生的19个精彩小故事，为年轻党员们解读如何在新时代继续推进马克思主义中国化，引导大家为实现中华民族伟大复兴的中国梦而不懈奋斗；党员也可以通过站点的远教平台，更合理地安排时间进行党课学习。

线下，依托杨浦社区、校区、园区"三区联动"的平台优势，大桥街道党工委积极与复旦大学、上海财经大学、上海开放大学和杨浦区委党校等机构合作，组建专家学者讲师团。同时，依托区总工会、区妇联和团区委等群团组织资源，开设益学课堂，面向企业白领开设其喜闻乐见的课程教学。

3. 创新学习方法，学习效果凸显

除了传统的党建教育形式外，大桥街道深入探索学习，创新方式方法，搞活学习形式，借助"外脑"做好专家把脉辅导，不仅邀请市党代表、区党校教授共话党的十九大，老劳模和白领探讨如何在新时代做一名合格党员；同时，杨浦"大家微讲堂、社区政工师"分会场通过哔哩哔哩直播平台，邀请12位人文、思政"大家"和园区白领互动交流，为社区、园区、楼宇年轻人搭建起了"解疑释惑、启迪思考、感悟奋进"的正能量平台。

（三）强组织，推动基层党组织制度化、规范化建设

1. 百日攻坚、巩固提升，多重举措扩覆盖

为了更好地了解园区内企业情况，大桥街道采取"三联四查两核"的

方式对园区非公有制企业经营状况和党建工作情况进行上门排摸、全面普查。同时，对新企业创建、新党员转入实施动态追踪管理，及时启动组织覆盖和工作覆盖，对符合条件的做到"应建尽建"，以独立建、联合建等多种方式提高覆盖率。目前，长阳创谷园区设立在集装箱里的杨浦区市场监管局工作站，让企业不出园即可办理登记等相关事项；吸引启迪之星、优客工场等10家各具特色的众创空间、孵化器，以及爱驰亿伟等6家企业入驻；建立独立党支部2个，联合党支部2个，拥有党员216名。

2. 关注企业需求，以党建推动企业发展

长阳创谷党建服务站针对不同成长阶段的企业因企施策，更好地帮助企业成长，构建"就地服务、就地培育、就地成长、就地公益"的服务机制，将党的建设从企业孵化到初创，从成长到成熟，贯穿于企业整条成长链，助力创客在此圆梦腾飞。服务站的"四个就地"模式，把党建工作贯穿企业成长链。就地服务是通过宣传政策、走访企业、扶持创业，为创业人才脱颖而出搭建平台、提供服务，增强创客对党组织的信赖；就地培育是以活动促凝聚，吸引创客群体主动向党组织靠拢，推动党的组织建设；就地成长是指注重发挥新媒体在互联网党建中的"扬声器""倍增器"作用，积极推广"微课堂"等做法，强化党建工作指导，充分发挥党组织的战斗堡垒作用和党员的先锋模范作用；就地公益是指针对创业成功后，创客和企业回报社会的需求，注重发挥企业党组织的价值引领作用，引导企业履行社会责任。

3. 落实党建责任，进一步加强基层组织建设

发挥政治引领、政治核心作用是"两新"基层党组织的功能定位，要以全面从严治党、筑牢执政基础的高度，重视"两新"组织基层支部的组织建设、规范化建设，落实基层党建工作责任，开展"基层党建工作目标责任书""党风廉政建设责任书"签约，坚持完善"两新"组织党建工作年度督查、考评、表彰机制，夯实基础工作，把全面从严治党的要求内化于心、外化于行、固化于制、强化于果。要严格工作标准，落实党建责任，强化基础工作，健全基本生活，保证基本活动，做强基层组织，提升组织力、增强凝聚

力,突出政治功能。

三、创新·成效

长阳创谷服务站已成为宣传杨浦区创新创业政策的主阵地,园区党建已成为服务区域发展、社区群众和驻区单位的有效载体,有力地带动基层党组织党建水平的整体提升,带动社区管理水平提高,带动社区文明程度提升。

(一)增强基层党组织的引领力、凝聚力、组织力

针对大桥街道实际而设计的灵活多样的活动载体,有效破解了中心及各站点活动单一、人气不足等瓶颈问题,大大改善了党员参与党组织活动积极性不高的情况,解决了基层党组织和在职党员落实"双报到""双报告"制度不够有力等问题;同时,把党的建设贯穿于企业整条成长链,落实了"党建工作做实了就是生产力"的理念。

(二)拉近党员之间、创客之间、企业之间、社区之间的距离

长阳创谷服务站的服务对象涵盖了滨江游客、社区党员群众、企业创客、年轻白领,服务项目从满足居民生活和政务服务需求到精神文化需求。服务站成为宣传政府创新创业政策的主要窗口、优化营商环境的重要阵地、推进园区党建的有效载体。

(三)以城市基层党建引领社会治理创新,全面提升社区治理水平

在传播杨浦人文历史的同时,进一步学习强化对习近平新时代中国特色社会主义思想的政治认同、思想认同、理论认同、情感认同,推动"不忘初心、牢记使命"学习实践活动深入开展,以实践推动工作落实,全面提升社区公共安全、公共服务、公共管理水平。

四、启示·展望

实践表明,要有效破解基层党建工作的难题,提高基层党组织的引领力、凝聚力、组织力,提升城市基层党建工作水平,要有合力、有机制、有阵地、有队伍。

（一）要以开放的理念形成合力推动工作有效开展

"两新"组织党组织由于缺少行政依托、无人事任免权等诸多因素，开展党建工作存在一定难度，只能通过建立纵向与横向联动机制，依托区域化党建、工青妇群团组织以及社会资源，党建带群建促社建才能有效开展党的政策进园区、政府服务进园区、先进文化进园区的"三进入"活动，切实发挥党组织作用。

（二）要搭建责任明确的体制机制发挥党建统揽的作用

园区党组织在隶属关系、企业规模、行业特点等方面的多样性，决定了必须以属地原则或者属业原则明确一个牵头的总责任方，由社区党委或园区党委发挥枢纽作用，并且以党建服务站为阵地发挥引擎作用。

（三）要加强阵地建设突出政治功能和服务功能

针对园区无党员或党员少的小微企业多、党组织建立难、活动开展难等特点，通过设立党建服务站，一方面为在职党员提供一个教育培训、形象展示、党建活动、服务社区的平台；另一方面把工作重心放到服务园区、服务企业、服务白领、服务党员、服务群众上来，在强化服务中更好地发挥政治核心和政治引领作用。

（四）要强化选育管抓好队伍建设这一关键

党组织书记、党群工作者、党建指导员是"两新"组织党建工作的重要力量，是推进非公企业党建工作的关键环节，重点要在选、育、管上下功夫。一是做到选优配强，保证书记不缺位，配齐工作队伍。二是在学习教育上下足功夫。利用社区党校等各种资源做好学习教育工作，积极探寻培训途径和形式，提升学习效果。三是在管理支持上压实责任。对"两新"书记、专职党群工作者的工作做到季度有考核、年度有考评，通过开展督查考核、评比表彰，进一步激发其工作热情，提高工作成效。

法治创新：落实社区法治专员制

一、背景·缘起

长白新村街道地处杨浦区东部，社区形态差异大，流动人口占比高，参与意识强，居民诉求多元化，居委会等群众性自治组织难以解决多样性需求所造成的冲突。如何将依法治国理念落实到基层，缓解居委干部依法治理能力与居民日益增长的依法治理需求之间的矛盾，增强群众获得感和提高其幸福指数，成为摆在街道党工委面前的一个现实问题。

2016年，杨浦区启动推进社区法治专员制度。长白新村街道按照区依法治区办的部署，作为社区法治专员制度的先行先试单位，结合街道基层治理工作实际，开始了该项目的探索实践。规范性"三会"制度文本的汇编和落实，使得餐饮门店油烟排放、食客喧哗问题从此销声匿迹；《居民公约》的制定和推行，使得曾经多次难产的业委会换届选举顺利完成；《居民养狗公约》的制定和实施，使得小区不文明遛狗现象大大减少……这些可喜的变化，源自社区居民从社区公共事务的"围观者"变为"参与者"，源自居委会等群众自治组织参与社区治理的工作能力不断提升，更源自首次推出的社区法治专员项目。

二、举措·机制

长白新村街道党工委、办事处落实问题导向、需求导向、项目导向理念，通过政府购买服务的形式，引入上海百合花法律服务中心，为居民自治组织开展工作提供法律支撑，为化解社区矛盾提供有力保障。

（一）建立三种工作方法，深入基层，高效服务

一是"前台"与"后援"相结合。在街道司法所设立社区法治专员工作室，制作"服务信息栏"和"电子滚动信息屏"，公开发布每位"法治专

员"的姓名、热线电话、服务时间、业务特长等信息,安排14名法治专员从事一线社区法治指导工作。同时,组建社区法治工作专家团队作为后援,一旦法治专员们在具体工作中遇到疑难问题,立即组织后援专家进行集体会诊,提出解决意见和工作方案,不断提高法治专员解决社区法治问题的能力和效率。

二是"坐诊"与"走访"相结合。街道在每个居委会设立固定工作点,委派1名法治专员,每周两个半天到固定工作点开展工作。平时居民有"疑难杂症"需解决时,法治专员及时响应,深入一线和居民家中提供帮助,努力将各种问题甚至潜在的群体性问题化解在萌芽状态。在处理121弄居民区拆违过程中,社区法治专员林卫根据有关法律法规,走访居民家,并积极协助居委干部做好各类应对处置工作,确保拆违的前期程序到位、主体合法,中期工作到位、规避法律风险,后期服务到位、实现和谐拆违。

三是"线上"与"线下"相结合。在以"抓铁有痕"的精神抓好实务工作的同时,积极探索将"互联网+"模式应用到工作中。建立微信公众平台,及时分享法治专员工作中的成功案例、心得体会和工作感悟;制作《法治指导员工作期刊》,展示法治专员日常工作成果,解读国家法律法规,发布国家最新政策。法治指导员李轶群在妥善处置完小区破店经营事件后,及时进行"回头看",从自己的心得体会中总结出"社区事务多元处理协调机制",他的这些"个人财富"在平台上分享后,大家认真学习,反观自身,跟进点评,反响热烈,收到了"解决一案、教育一片、受益一方"的良好效应。

（二）明确三大工作职责,精准定位,规范引导

一是协助居委干部"用法"。社区法治专员项目明确规定,法治专员要通过列席居委会有关工作会议,参与相关工作计划、方案制度的制订,为居委会工作提出法律方面的意见和建议。实践中,尤其是在处理涉法的重大、敏感事务时,专员们主动融入,积极作为,为居委会准确解读法律法规和有关政策,对法律法规的适用范围予以审查把关。在保证居委会在法律构架内开展活动、尽力履行职责方面,起到了较好的作用。社区法治专

员通过协助街道对延吉东路149弄绿化、过道和违章搭建等进行了整顿改造，打造以"谊居清情弄"为品牌的居民自治项目，整合党员骨干、楼组长、志愿者、居民代表等力量，以点带面、层层发动，把曾经的"丑小鸭"——149弄打造成拥有宽敞停车位、美丽底楼花园、清洁特色楼道、文化涂鸦墙和文明社区人的精致"白天鹅"小区。

二是辅导居民群众"学法"。社区法治专员团队由具有法律工作背景、熟悉社区情况、具有较丰富管理经验的退休公职人员和在职律师组成。作为法律专业人士，他们在深入社区后，承担起了普法宣传教育的任务，积极通过"以案释法""律师门诊日""一月一讲释法会"等方式，宣讲法律专业知识。这有力扭转了过去那种由于师资力量有限，只能采取"大课讲座""大型活动"形式普法的局面，有效实现了个别化法治教育、精准化法治宣传的良好效果。社区法治专员在长白新城社区提出治犬需先"治人"，治人还需"自治"的理念。经过两年时间打造"狗狗文明圈"自治项目，由一部分人率先垂范，规范自身行为，进而带动居民争做文明养狗人，达到狗和居民和谐相处，还大家一个温馨和谐的家园。

三是促成利益诉求"靠法"。针对部分居民群众自身权益观念强烈，却存在"信访不信法"的现实偏见，社区法治专员项目要求法治专员们发挥自身优势，积极引导居民群众采取正当途径，维护自身合法权益。在实践工作中，对于符合法律援助条件的，及时将居民群众的维权导入法律援助程序；对于适用调解、调处范畴的，通过引导居民群众走调解路径，降低维权成本，节约司法资源；对于需要依靠司法保障的，给予法律服务方面的法律建议和法律支持，帮助居民群众便捷地进入司法程序。社区法治专员在"创新服务形式，拓展自治内容"方面做了探索，通过制定服务居民、简易可行的《指定监护人之办事指南（试行）》《关于老年人意定监护协议之备案办法（试行）》《居委会关于人民调解工作的补充规定（试行）》这三项规范性文件，形成了可复制、可推广的初步做法，并取得了一定的效果。

（三）完善三项管理制度，明确责任，强化意识

一是建立上下联动机制。社区法治专员项目明确，相关工作要与街道现有法律服务工作对接融合,特别强调在遇到重大纠纷或者群体性事件时,要及时、主动向街道司法所报告,以上下联动,形成合力。

二是建立规范运行机制。社区法治专员项目规定,"指导员"要将每次工作的情况进行详细记录,形成《法情日记》,并由居委会确认后签字盖章。这项规定使相对分散的"指导员"工作得以留迹留痕,既便于全程掌握工作落实情况,又利于连续掌握社区法治工作信息,为进一步改进工作提供依据。

三是建立社区评价机制。社区法治专员项目强调,对"指导员"的考核由街道司法所总负责,具体通过居委会满意度测评、街道相关部门意见征求、群众问卷调查、《法情日记》检查等方式进行。考核成绩作为法治专员下一年度留任,以及街道与社会组织续签合同的主要依据。

三、创新·成效

在杨浦区依法治区办和区司法局的指导下,长白新村街道社区法治专员制度已初步形成了一套具有社会化性质的组织形式、工作方式和管理模式。社区法治专员案例荣获"第八届上海市依法治理优秀案例入围奖""杨浦区依法治理优秀案例",社区法治专员课题报告荣获"上海市民主法治建设课题研究入围奖""杨浦区民主法治建设课题研究优秀成果奖"。

(一) 基层自治的"能耐"不断得到提升

自社区法治专员工作正式启动以来,法治专员进社区参与治理共3 000余次,参加居委会各类会议1 000余场,为居民区自治工作提出具体意见和建议500余条,召开社区法治工作例会35次,开展大型法治宣传教育活动100余场,发布期刊60期。这有力助推了基层治理工作,使得居委会等群众自治组织在开展社区管理过程中,依法工作的意识得到增强,基层自治的能力得到较大提升。

(二) 社区自治的"章法"不断得到完善

社区法治专员的主要工作职责,不只局限于解决个体的法律问题,更着眼于为社区治理、居民自治在法治轨道上的运行构建起长效机制。在法治专员的助推下，街道共建立了《"三会"制度》《小区停车管理规定》《居民志愿者活动规定》等10多项规章制度，着力推进居委会现有规章制度的梳理、整合和完善工作。在长白新城居民区，法治专员房建亮在试点推出"三会"制度规范文本，并参照"三会"制度指导居委干部解决小区疑难杂症，真正做到让居民群众满意。

（三）社区治理的"顽症"不断得到解决

近年来，由于物业管理、拆违矛盾等诱发的居民投诉率居高不下。居委会的多半精力用于解决此类纠纷，但实际效果不尽如人意。法治专员介入社区治理后，针对这些问题，积极参与调处化解，从法律角度提出解决方案，使得"顽症"一个一个不断得到成功化解。在处理安图居民区停车难问题时，法治专员林卫积极协调，先后3次召开民意听证会，多方征求居民意见，起草了《小区停车位改造计划建议书》，经过大半年的改造，安图居民区实现了绿化景观不减，立面景观协调，小区消防通道畅通，小区停车位增加等预期要求。

四、启示·展望

通过几年的实践，长白新村街道社区法治专员工作逐渐形成了贴近社区生活内容的自治制度和机制，使基层民主法治行为更有序、更规范，也为基层民主注入了更多务实、依法的内涵。然而，在开展社区法治专员工作的过程中，也面临着诸多问题和困难，如社会法律服务组织在发展中存在局限性，各居民区依法自治能力、基础和资源力量等存在差异性等。因此，我们需要不断完善这一模式，以有效推进基层社区治理法治化。

（一）发挥基层民主法治建设先驱作用

社区法治专员这种模式是符合建设法治国家、法治社会大方向的，是符合创新社会治理加强基层建设新要求的。社区法治专员通过列席居委会有关会议，起草、审议社区有关文件、决议、工作计划和方案，协助解决涉法涉诉问题，开展普法宣传教育，参与法治文明小区创建，保障居委会换届选举等途径,进一步增强了依法开展工作的底气和能力。这一模式进一步完善了街居两级服务体系,提升了居民区依法自治的能力,丰富了基层民主参与的内涵,为杨浦区推进基层民主法治建设进行了有益尝试,起到了引领示范作用。

（二）满足基层群众法治需求,激发基层群众参与法治热情

社区法治专员不但坚持原来社区法律顾问服务的基本职能,满足基层群众的法治需求,为社区治理中遇到的环境整治、物业管理、邻里纠纷等难点、痛点、堵点提供具体解决建议;又在"自治、法治、德治"合一的基层社会治理框架中,通过执业律师专业服务、法律服务社会组织组团服务,激发居民参与的热情,利用法治思维、法治方法解决基层治理难题。

（三）借助数字化法治建设平台推进社区法治建设

社区法治专员可积极利用数字化新媒体加强法律宣传,如官方法律服务网站、跨部门服务网站、提供法律咨询服务的 App、微信公众号和官方微博等,向居民提供方便快捷的法律服务。

技术创新：构建智能城区强平台

一、背景·缘起

2017年1月11日，上海市经济和信息化委员会与杨浦区、虹口区共同签署建设新型无线城区的战略合作框架协议。控江路街道（镇）在市公安局、市经信委、区委区政府和相关部门的指导下，在全国率先开展基于广电NGB-W物联专网的应用落地，承担了市经信委智慧社区建设、市公安局智能安防社区建设两项基本试点任务，2017年第二季度开始探索、第三季度启动试点、第四季度全面总结推开，统筹推进了"神经元""社区大脑""流程再造"三项工程。用"神经元"发现问题，用"社区大脑"分析问题，用"流程再造"落实责任、解决问题，形成了以智能化手段支撑精细化管理的工作模式。依托物联网技术构建社区大脑，加大城市管理问题的发现和处置机制建设力度，以智慧社区建设带动和提升睦邻家园建设，大幅度提升管理和服务的精细化水平。

二、举措·机制

信息时代下社区治理也要充分利用移动互联网、信息智能终端和社交平台等新一代信息技术，通过对各类与居民生活密切相关信息的及时传送、及时发布和信息资源的整合共享，实现社区生活的便利化、网络化、智能化和互动化，让居民享受更智慧、更幸福、更和谐、更文明的生活，从而创新基层社区治理方式，进一步提升居民自治的水平。

（一）广布"神经元"，对接三个公共需求构建传感器

结合网格化管理，控江路街道（镇）融合街道公共安全、公共管理和公共服务的主要职能要求，探索形成标准化配置和固定模式：在居民封闭小区形成进出小区"四件套"——人脸识别高清探头、人体红外感应计数提

示器、机动车进出控制、智慧大屏；进出楼道"三件套"——门磁监控、二维码开门、电子巡更；进入家庭"三件套"——远程抄表、煤气泄漏报警、独居老人生命探测等公共服务探测器；非机动车车棚"七件套"，包括进门三件套——指纹、二维码、刷卡，消防安全三件套——烟雾感应、电弧消除、智能充电，另外还有高清探头一套；同时，在公共电梯、餐饮场所、公共厕所布设一批传感器、无线探头和电子鼻等。目前，街道范围内已经布设了33类共计2万余个传感器，其中门磁、烟感等部分传感器已经覆盖了辖区25个居委、61个小区。

（二）建设"社区大脑"，打造数据综合管理应用平台

各类传感器就像"神经元"末梢，对社区进行全方位泛感知，并将信息不间断地传递至网格中心。网格中心作为"社区大脑"，具备以下三个功能：一是会监测。"社区大脑"可以对网关与传感器的实时状态进行监测，所有传感器只要发生数据异常后就会自动报警。比如，窨井盖发生了移动，水平感应器就会立即提示；烟雾浓度高了，烟雾报警器就自动报警；每个传感器均设有报警极限值，"社区大脑"基于这一数值进行实时监测。同时，所有监测结果以仿真的方式展现在网格中心的三维地图上，不仅实现了数据的可视化，还能够实时一览社区管理情况与现状，查询、分析、调用管理数据和信息。二是会思考。自智慧公安融入社区以来，在公安大数据的支持下，"社区大脑"更为"聪明"，"社区大脑"将数据传输至市公安局大数据库，与"神经元"感知的数据进行对比。这些探头将"看"到的信息都交给"社区大脑"，"社区大脑"依靠公安数据库可以识别出关注对象是不是逃犯、是不是有前科但不住在该小区、是不是重点关注人员等。比如，金源佳苑的高清探头在某天晚上发现了一个有前科的对象进入小区活动，社区民警立即跟进，防止了盗窃案件的发生。三是会派单。"社区大脑"还像一个不知疲倦的"调度员"，按照设定的程序，把相关报警信息及时派单给有责单位。8 000多个烟雾报警器，哪一个感知到烟雾浓度超标，同时温感传感器发觉有明火，就立即派单给消防部门；有"前科"的商店跨门营业，无线监控监测到之后就会立即派单给城管中队；等等。

（三）实施"流程再造"，做到制度化与信息化建设同步

一是实现综合指挥、统一调度。街道在试点中，以信息化为牵引，在街道党工委的领导下，发挥行政党组的作用，把网格中心和综合治理中心的力量进行整合，建立"综管中心"工作协调机构，由街道办事处主任总牵头，分管综治副书记、分管市政副主任、派出所所长（行政党组副书记）配合，专职副调研员具体抓落实，并指派1名科级干部驻点工作，调入2名公务员、2名事业人员、4名社工实行早、中班运作；统筹外口协管、综治协管、城市管理、市场监管、公安交警等力量，由综管中心统一协调日常联合行动。

二是优化治理流程、有效联动。加强与公安、派出所监控室的联动，"社区大脑"平台白天由综管中心统一管理，夜间则将探头和防盗门管理移交至派出所，实现综管中心24小时值班备勤，全时段全区域全覆盖。同时，通过将"12345"市民服务热线与"110"的有效对接，不仅实现了警力的精准投放和非警务活动的有效分流，还使得各类需要联合处置的公共管理问题可以更加有效地联动联勤。

三是落实力量下沉、就近处置。在居委会全面实施"全岗通"的基础上，在25个居委会的首席接待岗位建立四级综治指挥平台，把社区警务室、城管工作室、司法法律服务站等部门的职能统筹起来，按照每个居委会一个平台、一支队伍、一套机制进行整合。在目前建成的平台上，拥有视频监控、门磁监控和烟雾报警三类信息，实现了小区治安、微型消防站和城市管理问题的快速协调、就近处置和力量下沉。比如，一旦发现防盗门在5分钟内仍未关闭，就在网格中心大屏上显示报警状态，同时将报警信息传递到派出所和居委会的四级综治平台上，由居委会落实人员去现场察看；超过30分钟后，由街道综管中心在微信群进行通报并纳入考核结果。

三、创新 · 成效

控江路街道在创新社会治理方式上大胆尝试、勇于创新，形成了独具特色的睦邻家园建设和多维度睦邻生活社区。其智慧社区建设已经取得

初步成效,仅从公共安全来看,与2017年相比,2018年控江辖区的"110"警情接报数同比下降26.68%,涉黄数同比下降54.28%,涉赌数同比下降77.88%,入室盗窃案件同比下降59.00%,居民的安全感和满意度不断提升。

控江路街道主要实现了三方面创新:

一是精细化管理模式上的创新。建立综管中心,每周召开工作例会,总结和分析本周各职能部门好的经验做法,对于难以解决的问题,在会上由多个部门协调配合共同处理,推进以大部门制、合署办公、联合执法为载体的工作流程再造,科学设置职能机构,整合职能职责,优化治理流程,提高基层服务效能。

二是技术改造上的创新。信息化的推动实现了城市管理由被动应对向主动发现的转变,根据实时数据第一时间发现问题,并依据对各类数据的集成、分析、研判进行风险预测,使隐患在第一时间被排除,实现了由依靠人力向依靠先进技术应用的转变,依托物联网技术的感知发现,社区治理更加精准有效,进而有效地释放了对人、财、物等公共资源的占用,配置更加优化,运维和服务实现"专业事由专业人做",社区治理的精准性、时效性和专业性得以提升。另外,部分物联网项目,通过技术改造,节约财政经费,并撬动了市场管理的积极性。比如,对电动车车棚实现无人看管技术改造后,节约了工人工资支出,同时还减少了消防隐患,增加了停车空间。

三是联动机制上的创新。打破传统条线壁垒,实现由条块分治向整体联动的转变,同时各部门可进行数据共享,解决了条与条系统不兼容、不共享的问题,能够真正发挥网格中心统筹协调的作用,最大限度地整合辖区行政执法力量,集约高效地处置社区管理问题。

四、启示·展望

控江路街道依托智能化手段探索精细化管理,已经走出了第一步,但在公共管理和公共服务领域的模式创新还有很多工作要做。在充分总结前阶段工作成效的基础上,我们也认识到存在的问题和不足,主要表现在：一是"神经元"仍需拓展，要扩大城市管理基础信息的收集范围；二是社会参与度不高，要进一步调动居民共同参与社区精细化治理的积极性；三是数据共享仍需加强，要拓展街道与部分执法部门数据共享和调用。

　　控江路街道将在区委区政府的领导下，坚持问题导向、效果导向，以绣花般的细心、耐心、巧心，花更大力气提升社区建设管理的标准和能级，打造具有控江特色的睦邻家园。未来的工作主要围绕三方面展开：一是拓展"神经元"，扩大城市管理基础信息的收集范围。根据控江辖区的特点，有针对性地在公共服务上拓展"神经元"，增加数据信息的采集量；梳理网格化管理工作的13大类144小类问题，在相应点位布设传感器，便于"社区大脑"系统和网格化管理系统的深度有效融合，同时将信息接至"社区大脑"进一步分析与挖掘。二是加强平台宣传，提升居民共同参与的积极性。对各平台进行统一管理，通过增强互动来调动居民参与的积极性，帮助居民实现由被动参与者向主动监管者的转变。三是以技术应用推动问题处置的流程再造。在原有工作流程的基础上，梳理街道各办公室与其他政府部门（如城管部门、房管部门、市场监管等部门）之间的业务流程，以及需要数据共享及调用的数据库。在大量"神经元"感应收集到数据的同时，同步完善问题发现后的处置流程，做好事前、事中、事后处置流程的不断再造；配合做好全区智慧城市建设的顶层设计，打造数据信息的一张网，使控江"社区大脑"真正做到"万物可感知、数据可分析、现场可指挥、事件可预测、趋势可判断"。

案例评析

　　新时代要推动社会治理体系和治理能力现代化,必须推进社区治理创新发展,实现社区治理体系和治理能力现代化。睦邻家园建设作为一种新的社区治理思路,并不是一蹴而就的,十年创新探索与卓越实践,才成就了现在的多元共治良好格局,而且这种探索仍在继续,实践故事仍在续写。睦邻家园建设掀起以模式创新、方法创新、合作创新、党建创新、法治创新和信息创新为导向的社区治理创新浪潮,奋力开创社区治理现代化建设的新局面,将顶层设计与基层探索有机结合,将体系建设与能力建设有效融合,推动社区治理创新取得初步成效。

　　睦邻创新建设应培育睦邻文化,促进价值认同,体现"以人民为中心"的理念。睦邻文化是顺利开展基层治理工作的基石,建立居民的利益关联和情感关联,有助于提高居民的认同感、参与感与幸福感。从案例《模式创新:重塑敦亲睦邻新机制》中可以看到,杨浦区睦邻家园建设将"敦亲睦邻"的传统文化理念与现代社会治理有机结合,培育居民的"大家庭"意识,邻里间互帮互助、共同参与社区治理、共建美好社区成为居民普遍认同的价值观。例如,长阳创谷党建服务站每逢传统佳节举办相应的主题活动,让漂泊异乡辛苦工作的青年们感受家一般的温暖。再如,12个街道每年都会举行大型"睦邻文化节"和其他以睦邻家园为主题的活动,培育居民们邻里友爱、互帮协作的情怀。

　　睦邻创新建设应密切联系群众,走群众路线。睦邻家园建设打破原有条线化、行政化、一刀切式的社会治理方式,更加注重跨界联动、多域融合、多元共治。杨浦区各级党组织充分发挥示范带头、引导协商、聚合资源的重要作用。从案例《方法创新:推进一线工作法实践》中可以看到,杨浦区高度重视群众工作,立足一线、践行初心,创造性地提出并推行"一线工作法",通过畅通干部联系群众的渠道、发挥各级部门联动作用、汇集政社民三方动能、将一线工作成效纳入干部考核范围等方式,不断完善干部联系群众的工作体系,有效解决群众的急难愁问题,积极为居委会和周边单位牵线搭桥、结对共建，调动外部力量搭建工作平台，为群众办实事。

　　睦邻创新建设应引入社会组织，激发基层活力。在扶老助残、文体科普、法律救助等诸多方面，基层政府仅凭自身力量难以提供专业化、高水平的服务，而通过政府购买社会组织专业服务，能够满足社区各类人群的不同需求。从案例《合作创新：激发社区组织新活力》中可以看到，长白新村街道政府购买法律服务，引入上海百合花法律服务中心，为辖区居民依法自治、化解社区矛盾提供了专业指导。延吉新村街道依托入驻孵化园社会组织知行社工师事务所实施了"老来客"会馆、"亲子宝贝"婴幼儿、青少年假期服务、"日间托老"服务和社会工作培训等项目。社会组织的导入，犹如一股活水能够激起基层治理的活力。但现阶段社会组织仍存在发展水平较低、专业能力不足等问题，因此由政府来引导显得尤为重要。杨浦区以提供扶持政策、建立孵化服务平台、加大政府购买社会服务力度等方式激励社会组织参与基层治理工作，通过引入成熟、培育幼稚和孵化新兴的方式，让各类社会组织聚焦专业领域，提升自身的服务水平。例如，杨浦区采取降低注册资金、评优奖励、发放补贴等手段来扶持社会组织茁壮成长。再如，控江路街道孵化园在对社会组织进行孵化时，引入相对成熟的社会组织，发挥引领带动作用，提振园区整体的服务效能。

　　睦邻创新建设应积极发挥党建引领作用。睦邻家园建设将社区党建作为服务区域发展、社区群众和驻区单位的有效载体，有力带动基层党组织党建水平整体提升，带动社区管理水平提升，带动社区文明程度提升。从案例《党建创新：织密基层组织之网》中可以看到，大桥街道围绕"建站、连线、造带、拓幅"的工作思路，织密建强党的组织体系，以"大众创业万众创新活动周"为契机，把党建服务站建在百年老厂房里，对创业企业实施就地服务；采取"三联四查两核"的方式对园区非公有制企业的经营状况和党建工作情况进行上门排摸、全面普查。同时，对新企业创建、新党员转入实施动态追踪管理，及时启动组织覆盖和工作覆盖，对符合条件的做到"应建尽建"，以独立建、联合建等多种方式扩大覆盖率。通过走访了解需求，对不同成长阶段企业提供有针对性的扶持政策，为创业人才搭建服务平台，从而精准对接双创企业的需求，解决创业者们最关心、最直接、最现实的问题，引领和帮助企业成长。

睦邻创新建设应重视法治建设，提高自治水平。社区事务繁杂，又与居民的利益密切相关，容易产生矛盾与摩擦。因此，在基层自治过程中，应该具体分析本辖区管理中的难点与痛点，形成一套贴合自身实际情况、能够有效解决实际问题的制度体系和流程范式，使社区治理工作有法可依、有章可循。从案例《法治创新：落实社区法治专员制》中可以看到，长白新村街道作为先行单位，对社区法治专员制度进行了探索与实践，通过解决小区电梯老化、违章建筑回潮、小区乱停车等一系列社区治理顽症，积累了不少可推广的经验。设立在街道（镇）司法所的社区法治专员工作室在一线指导法治工作，同时发挥社区法治工作专家团队的智囊团作用，对一线的疑难问题进行集体会诊，提出解决方案。在每个居委会设立固定工作点，委派社区法治专员，当居民有"疑难杂症"时，法治专员及时响应，深入楼宇和家庭提供帮助。一线与后援的相辅相成，"坐诊"和"走访"相互补充，不断提高着社区法治工作者解决问题的能力和效率，让居民们的问题能在第一时间得以专业化的解决。

睦邻创新建设应融合智能信息化手段，推进精准管理。睦邻家园意味着要尽可能顾及家园里的每一位成员，而这样的多方兼顾需要加倍的人力投入。因此，社区治理中应该积极吸纳现代化技术成果，以智能化、信息化手段替代人力投入，在降低成本的同时提高治理效率。从案例《技术创新：构建智能城区强平台》中可以看到，控江路街道在辖区范围内布设了2万余个传感器，在进出小区和楼道、提供家庭服务、保障消防安全等方面进行了广泛的覆盖，将人脸高清识别、人体红外感应、独居老人生命探测、烟雾感应等多种先进技术运用到辖区管理中，实时监测异常，及时识别风险，有效解决问题。同时，发挥网格中心统筹协调的作用，由传统的条块分治理念转变为多部门整体联动，最大限度地整合辖区行政执法力量，集约高效地处置社区管理问题。这些举措提高了社区精细化管理的水平，为辖区居民营造了安全有保障的生活环境。再如，定海街道的信息化党建管理，将党内建设、服务群众等各项党建工作整合到一个系统中，"中心—站—点"上下贯通，形成全覆盖的信息网络体系，便于集约化管理，并与街道社区事务受理服务信息平台、网格化综合管理信息平台互联互通，为各部门间的信息传递、相互协作提供了便捷的交流渠道。

睦邻文化

引 言

俗话说"远亲不如近邻",在中国传统社会,邻里关系一直是中国社会关系中重要的一环。费孝通在《乡土中国》一书中提出"熟人社会"概念,作为对中国社会人际关系结构特征的总结。在他所描绘的熟人社会图景里,人们可以从所在的社会获得信任感和可靠性,约定俗成的行为规矩在一定程度上可以替代法律和行政条例约束人们的行为。在亲密和长期的共同生活中,社会自发联系起来,人与人之间有着高度的了解。相应地,"陌生人社会"来源于齐美尔对于"陌生人"的定义。在西方学者的眼中,陌生人代表了那些尽管就在我们身边,但内心却又相距遥远的人。陌生人之间以信用和互利作为运作机制,依靠法理运行,始终存在着我与他者的隔阂。与"熟人社会"的概念相对,"陌生人社会"一词在都市化、个体化、原子化趋势加速的今天,代表了大都市当中人们普遍的生活方式。这两个概念的对立,不仅体现出中国与西方不同的历史和文化传统,还体现出传统社会和都市化社会的差异。

然而,中国由于亲缘和地缘关系而结成的"熟人社会"并未完全消失,相关的积淀和习惯早已内化在中国人的内心,睦邻在当代中国的大都市中仍然占有重要的地位。"睦邻"一词在史书中已出现,指的是与邻国或者邻居和睦相处的状态。"睦邻文化",则代表了以睦邻为核心的物质财富和精神财富的总和,是倡导睦邻、实践睦邻、推广睦邻的全部精神活动和产品。成长于繁华都市的当代中国人尽管已经习惯了城市当中个体化的生活方式,然而其内心仍然渴望邻里之间在生活层面的相互照应以及在情感层面的互相慰藉。尤其是在面对实际生活困难时,人际交往中的邻里关系可以提供家人和朋友都无法弥补的作用。

近年来,杨浦区围绕市委关于创新社会治理加强基层建设"1+6"文件精神,落实区委关于全面推进睦邻家园建设的要求,做大做强"睦邻"品牌。杨浦区作为老工业区见证了上海百年工业的发展历程,逐渐从"工业锈带"成长为"生活秀带",正是因为肩负着让人民群众有更多幸福感和获得感的重任。自从全面推进睦邻家园建设以来,杨浦区各街道、居委会和社会组织在睦邻文化理念的引导下,不断探索,不断实践,形成了各具特色的工作机制和实施路径,各个委办局和街道在充分理解自身情况和特色的情况下,赋予睦邻文化丰富的内涵。在上海市委市政府的领导下,在各个部门的协同合作中,在社会组织的专业支持下,在居民从被动参与到自治自主,杨浦区动员了对公共服务有不同需求的各类人群,整合了杨浦区内企业、园区及院校资源,实现了和睦的邻里关系、丰富的精神文明建设、协调的部门发展。

　　杨浦区以人民为中心,在城市建设中通过打造睦邻文化内涵,面对杨浦区整体存在的问题与发展方向、区域内不同地区存在的独特情况、不同人群对公共服务的不同需求,坚持"人民城市人民建,人民城市为人民"的理念,为老百姓提供了创新发展的工作场所、人文关怀的学习空间、积极温暖的活动乐园、多代共处的教育场所、尊重传统的邻里空间、自治和谐的生活乐园,既有全局性的战略思考、又有细节性的精雕细琢,坚持了政府主导与居民自治相协调,形成了协调的发展状况及和睦的邻里关系,居民精神生活日益丰富,综合素质和文明程度也显著增强。因此,本章将对杨浦区在睦邻文化方面的治理经验进行介绍,案例从宏观到微观、从政府主导到居民自发,力图为上海其他区域乃至其他大都市建设睦邻文化提供借鉴,探索有中国特色的社会治理新模式。

协作文化："三区联动"引领杨浦
创新驱动发展

一、背景·缘起

杨浦区拥有"百年工业、百年大学、百年市政"的深厚历史文化底蕴，是上海乃至中国近代工业的发源地之一。杨浦区是上海市面积最大、人口最多的中心城区，区域内不仅有复旦大学、同济大学等10所高校，还有科研院所100余家，国家和上海市的工程技术中心有25家，国家和市级重点实验室有44个。杨浦区创新驱动发展的背景主要有三个方面。

一是曾经辉煌。杨浦区是中国近代工业的发源地之一。中国最早的发电厂、水厂、煤气厂都诞生在杨浦区。20世纪七八十年代，杨浦区国有企业有1 200多家，产业工人有60多万人，工业总产值占上海的1/4，占全国的1/20，孕育了永久牌自行车、上海牌手表、回力牌球鞋等一批民族工业品牌。杨浦区曾被联合国教科文组织称为"世界上仅存的工业锈带"。

二是陷入困境。20世纪90年代，随着浦东开发开放，上海城市功能进行战略性调整，杨浦区的传统工业优势逐步弱化，大批工厂关停并转。2002年，杨浦区国有企业只剩下200家，曾经的60多万产业工人只剩下6万，工业总产值占全市的比重下滑至3%，大批失业工人转入社区，全区失业人口一度高达17万人，产业结构老化，社会负担沉重。

三是成功转型。从21世纪初开始，杨浦区抓住了建设知识创新区、首批国家创新型试点城区、上海科创中心重要承载区的契机，将国家发展战略、上海核心功能和自身优势特点紧密结合，做到创新发展能力同区域战略定位相适应，人口资源环境同区域战略定位相协调，空间布局同区域战略定位相一致，创造性地提出了大学校区、科技园区、公共社区"三区融合、联动发展"的理念，通过发展思路对接、战略和规划对接、重大项目和重大活动合作、人才和文化共建,促成高校的知识创新资源溢出校区、催生园区、融入社区,形成融合共生的良好局面。2016年5月,杨浦区被国务院确定为全国首批、上海唯一的国家双创区域示范基地;同年12月,杨浦区被科技部和国家发展改革委列入创新型城区建设序列。杨浦区级财政收入从2002年的16亿元增长到2018年的126.71亿元,已建成20家科技园区,包括复旦大学、同济大学、上海财经大学、上海理工大学、上海电力学院、上海海洋大学、上海体育学院7家国家大学科技园,区域集聚了科技型中小企业7 800余家。

二、举措·机制

近年来,杨浦区在上海市委市政府的坚强领导下,坚持不懈地探索实践,创造性提出了"三区融合、联动发展"的核心理念,成功走出了一条从"工业杨浦"到"创新杨浦"的创新驱动转型发展之路。

(一)"三区联动、三城融合"的内涵及深化

2003年,杨浦区委区政府围绕杨浦知识创新区建设,提出"三区联动"的理念。"三区联动"是指大学校区、科技园区和公共社区"三区融合、联动发展"。大学校区、科技园区和公共社区分别承担不同的功能:大学校区主要进行科研创新和人才培养,是区域创新发展的原动力;科技园区主要承担科技孵化、技术创新的职能,是产学研结合以及大学师生、科研人员创新创业的重要场所,是区域创新发展中的重要环节;公共社区主要是为大学校区和科技园区提供公共服务,创造一个适宜居住、交流、休闲的生态、社会环境。"三区联动"就是把大学校区的科研创新与人才培养,科技园区的科技孵化与技术创新,公共社区的公共服务与社区环境建设系统有机地统一起来,构造以知识为桥梁、价值创造为纽带、资源集聚共享为特征,校区、园区和社区紧密结合、共同发展的区域创新系统下的城区发展新模式。

2016年以来,杨浦区与区域内高校的合作进入了新的发展阶段,共同立足"十三五"新一轮重大发展和建设国家双创示范基地、具有全球影

响力的科技创新中心重要承载区的重大机遇,签订新一轮战略合作协议。"三区联动"进一步深化拓展为"三区联动、三城融合",即"学城融合、产城融合、创城融合"。"学城融合"是指大学与城市融合发展,以提升城市核心竞争力为基础,承载大学发展空间;以大学科研成果转化、高端人才培养为动力,持续提升城市核心竞争力,形成"大学的城市、城市的大学"的发展模式。"产城融合"是指产业与城市融合发展,以城市更新为基础,承载产业发展空间;以产业更新为动力,驱动城市更新,形成产业、城市、人之间充满活力、持续向上的发展模式。"创城融合"是指创新创业与城市融合发展,以提升城市创新能力为基础,承载创新发展空间;以科技、知识、人力、文化、体制等创新要素为动力,驱动城市创新发展,形成创新型城区发展模式。

(二)主要做法

对照国家战略、上海要求和杨浦实际,探索形成了大学校区、科技园区、公共社区"三区联动"的发展道路,以建设高水平国家双创示范基地为抓手,全面提升区域创新创业的"密度""维度""频度""浓度",推动杨浦高质量发展。

一是注重发挥高校集聚的智力优势,着力培育融合、协同、共享的双创生态环境。深化与高校、科研院所的合作,通过战略规划对接、重大项目合作、人才和文化共建,促进高校创新资源溢出校区、催生园区、融入社区,形成融合共生的良好局面。杨浦区先后与复旦大学、上海交通大学、同济大学等区域内外11所高校签订了新一轮战略合作协议,启动建设上海市类脑芯片与片上智能系统创新平台、上海智能产业创新研究院、太赫兹波谱与影像技术产业化平台,积极推动创智天地、国定东路、长阳路、环上理工四大创业创新街区建设,全力打造"一廊、一圈、一谷、一园",即复旦创新走廊、环同济知识经济圈、财大金融谷、上理工太赫兹产业园。其中,环同济知识经济圈在2018年的总产值突破415亿元,是国内最大的设计产业集群,率先构建"创业前—创业苗圃—孵化器—加速器"四级孵化体系,积极探索"技术支持+产品试制"孵化模式,吸引了腾讯、启迪之星、

INNOSPACE+等90余家各具特色的众创空间，服务面积达28万平方米，集聚各类创业团队1 200余个，初创企业成活率高达31.4%，每年孵化大学师生创业企业近300家，其创业带动就业率位于上海各区前列。

二是注重发挥老厂房转型的空间优势，着力推动双创向更大范围、更高层级、更深程度发展。针对区域老厂房资源丰富的特点，优化提出"西部核心区、中部提升区、东部战略区"的总体布局，集中打造了一批"老工业转型+新经济集聚"的老厂房改造项目，推动实现历史与现实、创新与传承、科技与发展的有机融合。其中，西部核心区，以五角场城市副中心为核心、大连路总部研发集聚区等为支撑的创新经济走廊的辐射带动效应进一步强化；中部提升区，打造以长阳创谷、凤城巷、互联宝地等为代表的一批市场化、专业化、集成化、网络化众创空间，创客社区生态正加速形成；东部战略区，加快建设杨浦滨江国际创新带，传承百年工业文明，链接全球创新资源，打造开放共享的创新空间。长阳创谷是把中纺机老厂房改造成汇聚创客群落、集聚产业群落、凝聚文化群落的低成本、便利化、全要素双创空间，吸引了智能云科、创合社区、优客工场等一大批知名双创企业入驻。

三是注重发挥全国双创活动周主会场的品牌优势，着力打造双创升级版内涵。2017年9月，全国双创周主会场活动在长阳创谷举办，这是杨浦区双创工作具有里程碑意义的一件大事。杨浦区以此为契机，着力在强化政策供给、优化营商环境、营造创新生态上下苦功夫，率先实施"政府引导+市场主导+专业化运作"的科技金融服务模式。2018年，"创响中国"首站暨"世界创意创新日"活动于4月21日在杨浦举办，成立了长三角双创示范基地联盟。

三、创新·成效

通过深化政府与高校、科研院所的合作，发挥杨浦老厂房的空间优势，同时打造双创周的形象，杨浦区从三个方面着手，保证了相关实践的顺利进行。

（一）建立了科学的发展规划

规划是发展的灵魂、总纲和抓手。创新驱动发展离不开科学规划的引领和落实。杨浦区在转型之初就高起点、高水平编制了《杨浦区知识创新区发展规划纲要》，将国家发展战略、上海核心功能和杨浦区自身优势特点紧密结合，做到创新发展能力同区域战略定位相适应，人口资源环境同区域战略定位相协调，空间布局同区域战略定位相一致。该规划创造性地提出了大学校区、科技园区、公共社区"三区融合、联动发展"的理念，通过发展思路对接、战略和规划对接、重大项目和重大活动合作、人才和文化共建，促成高校的知识创新资源溢出校区、催生园区、融入社区，形成融合共生的良好局面。

（二）营造了良好的生态系统

杨浦区遵循创新规律，推动资本、人才、技术等优势资源加快集聚，构建双创生态、激发双创活力，营造了"热带雨林"式的创新生态系统。目前，杨浦区已集聚科技型中小企业7 800余家，累计有100家企业在各类资本市场上市或挂牌；吸引了西门子、大陆集团、IBM、AECOM等一批跨国公司地区总部、研发中心落户；京东到家、学霸君、爱驰亿维等8家企业成长为"独角兽"企业。

（三）形成了完善的政策保障

杨浦区率先实施"政府引导＋市场主导＋专业化运作"的科技金融服务模式，率先开展"贷投联动——双创贷"试点，率先探索双创融资风险补偿机制，率先启动"无否决"人才服务窗口，率先发布全国首个政银合作区级标准——《"政银通"建设与服务规范》，率先实现公安部支持上海科创中心建设出入境政策"新十条"落地，率先推出"税立方"税收服务机制，太赫兹项目成为全国首个科技成果转化暂不缴纳个人所得税案例。

四、启示・展望

"三个百年"的深厚文化底蕴和近年来的创新驱动发展战略为杨浦区的未来增强了发展后劲，"三区联动、三城融合"在更高的层面、更广的范围推动了机构、企业、政府部门之间的大睦邻,正是这种配合与包容的精神需要得到不断传承和发展。

(一)坚持以人民为中心

杨浦历届区委区政府在转型发展过程中,始终坚持从人民的需求以及社会发展的实际出发,践行"人民城市人民建,人民城市为人民"理念,以钉钉子的精神,多做打基础、利长远的工作,沉淀了以人民为中心的坚定决心,也保持了难能可贵的发展信心。

(二)坚持一张蓝图干到底

杨浦区在转型之初就高起点、高水平编制了区域发展规划。此后,历届区委区政府始终坚持规划引领,保证了规划的连续性、严肃性和权威性。正是因为有了良好的规划基础和坚决的规划执行,杨浦区才能在战略层面上保持从容有序,确保各项阶段性目标逐一落地;在战术层面上确保将有限的资源集约使用,发挥资源的最大效能;在宏观层面上始终看齐国家发展战略、上海核心功能,充分争取多方支持,加速城区转型发展;在操作层面上让所有举措切实转化为城区发展的新动能和人民群众越来越强的获得感,让城区功能布局越来越凸显城区特色。

(三)坚持因地制宜因城施策

作为老工业城区,杨浦区拥有大量的传统工业遗存,拥有存量工业用地近800万平方米。对于这些工业遗存,如果简单视为历史包袱,一味求新求洋,全部推倒重建,不仅耗资巨大、耗时日久,而且容易割断城市的历史文脉,造成不可挽回的损失。杨浦坚持保护、开发、利用"三位一体"的原则,将这些遗存作为城市再生和创业创新的重要资源,将废弃的旧厂房、老仓库改造成低成本、便利化、各具特色的创业创新载体和全要素、多元开放的创业创新街区。

(四)坚持发挥政府增信功能

杨浦区主动服务企业和人才,建立了区领导定点联系制度,每引进和培育一家领军企业或一位领军人才,都安排一名区领导担任定点联系人,确保企业高管和人才专家在任何时候遇到难题,都能在第一时间得到帮助并顺利解决。杨浦区主动承担创业创新风险，政府出资建立引导基金，不断完善"政府引导＋市场主导＋专业化运作"的科技金融服务模式，用专业化的理念和手段强化为市场增信的能力。

（五）坚持突破体制机制束缚

杨浦区域内虽然高校多、科研院所多，但行政级别、隶属关系、发展定位各不相同。为了充分发挥高校、科研院所的知识和技术溢出效应，杨浦区率先提出了大学校区、科技园区、公共社区"三区联动"的核心理念。大学校区为科技园区和整个城区发展提供智力支持，科技园区为大学师生和城市市民创业创新提供载体空间，公共社区为校区和园区提供公共服务。杨浦区提出，"三区联动"政府要主动，服务高校就是服务杨浦，发展高校就是发展杨浦，舍得腾出最好的土地支持大学就近就地拓展，舍得把好的商业和地产项目让出来建设大学科技园，舍得投入人力、物力整治和美化大学周边环境，冲破体制机制束缚以及大学与城区之间有形无形的"围墙"。

杨浦区秉持"双创航船，众人划桨没有看客"的理念，着力在形成线上线下结合、产学研用协同、大中小企业融合的创新创业格局上下功夫，不断传承和弘扬"三区联动、三城融合"的文化内涵，在2018年全面建成高水平的区域双创示范基地的基础上，力争未来在国家双创示范基地建设中走在前列。

创新文化："人文行走"传承杨浦"三个百年"文明

一、背景·缘起

《上海终身教育发展"十三五"规划》中提出，"终身教育发展要进一步加强创新人才培养，提高城市核心竞争力，扩大教育供给，持续提升市民的学习素养和创新能力，满足广大市民不断增长的多样化、多层次的终身学习需求"。城市要为人民服务，城市发展要让人民有更多获得感。上海市教委终身教育处于2017年推出了一项自主创新型学习活动项目——"人文行走"，它倡导的是除了课堂、网络、团队、体验四种学习方式之外的第五种学习方式——在行走中学习。"人文行走"通过组织、带领市民在"人文行走学习点"串联路线中徒步行进，使市民在行走中寻找、发现、体验、分享学习中的"感受""感知""感想"。

杨浦区作为全国社区教育示范区，其社区教育体系完善，市民参与终身学习的意愿强烈，可以为开展"人文行走"奠定扎实的群众基础；同时，杨浦区拥有"三个百年"（百年工业、百年大学、百年市政）文明文化积淀，人文景观、场馆资源众多，可以为"人文行走"提供丰富的教育资源。基于以上两点优势，杨浦区在2017年被上海市教委选定为开展"人文行走"的试行区，旨在通过先行先试，积累经验、形成成果、构建机制，为市教委在全市推广"人文行走"活动进行探索。

然而，杨浦区学习办在筹备开展"人文行走"活动的前期调研中发现，杨浦市民尤其是杨浦的青少年对杨浦"三个百年"文明的认知度并不高，究其原因主要有三：一是杨浦区自身对"三个百年"文明的宣传教育不广泛；二是市民自身文化背景丰富，对了解本地文化的意愿不强；三是社区教育缺少相应的学习课程和活动载体，市民学习体验的途径有限。

二、举措・机制

针对调研发现的问题，杨浦区学习办将开展人文行走活动的主题确定为"三个百年文明在人文行走中传承"，旨在通过整合杨浦"三个百年"文明优质教育资源，开发、设计并实施"人文行走"活动，引导杨浦市民尤其是青少年在行走中，看杨浦、品文化、振精神，增进对杨浦"三个百年"文明的了解和认识，激发市民的家园情怀。

（一）立足"三个百年"文明，精心设计活动

一是整合区域资源，确定10个"人文行走学习点"。杨浦区学习办对"三个百年"的教育资源尤其是对杨树浦路浦江沿岸的大量近代工业遗存，包括复旦大学、同济大学、上海财经大学、上海理工大学等高校，五角场地区的民国"大上海计划"旧址进行考察研究，借助"杨浦区学习型社会建设项目研究联合体"的力量，通过多次走访洽谈，与杨树浦水厂、杨树浦发电厂、东方国际时尚中心、北外滩渔人码头等企业、园区及高校达成项目合作意向，初步确定了10个"人文行走学习点"。

二是组建专家团队，构建"一廊一圈一点"行走线路。为了更好地串联各"人文行走学习点"，形成科学合理、顺畅便捷，同时以富含教育主题的行走线路，杨浦区学习办专门聘请杨浦区人文公益讲坛创始人、复旦大学党委宣传部副部长等专家、学者组建了杨浦区"人文行走"项目专家团队，具体负责杨浦区"人文行走"项目的整体筹划、专业保障、组织示范、指导评价等工作。经过专家团队的研究，规划了"一廊一圈一点"三条"人文行走"线路，即包括杨树浦水厂、东方渔人码头（怡和纱厂等旧址）、杨树浦发电厂、东方国际时尚中心（原国棉17厂旧址）等学习点的"杨浦滨江百年工业学习长廊"，含体院绿瓦大楼（旧上海特别市政府）、杨浦图书馆（旧上海特别市立图书馆）、长海医院影像楼（旧上海特别市博物馆）和江湾体育场等学习点的"环江湾五角场百年市政学习圈"以及"复旦大学学习点"。

三是加强项目研究，不断丰富"人文行走"的学习元素。重视"人文

行走"的育人功能,从人民的切实感受出发,围绕"赏""学""探""悟"四个方面丰富"人文行走"的学习元素,增强市民在"人文行走"中的学习体验。"赏"是通过在行走途中欣赏杨浦美景,增添市民热爱杨浦文化的情怀;"学"是市民可以通过手机扫描"人文行走"学习点上的二维码了解背景知识,增强市民对杨浦历史的了解;"探"是通过设计一些探究性的问题让市民在"人文行走"中思考、寻找、发现答案,提升市民自主学习的能力;"悟"是利用现代信息技术,让市民在网站、微信公众号等平台上交流参与"人文行走"的感悟,共同分享"人文行走"的学习成果。

(二) 注重育人成效,规范有序开展活动

一是建立"三员队伍",加强活动管理。"三员队伍"即"人文行走"指导员、管理员和讲解员。具体由区学习办聘请专家担任"人文行走"项目的指导员,负责对管理员和讲解员进行业务培训和指导;指定12个街道(镇)社区学校的常务副校长担任"人文行走"项目的管理员,负责活动组织、人员管理和数据统计等;依托杨浦"三区联动"优势,在区域内高校中招募了一批大学生志愿者担任"人文行走"项目的讲解员,在"人文行走"活动中负责对每一个学习体验点的文化内涵进行解说。

二是借助学习平台,多途径开展活动。通过"杨浦社区教育超市""一点学堂""学习之夏""数字寒假"等学习平台,广泛开展针对不同人群的"人文行走"活动。目前,杨浦区开展"人文行走"的主要途径包括:一是街道社区学校组织学员和社区居民参加;二是借助"数字寒假""学习之夏",发动区域内中小学组织学生参加;三是依托"一点学堂"亲子教育平台,组织社区居民以家庭为单位参加;四是市民根据"杨浦社区教育超市""学在杨浦"微信公众号上发布的"人文行走"项目介绍自主报名参加。

三是突出学习属性,构建学习模式。在组织开展"人文行走"的过程中,部分市民将"人文行走"等同于一般的旅行参观。为了突出"人文行走"的学习属性,使市民能够在"人文行走"中有所学、有所思、有所获,杨浦区构建了"先导教学—现场教学—总结交流"活动模式。每次活动前，先集中所有活动参与者，由管理员对"人文行走"项目的意义、将要行走的路线和沿途学习体验点的介绍、活动的注意事项等进行先导教学，帮助参与活动的市民认识"人文行走"与一般行走的区别，以保证随后活动的顺利开展，并取得良好的成效。先导课后，由讲解员带领活动参与者进行现场教学，使参与者在行走中亲历城区的文化资源，感触城区的文化脉搏。行走体验结束后，管理员再集中参与活动者进行总结交流，交流各自在"人文行走"中的"感受""感知""感想"。若活动时间有限，管理者也可以鼓励参与活动者通过网络平台进行交流。

（三）加强成果推介，促进活动纵深发展

杨浦区学习办在"杨浦终身学习网""学在杨浦"微信公众号，以及《杨浦社区教育》《学在杨浦》等刊物上开设了专栏和专版，用于介绍各活动组织单位在"人文行走"活动中展现的好做法，交流对开展好"人文行走"的想法，以便其他活动组织单位能够相互学习、相互借鉴，不断提升开展"人文行走"活动的水平。如在2017年第二期《杨浦社区教育》上，一篇《关于人文行走基地的建设、升级改造和长效运行的思考》的文章对"人文行走"的内涵建设提出了很多建设性意见，引起了区学习办的重视，并采纳了其中一些合理化的建议。

三、创新·成效

"人文行走"作为一种终身学习方式，被越来越多的杨浦市民所接受，实现了杨浦区建设以人民为中心的城市的意图，使得市民可以从参与活动中受益。

（一）"人文行走"丰富了区域内社区教育资源的供给

杨浦区"三个百年"文明积淀深厚，与"三个百年"相关的优质教育资源众多，但由于缺乏有效的活动载体，导致对这些教育资源的利用不足。杨浦区学习办依托"三区联动"发展优势，开发、设计"人文行走"活动，将大量工业遗存、历史建筑、场馆设施等社会资源整合到项目中来，为社区教育所用，极大地丰富了杨浦社区教育资源供给，满足了杨浦市民对于优质终身教育的需求。

（二）"人文行走"成为市民认识杨浦百年文化的重要终身学习途径

"三个百年"文明是杨浦区深厚的经济社会文化积淀，是促进杨浦城区发展的珍贵财富，也是杨浦构建学习型社会的历史基础。一直以来，如何延续城市文脉，留住城市记忆都是杨浦社区教育思考的重要命题。杨浦区学习办以"三个百年"文明为主线开发、设计"人文行走"活动，并广泛组织、带领市民进行行走学习，使越来越多的市民加深了对杨浦"三个百年"文明的了解，促进了市民对区域历史文化的认同，激发了市民热爱杨浦、建设杨浦的家园情怀。人民是城市的建设者，是城市记忆的重要贡献者。"人文行走"不仅为市民提供了学习的场所，更动员了人民共同参与到城市的建设中来。

（三）"人文行走"促进了学校、家庭、社会"三位一体"教育网络的完善

文化的传承发展，不仅要承续"文脉"，更要承继"人脉"。杨浦区将域内未成年人设定为参与"人文行走"活动的重点人群，旨在从小培养域内未成年人对杨浦百年文化的认同，帮助其树立做杨浦百年文化的传播者、弘扬者和建设者的远大理想。因此，区学习办以学校和社区"一点学堂"为平台，针对未成年人广泛开展"人文行走"活动。据统计，2019年，参与活动的在校学生达1万余人次；全区12个街道社区"一点学堂"家庭亲子教育平台组织社区未成年人及其家长开展活动148次，受惠家庭近1 600户。现在，"人文行走"项目已成为杨浦区未成年人思想道德教育的重要活动载体，也成为丰富未成年人文化水平的途径。既为区域未成年人走进社会、认识区情提供了实践路径，也成为延伸学校教育、链接家庭教育的有效纽带，进一步完善了区域学校、家庭、社会"三位一体"的教育网络。

四、启示·展望

未来，杨浦区将进一步丰富学习内容，拓宽活动途径，健全活动机制，努力将"人文行走"打造成为杨浦区终身学习品牌项目，不断满足杨浦市民对更高品质终身教育的需求，增强市民的满意度。

（一）加强资源整合，丰富"人文行走"学习点和线路

目前，杨浦区的"人文行走"项目仅开发了10个"人文行走"学习点和3条"人文行走"线路，还无法完全满足广大杨浦市民的学习需要。众所周知，杨浦"三个百年"文化底蕴深厚，相关学习资源丰富。以百年大学为例，杨浦区目前仅启动了复旦大学学习点，而域内的同济大学、上海理工大学也是百年高校，同样具备成为"人文行走"学习点的条件。因此，杨浦区将在今后进一步挖掘、整合资源，丰富"人文行走"学习点和线路，为杨浦市民提供更多的"人文行走"选择。

（二）拓展活动途径，扩大"人文行走"的受众面

"人文行走"作为创新的市民终身学习方式，需要被更多的市民所认识和接受，进而参与其中。只有这样，才能体现出"人文行走"与课堂、网络、团队、体验等学习方式一样的价值。然而，当前杨浦区开展"人文行走"的途径还比较单一，主要活动平台是社区学校和域内中小学校，活动对象主要是社区居民和中小学生，受众面相对较窄。今后，将依托杨浦区学习型社会建设与终身教育委员会的政府职能，与党政机关、企事业单位和"两新"组织等合作开展"人文行走"活动，不断扩大"人文行走"的受众面，使"人文行走"活动真正成为杨浦市民参与终身学习的重要途径之一。

（三）健全活动机制，确保"人文行走"活动常态化

当前，杨浦区开展"人文行走"活动已经初见成效，尤其是对提升市民文化素养、促进社区教育创新发展和推动杨浦学习型城区建设都起到了积极作用。但是，任何一项活动要持续深入开展必须要有制度保障。未来，杨浦还需在管理、评估、考核、激励等方面加强制度建设，形成长效机制，不断赋予"人文行走"长久的生命力，使"人文行走"在杨浦能够常态化开展下去。

家园文化：睦邻家园建设提升杨浦温度

一、背景·缘起

杨浦区是上海人口密集度较高的中心城区，拥有130万常住人口、302个居委会。近年来，人民群众的精神文化需求不断提升，杨浦作为一个建成时间早的老城区，部分社区设备设施等较为老旧，难以满足新时代群众文化活动开展的要求，而多元参与的治理格局也更加难以形成。

城市可以阅读、家园拥有温度、文创令人怦然心动，这是杨浦的文化愿景，也是杨浦文化人奋斗的目标。睦邻社区是夯实中国文化自信的基石。睦邻家园建设要破解的核心问题就是社会参与度低。近年来，杨浦区文化局紧紧围绕市委关于创新社会治理加强基层建设"1+6"文件精神，落实区委关于全面推进睦邻家园建设的要求，将中国传统睦邻文化与现代社会治理理念相融合，自治共治德治法治并举，推动社会治理在形态、空间、文化、机制等多方面的突破，不断完善公共文化服务能级，从阵地建设、文化配送、基层群文团队培育、创新工作机制等方面入手，构建睦邻文化体系，建设"敦亲睦邻、守望相助"的和谐关系，从而为人民提供更加和谐宜居的生活环境。

二、举措·机制

睦邻家园文化建设带给社区居民的不仅是暖人心脾的温情，更重要的是汇聚成敦亲睦邻的时代新风：邻里矛盾减少，邻里愈发和谐，不文明行为减少，好人好事增多，居民素质得以提高，社区文明程度逐年攀升，一种邻里和睦、守望相助、热心公益、奉献社会的新型邻里关系正在杨浦区悄然形成。

（一）睦邻家园的文化定位

《周礼》中说："五家为邻，五邻为里。"睦邻家园就是在睦邻中心的基础上对社区和基层治理进行再造之后形成的多层化的共同体。通过多年的运作和建设，杨浦区睦邻中心已积累了许多成功的经验，如何进一步推动睦邻中心向睦邻家园发展，丰富睦邻家园的文化内涵，要对睦邻家园的文化定位进一步明确。睦邻家园最终要形成"社区是我家，管理靠大家"的自治环境，营造"睦邻友好、守望互助"的邻里家园文化氛围，并成为展示和传承中国优秀传统文化的空间和平台，让城市成为人民和睦相处的温暖空间。

（二）举办"睦邻节"，弘扬优秀传统文化

为深入贯彻落实中央关于保护弘扬中华优秀传统文化的新部署，加大传统文化宣传力度，激活基层群众文化活力，自2016年起，杨浦区文化局连续三年成功举办睦邻文化节，如今睦邻文化节也已成为杨浦市民熟知的文化品牌活动之一。杨浦区一年一度举办的"睦邻节"，由各睦邻家园选派代表性节目参与展示和汇演，如非遗项目展示、手工艺作品展览、优秀居委文艺团队展演、民俗活动展演等，多样的活动形式充分调动了各睦邻家园自身文化建设的热情，集中展示睦邻家园文化建设成果，弘扬中华优秀传统睦邻文化，培育新时代的睦邻精神，丰富睦邻家园文化内涵。

2016年，首届睦邻文化节恰逢端午佳节和"文化遗产日"，杨浦区文化局携手区社建办、区商务委、区民政局在上海国际时尚中心策划举办了一场具有海派特色和区域特点的非遗项目专场展演。在睦邻文化节上，与"非遗"亲密接触后，市民们纷纷表示希望今后能将"非遗大戏"更多地演到居民身边。首届睦邻节的成功举办，调动了社会各方参与睦邻家园文化建设的热情，让文明、和谐、敦亲睦邻的理念深入人心，让人与人之间的关系更为融洽。2017年，杨浦区创作的睦邻家园主题歌曲《邻里之间》在当年睦邻文化节首发。2018年，结合居委综合文化活动室服务功能创建提升，通过网络直播的形式进一步扩大活动影响力，增强了居民群众对睦邻文化和社会主义核心价值观的认同感，大力弘扬中华优秀传统文化、培育新时代睦邻精神。

（三）紧扣核心价值观，《邻里之间》歌声绕梁

"门对着门，院挨着院，低头不见抬头见。我们有幸成了邻居，这是千年修来的缘……"一首以睦邻家园为主题、真实刻画居民生活的歌曲《邻里之间》在杨浦区2017年睦邻文化节上首发，来自杨浦区12个街道（镇）的100多名文艺骨干、数百名"左邻右舍"们也跟随着歌曲跳起了广场舞，全民狂欢，其乐融融。这首歌成功入选中央文明办、中央人民广播电台指导，中国文明网、央广网主办的"唱响主旋律、喜迎十九大"网上社会主义核心价值观主题歌曲征集传唱活动的20首优秀作品之一，荣获2017上海市"唱响主旋律"社会主义核心价值观优秀歌曲金奖。

睦邻之歌的创作，凝聚了主创团队半年多的心血，从创作班子组建开始，团队上下就耗费了大量时间深入居民"走亲访友"、走访社区体验生活，拜访区社建办等相关部门、求教学者专家了解睦邻文化深层内涵，再通过召开座谈会、研讨会探讨碰撞、集思广益，尽力将文化内涵和社区精神融入进去，几易其稿、不断打磨。为了更广泛地传播睦邻文化，杨浦区文化局还特邀上海小荧星艺术团资深编导为《邻里之间》编创广场舞，在睦邻文化节上展示之余，还迅速组织参与首演的舞蹈骨干们将这支广场舞传播到全区12个街道的300余支社区舞蹈团队、近万名群众中去，让广大社区歌舞爱好者通过唱跳等群众喜闻乐见的方式带动更多人感受杨浦睦邻家园的温馨与美好，增强居民群众对睦邻文化的价值认同，提升城区温度。

（四）创新公共数字文化服务，丰富睦邻家园文化内容

除了每年一次的睦邻文化节，为了让社区居民方便快捷地享受到家门口的文化服务，满足睦邻家园居民多层次的基本文化需求，增强其文化获得感，也是睦邻文化建设工作中的重点。想要激活睦邻家园的文化活力，公共文化服务能级的提升必不可少，这首先体现在硬件设施的改善上。有了场所、设施的保障，文化活动才能顺利进行，才能有人气。杨浦区立足"一室一园一方案"，对社区内老旧或利用率不高的公共空间进行调度整合，实施更新治理。同时，针对老旧小区的特点，以嵌入式、就近性、友好型的改造方式，建设室内、室外各具特色的文化客厅。

　　有了文化阵地，更要有优质的文化内容。为打造中心城区10分钟公共文化圈、丰富睦邻家园文化内容，加快激活文化资源配送机制，有效对接社区居民的文化需求，杨浦区以人民为中心的文化资源配送工作也在悄然发生着变化：文化资源配送项目承接主体由单一的街道社区文化活动中心进一步延伸至睦邻中心、居委活动室；文化资源配送模式也转换为“百姓喜欢我操办、百姓点单我配送”的O2O模式；文化资源配送内容包括文艺演出、特色活动、展览展示、文化讲座、文艺辅导等市民喜闻乐见的文艺活动，睦邻家园的文化服务和产品日渐丰富起来。同时，杨浦区还出台了资源配送“1+3”制度体系，从主体分工、工作流程、考核监督到项目采购、招标评审、两级点单、信息反馈等各个方面，对项目管理主体、承接主体和点单主体等都进行了权责细分，判定了相应的奖惩规则，让受百姓的欢迎程度与配送主体的效益充分挂钩，让绩效管理成为动能。

三、创新·成效

　　睦邻家园是深入贯彻落实上海市委提出的创新社会治理加强基层建设的有效手段，更是杨浦区向上海乃至全国展示的重要标志和品牌。紧紧围绕提升老百姓的获得感和满意度为核心，努力探索睦邻文化传播新模式，营造温馨的社区氛围，打破科技时代带来的人与人之间的壁垒，杨浦睦邻文化节依托于睦邻家园品牌，在发挥群众参与社会治理的主体作用和积极推动社会主义核心价值体系建设上取得了明显成效。

　　（一）建设以百姓为中心的睦邻文化

　　从2017年起，杨浦区先后开展了“睦邻中心实地数据调研”“公益电影承接基础信息调研及场地测量”等专题调研，找准方向，抓准依据，积极探索文化资源的精准供给。为了让社区居民方便快捷地享受到家门口文化服务，满足睦邻家园居民多层次的基本文化需求，增强其文化获得感，2018年，杨浦区开发上线了“公共文化资源配送平台”，以信息化手段支撑资源预约、额度管理和信息发布，为分析把握辖区居民的文化兴趣点沉淀积累大数据支撑。与此同时，杨浦区还印制了《公共文化资源配送清单》

和《文化大调研·听听您的心愿》点评反馈单,配送清单囊括4大类469个文化配送活动项目,提供各基层文化阵地点单。心愿单则是让市民参与"评星""续约"。区文化局、街道(镇)和各基层活动阵地还适时收集公布下阶段的活动预告单,方便不同人群根据个人喜好就近参加活动。以百姓意愿为引擎,让市民直接参与到文化资源配送之中,这调动了社会各方参与睦邻家园文化建设的热情,对于弘扬中华优秀传统文化、培育新时代睦邻精神也大有裨益。

(二) 培育有社区特色的文化活动品牌

文化建设的作用是潜移默化的。杨浦区文化局秉持以文化滋润提升邻里和睦的社会治理理念,强调深耕"睦邻"再出发的目标定位,积极培育有社区特点、参与面广、喜闻乐见的睦邻文化品牌。除睦邻文化节外,杨浦区以市民文化节为主线,每年先后举办元宵巡游灯会、风筝节、非遗节和端午民俗等一系列市区级重大活动。品牌展庆与传统文化交相辉映,辐射带动睦邻社区的主题活动亮点频出。以文明宣传、科教普及、文化娱乐、体育健身、法律咨询、为老服务等为主要内容的各类群众文化团队有了固定的活动场所和时间段交替开展活动。杨浦区有1 715家社团备案的群团组织,依托"百姓艺苑""院团结对"的多年合作积累,扶持培育优秀团队和带头人的成长,支持新人的基层创作,着力打造院团共建基地、非遗传习基地、群文活跃基地和人才培养基地等,共建多姿多彩、其乐融融的文化乐园。

四、启示·展望

杨浦区文化局将牢牢把握"坚定文化自信"一条主线,始终坚持文化事业和文创产业"两翼齐飞、共同发展"。

(一) 以文化人,营造睦邻亲善邻里文化氛围

坚定文化自信,养成文化自觉,绝非一日之功,要用春风化雨般的方式,营造出"睦邻亲善、里仁为美、谦恭礼让"大家园似的文明氛围,让群众乐于进行自我管理、自我服务。要充分借鉴睦邻之歌创作的成功经验,盘活政社、政企等各类资源,探索共建共享模式,营造和谐温馨的邻里文化氛

围,打造睦邻家园文化新形态。

（二）升级产品,丰富睦邻家园文化建设内容

按照"互联网+公共文化服务"的思路,以人为本,对接社区居民的文化需求,依托"东方社区信息苑""文化云"等智慧服务平台,深化创新公共数字文化服务,将服务触角进一步延伸至睦邻家园,促进文化与科学、民生等领域实现跨界融合,将智慧化的社区文化服务精准配送给各类人群,让社区居民方便快捷地享受到家门口的文化服务,满足睦邻家园居民多层次的基本文化需求,增强其文化获得感。

杨浦区文化局将持续推动实现"城市是可以阅读的、家园是有温度的、文创是令人怦然心动的"三大愿景。今后将继续举办睦邻文化节,围绕睦邻家园建设,不断丰富睦邻家园文化内涵,进一步加强社区民生建设,切实提高广大市民的综合素质和文明程度,建立平等互助、团结友爱、热心公益、奉献社会的新型邻里关系,充分展示杨浦区群众性精神文明建设的丰硕成果。

品牌文化：利用"多代屋"概念打造控江社区教育新内涵

一、背景·缘起

杨浦区控江路街道办事处位于杨浦区中部，辖区面积达2.15平方公里，有25个居委会，户籍人口近10.8万人、3.2万户。控江路街道社情民生概括起来具有"一高三多"的特点："一高"，即人口密度高，每平方公里平均居住人口接近5万人。"三多"，即老年人口多，60岁以上老年人口接近3万人，占户籍人口的35.70%，高于市区平均水平；低收入人口多，享受低保的有1 300多人，占户籍人口的1.56%；老房子多，老旧小区占住宅总数的69.00%。同时，辖区内具有教育资源丰富的优势，有各类学校16所，其中包含了控江中学、现代音乐职业学校、杨浦职业技术学校、上外附属双语学校、控二小学等名校。此外，杨浦区教育局、杨浦大剧院也坐落在该辖区内。

控江路街道社区教育工作紧紧围绕杨浦的"三区联动"理念，以控江特有的多代家庭服务为抓手，充分整合、挖掘辖区教育资源，积极引入市区专业文化资源，满足和回应市民的需求。同时，实行跨界合作，与专业社会组织携手，以区域共治与自治实现社区共建和共享，以社区教育的民生服务呼应社区的自转和公转，以社区品牌的创建与发展为载体，将社区教育融入社区治理，不仅打造了控江社区教育新内涵，实践了睦邻文化"多代融合、互帮互助、共同发展"的理念，更融入上海特色和控江特点，旨在打破家庭界限，形成多代和谐共处、亲子欢乐教育的和谐氛围。

二、举措·机制

控江路街道努力建设以家庭代际服务为内涵的"多代屋"品牌，通过

"多代融合代际沟通"密切家庭成员关系，激发社区文化活力，打造小区
"三代同堂"和睦共处的社区新形态，改变了原来将单一服务功能作为发
展社区服务的方式，将更具人性化的服务理念贯穿于各类服务项目中。

（一）多代文化注重融合，打造社区教育品牌

根据辖区特点，控江路街道将社区教育融入社会治理和服务的管理格
局中，以人民群众为出发点，建设有温度的城市。

一是在打造多代融合品牌的过程中做到了三个"注重整合"。首先是
注重整合社区单位公共资源。控江路街道不断发挥社区在教育教学方面
的优势，整合辖区内的活动场所、学校等文化和教育资源，不断扩大"多代
屋"品牌的受益面、参与度和覆盖面。从2016年起，街道开设了控江"多
代文化"讲坛，组建了一支讲师团开展各类讲座，深受家长们的欢迎。其
次是注重整合志愿者服务资源，街道组织培育起了一支由专兼职教师、法
律工作者、儿童教育专家、心理学工作者等富有专业知识的小区居民组成
的志愿者队伍，参与到"多代屋"的日常管理运作、活动设计和组织实施
中，从而实现"多代屋"的自我管理、自我发展、自我完善。最后是注重整
合社区居民实际生活需求。根据辖区内不同片区的人口结构、小区特点和
居民实际生活需求，有所侧重地在家庭公共服务项目中加入各具特色的社
区教育和社区文化要素，拓展了"多代融合"的社区教育新内涵。

二是着重建设以个性化群体服务为支撑的"妇女之家"。妇女工作的
舞台属于妇女群众。妇女之家重要的功能之一就是自治建设。这既是妇
女意愿收集的重要通道，也是创新社会治理的有效探索。杨浦区妇联为拓
展妇女群众在社区管理、社区服务和社区文化建设方面的参与、合作、分
享空间，增强妇女的公民意识，推动妇女之家由"公转"到"自转"、由"管
理"到"治理"的转化，控江路街道制定下发了一系列妇女之家议事会建
设的要求、制度和标准，并重点抓了两方面工作：一方面是精心培育管家，
在各居委选出热心妇女事务的志愿者担任妇女之家负责人，让妇女群众以
主人的身份直接参与妇女之家的自我管理中来，并通过对负责人的系列培
训，增强其管理能力。另一方面是夯实自治队伍，以妇女议事会推动社区

妇女工作自管、自转、自治,不断增强社区文体团队带头人、妇女代表、业委会成员等群众在社区事务中的作用,因地制宜地开展形式多样的妇女之家自治建设,引导更多的妇女在社区治理中发挥聪明才智。杨浦区妇联以"紫城——妇女之家"为试点小区,使妇女之家真正成为社区妇女和儿童需求满足的服务平台、互动联动的枢纽驿站、民主自治的实践舞台。

三是努力推动以青少年增能为导向的"伴学成长"。近年来,控江路街道启动了系列"成长增能驿站",进一步搭建起学校、家庭、社会三位一体关爱青少年健康成长的桥梁。街道社区志愿者服务中心携手上外双语学校、街道睦邻中心携手上海理工大学慈善义工队纷纷开设公益课业辅导班,为双职工家庭解决了放学看护,祖辈辅导孩子功课力不从心的后顾之忧。街道依托仁宇社会事务服务中心,开展了弱势青少年关爱项目,引导青少年走出成长困境,提高个体的危机处理能力、情绪管理能力和人际交往能力,融入社区生活、实现自我价值、形成伙伴支持。文化活动中心与明德公益基金会携手开展了"小豆豆项目",此项目是一个为6~12岁留守儿童、当地困难家庭提供补充教育的社区公益项目,通过趣味课堂、爱心暑托班以及个人陪伴辅导等形式,帮助孩子健康成长。社区学校整合区域资源优势,开设"一点学堂",通过讲座、参观、微论坛、故事大赛、非遗课程体验等丰富多彩的形式,为青少年健康成长助力。

(二) 依托学习团队联盟优势,打造社区教育新内涵

控江路街道不断丰富控江社区教育理念,依托学习团队联盟优势,努力打造控江社区教育新内涵,致力于形成多元自治的格局,以及向善的新风尚。

一是团队联盟,形成社区教育多元自治。控江文化精品团队联盟成立于2016年3月,是受控江路街道领导的一个群总行的专业文化团体,主要是协助街道深入开展社区群众性的文化活动,对有基础、有特色、有潜力的专业团队运用多种途径帮助其发展。控江文化精品团队联盟制定了控江文化精品联盟理事会章程,明确理事会开展活动的思路目的、组织机制、职责要求,使理事会按规定、规矩办事,有序地组织活动。经过多年的扶植培育，"书江苑""鼓舞队""阳光乐园""同趣摄影""麦秆奇趣""同乐艺社""民艺工坊""梦之韵时装队""世纪艺术舞蹈团"等一大批极具影响力、成绩斐然的自主学习型团队活跃在控江社区的大街小巷。这些团队传递着社区教育和文化的正能量，是活跃在社区百姓生活当中不可或缺的接地气、有生命力的队伍。

二是辐射引领反哺社区，推动社区教育向善风尚。团队联盟还常常发挥不同团队的特长，服务社区，真正体现了"老有所学、老有所乐、老有所为"，推动了社区教育向善新风尚。"同乐艺社"成员利用暑假为社区小朋友开设免费的书画教学课。"民艺工坊"积极参加各类送温暖活动，为独居老人编织围巾、手套、袜套，献出自己的爱心。"同趣摄影"成员在街道睦邻中心幸福照相馆为社区居民免费拍照。"梦之韵时装队"成员多次到敬老院慰问演出。"书江苑"成员群策群力，采编社区新闻，撰写社区好人好事，印制《控江笔谭》小报并发放至各居民学习点，丰富社区居民文化生活，弘扬社会正能量。

三、创新·成效

控江路街道创新社区教育理念，挖掘整合资源要素，注重与市、区专业院团及其他单位的跨界合作，形成合力，创新社区教育新格局，为人民群众提供喜闻乐见的教育和文化服务。

（一）与上海歌舞团结对共建，提升社区教育课程吸引力

由辖区内居民组成的控江世纪艺术舞蹈团从2000年初建至今，一直活跃在国际、国内各级演出舞台上。2007年，该舞蹈团与上海歌舞团"院团结对"共建后，在专业编导的带教下，每年创作排演1～2个原创作品，荣获全国、市、区各类群文比赛金奖、特等奖、一等奖等44项殊荣，还荣获了上海市优秀学习团队、上海市民文化节百强团队称号。2013年，控江世纪艺术舞蹈团受邀参加了北京钓鱼台国宾馆驻华使节春节团拜会演出，获得了现场数百位中外来宾的赞誉。同年8月，舞蹈团又受邀赴美国新泽西州和纽约市等地参加中美社区文化交流演出活动，为中美两国的社区文化

交流架起了新的桥梁。2015年9月,舞蹈团代表上海市政府受邀参加在芬兰埃斯波市举办的文化交流活动,获得了国际赞誉。2016年12月,舞蹈团新作品《梨园漫步》在"百姓艺苑"杨浦区社区与"院团结对"共建成果展演中荣获最佳表演奖。

（二）与上海电视台结对共建,丰富社区教育平台活动载体

控江路街道依托上海电视台纪实频道打造"真实影院"社区教育品牌项目。在睦邻中心播放纪实频道的优秀纪录片,纪实频道著名主持人和编导深入社区与观众进行面对面的互动与交流,让社区百姓走近纪录片、走近编辑室,让居民了解纪录片拍摄的幕后花絮,从而丰富控江社区教育的活动载体。近年来,控江路街道陆续开展了"多代融合　共享精彩"——中德"多代文化"暨控江市民文化节"社区日"交流展示、"真实中国·影像巡展"——控江社区"真实影院"进党建联建单位（上海理工大学）、"定格平凡幸福 共谱志愿篇章"——"真实影院"进控江社区等主题活动,充分发挥了上海电视台纪实频道的文化资源优势,逐步形成了控江社区教育特色品牌,睦邻中心深层次挖掘社区新力量,结合上海电视台为社区中老年人搭建了一个展示风采、放飞梦想的大舞台,为社区管理与服务起到了良好的宣传教育和推动作用。

（三）与市区专家智囊团合作,智慧引领社区教育良性常新发展

近年来,控江路街道通过聘请上海市政府参事以及全国知名专家、学者多次开展终身教育社区品牌建设工作的"头脑风暴",围绕控江"多代屋"建设,研究讨论控江"多代融合平安宜居"模式的新载体和新内涵,探索"多代屋——多代链——多代基地"的发展新模式;围绕开展"书香控江天天乐"等社区教育系列活动,以社区文化、社区公共服务等品牌建设提升公益效应,发挥社区教育特色品牌建设的作用,切实为社区教育提供了新理念。

（四）与高校联动发展,构建社区教育活动平台实现双赢

近年来,控江社区教育委员会积极响应上海市委市政府"建智慧城市、做智慧市民"的战略目标,启动了"城区居民进高校学习"项目与"杨

浦市民高校直通车"项目,组织社区居民进入杨浦各大高校听课学习,开展高校教师送讲座至社区活动。控江社区教育委员会与上海理工大学共建,签署了"传承历史 繁荣文化"民间传统文化进高校协议书,将社区教育特色课程"麦秆奇趣"引入高校课堂,实施学生民间艺术素质教育。上海理工大学学生定期前往街道社区学校、黄兴中小学与非遗传承人一同传播非遗文化。此外,街道还与辖区学校联动共建,组织社区居民前往凤城新村小学集邮馆、黄兴青少年艺术馆学习体验。

四、启示·展望

建设好学习型社区,是创新社会治理的必然要求,也是构建社会主义和谐社会核心价值观的重要内容。杨浦区将继续发挥好全国社区教育示范街道、全国创建学习型社区示范街道的带头作用,以睦邻中心、学习型团队品牌建设为载体,引领更多社区居民参与到社区教育终身学习中,以市民的获得感和满意度为核心,丰富控江社区教育的新内涵。

(一) 依托睦邻中心,优化设施布局

在服务项目的设置上,问需于民,实施市场化运作,委托第三方公益性组织或企业进行托管,社区、社工和社会组织"三社互动"。在原"多代屋"的基础上,又根据民生需求和杨浦科创中心承载区建设要求,增加了惠民屋、智慧屋和创客屋。控江睦邻中心延续了第一代"多代屋"的特色,将睦邻中心打造成了升级版的"多代屋",使多元主体参与社区教育有了载体,使区内外社区教育资源有了整合平台,能为不同年龄的社区居民提供个性化、菜单化的服务。各个年龄段的社区成员只要走进睦邻中心,都能感受到家的温暖,居民们因"屋"相聚、因"屋"相融、因"屋"相学、因"屋"相识,在这里没有代际鸿沟,拉近了彼此之间的距离。这种以"屋"满足需求、以"屋"交往融合、以"屋"凝聚人心的做法,引导社区居民广泛参与社区教育,在参与中学习,在学习中提高。

(二) 培育学习团队,建设温馨家园

多年来,控江路街道办事处鼓励和引导社区居民自发组建形式多样的学习团队,促进学习团队内涵化发展。现有125个学习团队,其中包括一大批极具影响力、成绩斐然的优秀学习团队。今后将依托以下四大策略深化和拓展团队学习模式:一是提供支撑,深化学习团队平台建设。以专职老师、专人协调、专项经费保障、专用场所保证,来支撑学习团队工作。二是打造队伍,依托学习团队领袖引领。学习团队中的"核心人物"是团队的骨干力量,对于引领、培育学习团队起到了积极的作用。因此,街道致力于培育团队领袖,逐步形成"1+1"的学习共同体管理模式(即以一位学习团队领袖带动一群志同道合的乐学者一起学习),实现自我组织、自我教育、自我管理、自我服务,达成社区自治、教育惠民的目标,不断增强凝聚力和创新力。三是建章立制,规范学习团队过程管理。指导学习团队制定章程,形成自治管理机制。在互相尊重、民主协商的基础上建立管理制度,明确自治管理的指导思想、发展目标、运行方式、小组成员和主要职责;完善学习团队评价标准,形成有效的激励机制。四是搭建平台,展示学习团队学习成果。控江路街道努力挖掘辖区内外优质教育资源,为学习团队搭建各类学习的平台,搭建多元的展示平台,充分利用每年的市区和街道学习节、市民文化节,以及全国和市区各类比赛让学习团队成为舞台上的主角。

礼治文化：礼治社区实践推动
殷行睦邻家园建设

一、背景·缘起

党的十八届四中全会提出，建设社会主义法治国家必须坚持依法治国和以德治国相结合，大力弘扬社会主义核心价值观，弘扬中华传统美德，发挥道德的教化作用，强化规则意识，倡导契约精神，弘扬公序良俗。礼作为民族文化载体，已成为我国传统文化中不可或缺的一部分，它蕴含了许多值得现代人吸收和继承的超越时代的价值。礼治是在依法治国的基础上实现以德治国的重要抓手，礼治一方面可以调动人民的积极性，自下而上推动人民参与城市建设；另一方面可以建设和谐的社会氛围，自上而下引导各级政府践行为人民服务的方向。

为贯彻上海市委市政府《关于进一步创新社会治理加强基层建设的意见》"1+6"文件精神，杨浦区社建办、殷行街道会同复旦大学当代中国研究中心坚持依法治理和以德治理相结合，共同探索礼治社区建设。通过礼治社区的实践试验，发挥"礼治"传统文化的精髓，实现现代城市社区与传统文化的有效对接，寻找社会治理与传统儒家思想的结合点，通过文化建设打造睦邻关系，探索有中国特色的社会治理新模式。街道在进行了第一轮礼治社区建设的探索与实践之后，成功创建了第一批以闸一居委与工三（2）居委为代表的"爱之礼"与"和之礼"社区，受到社会各界的一致认可与好评。在此基础上，街道与区社建办、复旦大学进一步探索礼治社区建设的规律，在开鲁一到六村启动新一轮的片状礼治社区探索。

二、举措·机制

街道按照"以点带片—片区引领—全面铺开"的"三步走计划"，初步形成了"礼治楼组—礼治小区—礼治片区"的礼治社区建设形态。

（一）"软硬兼施"，解决一批"急难愁盼"问题

街道一手抓礼治景观硬件，一手抓礼治项目软件，聚焦小区公共服务提供中的"常见病、多发病、慢性病"，积极解决或回应居民日常生活中的突出问题，提升群众满意度。结合睦邻家园建设，在礼治项目上下功夫，坚持"问题导向、需求导向、效果导向"的理念，将小区共性问题项目化。街道引入专业社会组织国信社创中心为"礼治社区"建设进行问题诊断、推进研讨和行动指导，整合汇总各小区居民的"急难愁盼"问题，项目团队全程参与"礼治社区"建设以及礼治项目培育辅导工作。根据开鲁片各小区的不同特点，挖掘不同的"礼"的内涵，形成"一居一礼"的品牌化效应。从试点居委闸一"爱之礼"、工三（2）"和之礼"到开鲁片区一村到六村的"合之礼""乐之礼""公之礼""仁之礼""融之礼""安之礼"，通过赋予每个小区叫得响的礼治名称，带动居民参与自治的积极性，增强居民对小区的认同感。

（二）"以'礼'服人"，健全一套行之有效的治理机制

街道始终把"礼规"（即社区秩序规定）的构建作为重中之重，让居民在重建的"礼规"中，实现自我教育、自我管理、自我服务，形成具有本社区特点的治理文化。通过搭建"礼治睦邻平台"，形成"礼治睦邻公约"，在处理协调日常公共事务中，充分运用基层民主协商，自下而上形成议题，提升社会治理参与度。通过注重参与，让礼治公约百花齐放。开鲁片根据社区长期存在的问题，以及社区居民的意见和建议，群策群力，修订形成了较为充实的礼治睦邻公约。每个小区公约的制定都由社区居民共同参与，集众智为一体，这样更容易得到居民的认可和长期自觉遵守。公约的产生过程，经过了发现社区问题提出处理规则——根据旧约形成公约草案——群众讨论修订——表决通过社区公约草案到公布——宣传并践行公约内容五个关键步骤。礼治睦邻公约诞生的意义不仅仅流于形式和公约本身，更重要的是在制定公约的过程中，激发了社区居民共同参与社会治理的积极性，形成了"小区是我家，我来治理它"的主人翁意识，达到了居民自治

的根本目的。正是在这种文化观念的引导下,让居民形成了自治的规则和习惯。

(三)"招贤纳士",集聚一批具有公益精神的社区骨干

街道以"礼治睦邻楼组"建设为切入点,发挥居委带头人的牵引作用,带动楼组长和社区志愿者,培育有感召力、具有公益精神的社区能人贤达,提升居民的社区认同度。如开鲁一村12号楼组从2006年起,就在楼组长颜秉周的带领下自发开始清理堆物,打扫卫生,楼道清洁、邻里和睦的12号楼成为小有名气的文明楼组。

为了给社区达人更好的展示平台,街道成立了"自治达人俱乐部",引入乐心等社会组织以政府购买服务的形式具体负责俱乐部的运行,为一批社区自治骨干搭建交流和自我提升的平台。在社会组织的指导下,达人们对自治概念的认知更加清晰,对开展楼组自治也有了更深的理解,越来越多的自治达人成为各类自治项目尤其是楼组自治的带头人,守望相助、敦亲睦邻的浓浓温情在殷行各个楼组中逐渐形成。

三、创新·成效

通过制订"一居一礼"方案带动"礼治精神、礼治平台、礼治规约、礼治景观"四要素的落地实施,"礼治"推动"自治"的星星之火在殷行呈现燎原之势。

(一) 在硬件设施上下功夫,通过"拆、改、建"的手段给小区"变魔术"

工三(2)居委礼治项目"邻里公约"的子项目"行车之礼",通过紫藤议事会居民代表协商成立"车主之家"俱乐部,给车主发放"行车之礼"停车卡,有效缓解了小区"停车难"的问题。如今小区居民行车有礼有节,不再为了车被堵或者不必要的碰擦争得面红耳赤。

闸一居委礼治项目"一楼一景"中的15号楼组作为"爱的缘起"始发地,通过聚集居民中的绿化达人并给予专业指导,激发居民美化小区的积极性,让原本杂草丛生、垃圾随处可见、自行车乱停放的居民楼前成为绿意盎然的公共绿地,有效解决了小区"环境差"的问题。如今原本陌生的居民也因为楼前这片小天地熟络了起来,群策群力为小区环境改善出谋划策。

国二(1)居委的礼治睦邻楼组项目引入社会组织,着重对楼组长和骨干进行专业辅导和培训,并建设楼组自治评比标准,实现了楼道环境整洁长效常态,有效解决了小区"楼道堆物"的问题,如今居民一进楼道就有家门口的"客厅"的感觉,让前来参观学习的兄弟街道成员每每踏进楼道,都有想要脱鞋的感叹。

市四(3)居委的"暖心车棚助力睦邻家园建设"礼治项目,通过给非机动车车棚拆除隔间、清运杂物、内外墙粉刷、加装视频监控设备、移动电控防盗门和充电桩,实行刷卡进出,一改以往的脏乱差形象,有效解决了小区"老旧车棚安全隐患"的问题。如今非机动车车棚内停放车辆有序,成为杨浦区第一家"无人看管车棚"。

(二)注重协商,让礼治平台发挥作用

开鲁一村的"星之联"社区议事联席会围绕"联合社区党建、联合社区单位、联合社区骨干、联合社区居民、联合社区楼组"五联核心内涵,形成了居民区多元自治主体共同参与"合之礼"礼治社区建设的良好局面;开鲁二村的"乐事会"开二居民共事厅则是以现有景观"乐闲亭"与"乐健亭"两个亭子为源头,围绕"孝亲敬老全家乐""邻里和睦喜乐乐""家园整洁社区乐""小区平安众人乐""爱心服务奉献乐"的五乐核心价值,打造了"乐之礼"礼治社区建设新景象;开鲁三村的"邻里话事堂"是以开鲁三村为解决小区内三幢大楼历史矛盾和"公共议题"而成立的"邻里之家"大楼管理小组为原点,围绕"公心""公信""公益"核心内涵,打造的协商议事平台,有序推动了"公之礼"礼治社区建设;开鲁四村的"星耀家园"议事堂以社区"星级楼组"创建委员会为基础,同时引导社区党员骨干、志愿者骨干、社区团队骨干、爱心小屋骨干、绿化景观爱好者、物业等人员参与,打造"敬老互助团队文化、爱心慈善公益文化,美丽和谐家园文化、多彩星级楼组文化"的核心内涵,开启"仁之礼"社区的"仁爱之旅";开鲁五村的"融信堂"议事平台是在有着浓郁自治氛围的基础上,将11支自治团队的骨干作用发挥得淋漓尽致,不仅"融合"了众多居民,更"包

融"了多元的文化内涵，通过"融不同、融差异、融多元"的包容文化打造
具有地方特色的"融之礼"礼治社区；开鲁六村的"孝安自治礼事会"则
是发挥校园安全护卫队和礼治孝亲楼组等社区骨干力量的作用，积极倡导
社区内尊老敬老、互帮互助、文明友爱的社会主义新风尚，开启"安之礼"
礼治社区建设的新篇章。

（三）培养能力，提高社区能人创新意识

2015年居委会换届选举后，殷行街道组织开展社区工作者"培力计
划"，引导社会组织专业社工定向指导居民区，开发设立七个示范型自治
项目，推动居民自治实践不断深入。其中，开鲁一村"12号幸福文明楼"、
国二（1）"自治全覆盖，我爱我家园"等项目成为楼组自治实践的最佳实
施载体。在此基础上，街道还引入上海闵行乐心社会工作服务中心，开设
"乐支援"居民自治指导支持服务项目，以自治项目为切入点，从前期调
研、问题诊断到建立平台、辅导培训、监测督导、运作实施，自治达人们对于
"自治在小区治理中发挥什么作用、如何提升自治创新意识"等有了更深
刻的理解。此外，在社区能人的热心协助下，垃圾堆物处竖起了礼治主题
雕塑，乱涂鸦的围墙变身成礼治LOGO和礼治文化墙，无人问津的小道成
为紫藤议事长廊，老小区一改"脏乱差"的旧貌。由此可见，小区环境在得
到美化的同时，也深入宣传了中国传统优秀文化，彰显了礼治主题，弘扬了
居民身边的善行，塑造了以"爱""和"为主题的地标性构建物。

四、启示·展望

当前礼治社区建设存在的问题主要有：礼治景观缺位，展示和示范效
应不够；局部亮点多，统合程度低，没有形成合力；礼治项目创新力不足，
社区动员力和影响力有待加强。针对以上问题，殷行街道做了如下对策。

（一）深化礼治公约

深化礼治公约，以"规划—方案—公约"三步走的制度建设为抓手，提升
礼治社区法治化水平。"名正才能言顺"，聚集资源形成合力需要制度引领。

一是充分调研、提前研判，形成三年行动规划。根据区委关于睦邻家

园建设系列方案,立足殷行街情及前期成果,深度结合党的十九大创新社会治理有关精神,尽快形成符合区委要求兼具殷行特色的礼治社区暨睦邻家园三年行动计划。

二是认真梳理形成合力,制订年度实施方案。认真梳理居民需求,汇总形成礼治景观(空间营造)、礼治睦邻楼组建设、礼治睦邻车棚等项目化运作内容,根据年度各项工作时间节点形成推进步骤清晰、项目运作量化的礼治社区实施方案,更好地协调汇总社区资源,引导居民区按节点有序推进礼治社区建设。

三是仔细研究工作方法,提炼特色工作公约。礼治社区建设内涵丰富,各个领域的实践探索都有着自身的规律,仔细研判其规律,提炼形成礼治景观微更新、礼治睦邻楼组建设等各个领域特色工作公约。行动规划定方向、实施方案抓推进、礼治公约重落实,以此形成"三步走"制度体系,有效提升社会治理法治化水平。

(二)创新礼治项目

创新礼治项目,以"自治项目微创投""社区空间微更新"两微大赛为抓手,提升礼治社区社会化水平。依托殷行街道社区公益基金会平台,引导社会组织助力礼治项目创新,立足殷行街道自治达人俱乐部平台,力推自治达人成为项目主角;创新优化原有自治金项目流程,强化居民主体参与,通过案例分享、培训座谈激发自治达人的活力,开展项目初审和专业指导,完善项目方案,通过专家评审和微信海选确定实施步骤,组织互动交流活动,展示项目运作成果。

(三)聚焦自治协商

聚焦自治协商,以"一居一礼"议事平台和"居民区联席会议"规范化运作为抓手,推动礼治社区专业化水平。依托"一居一礼"自治议事平台和居民区联席会议制度,从礼治项目运作到社区公共事务调处时"三会"制度的落实,始终坚持聚焦社区协商民主水平的提升和自治参与意识的培育。通过引入第三方社会组织开展专题培训、指导居民区自治团队逐步提升议事协商能力,培育共商共议能力,形成共建共治共享的共识。

自治文化：新江湾城居民自治委员会打造和谐社区

一、背景·缘起

位于新江湾城西北角的尚景园小区成立于2012年5月，是上海市首批公租房小区之一。小区总建筑面积达15.2万平方米，共有住宅2 201套、居民4 000余人。小区居民呈现以下四个特点：一是来自五湖四海，基本覆盖全国各个省区市；二是"新上海人"居多，占了2/3；三是流动性大；四是年轻白领居多，有着高学历、中高收入的特点，其中复旦大学的教职工在居民中占到了一半。

小区多样化的居民构成，也给居民区管理带来了新难题：首先，尚景园小区产权属于上海公积金中心，由杨浦公租公司具体运作，延吉物业公司提供物业管理服务，主体多元性加大了管理难度，小区没有业委会，居民缺少了参与小区物业管理的平台与途径。其次，居民的地域差异和较大的流动性客观上造成小区居民需要归属感。身在异乡，居民们希望能融入上海，了解本地的文化。另外，居民之间接触少、邻里之间联系少，居委工作推进起来应者寥寥、效果不佳，缺乏凝聚力。

二、举措·机制

针对尚景园小区治理中亟待解决的难题，为改变现状，在居民区党组织的引导下，小区于2014年成立了由居民中的热心社区公益的积极分子和志愿者自发组成的"四海一家"居民自治委员会（以下简称"自治委员会"）。自治委员会从居民需求出发，每位成员都各自负责一支自治团队，开展活动、培育文化，逐步形成"社区+社工+社团"的工作机制，并在工作中明确了"海派文化聚人心，四海一家创和谐"的工作目标，努力让来自各地的市民共同参与到和谐社区的打造中,通过推动居民自治形成自治文化。

(一) 调研居民需求,培育海派文化

尚景园小区居民的特点决定了在这里开展居民自治,需要找准居民实际需求。社区委托第三方社会组织——上海阳光青少年网络矫正师事务所在社区开展摸底调查,调研实际入驻公租房的人员层次、生活需求等,为接下来的工作提供基本的思路。在调研居民需求的基础上,自治委员会先通过开展居民喜闻乐见的活动,如太极拳班、舞蹈班等,引导居民逐步走出家门、融入邻里。在社区活动逐渐丰富后,自治委员会注重发掘海派文化内涵并开展相关的活动,如让来自五湖四海的居民一起说沪语、唱沪剧,让儿童学习"沪语童谣"等。这些活动逐步培育起尚景园小区"四海一家"的文化氛围。

(二) 依托社会组织,搭建沟通桥梁

在居民区党组织的帮助下,自治委员会主动依托社会组织的力量,引进阳光微爱、启步等多家社会组织开展青少年教育、幼儿早教、亲子教育等专业社工项目和服务。其中青少年团体沙盘、暑期蹦床、幼儿早教、欢乐沪语、手工编织沙龙、准妈妈课堂、志愿者培训等活动,均得到了居民的一致好评,也实现了进一步提升居民社区归属感的目标。社会组织在尚景园小区的日常管理中,利用自身的专业技能与居民近距离交流,设身处地地为居民分析新生活环境中可能面临的各种不适应情况,与居民一同出谋划策适应新环境、新生活,为小区居民与居委会之间搭建起沟通的桥梁,求同存异,共同为五湖四海的居民营造一种"家"的感觉。

(三) 形成自治机制,推进长效管理

经过几年的运作,自治委员会制定了《"四海一家自委会"章程》,明确了联系群众、调解纠纷、维稳促稳、防灾救灾等一系列自我管理、自我服务、自我教育、自我监督的工作职责,逐渐形成了"社区+社工+社团"的社区自治机制。经过居委会、社会组织和小区居民的共同努力,尽管小区居民流动性较大、生活习惯不尽相同,小区内部仍然保持相对和谐的状态,通过小区自治平台,陆续展开自治活动。

三、创新·成效

近年来,自治委员会开展了居民议事厅、居民迎新会、尚景论坛、智联地图、邻里牵手项目等自治活动,打造小区品牌项目,居民自治运行机制逐渐成熟。

(一)"四海一家"居民议事厅,多元治理解民忧

自治委员会前期通过每月开展一次的自治委员会会议,就小区中的重点、热点、难点问题进行讨论,寻找解决问题的办法,逐步取得了居民信任。此后,自治委员会成立"四海一家"居民议事厅,作为居民参与小区治理的重要平台。在小区自治及管理议题的收集上,采取自治方式,充分动员居民楼组长和积极分子,通过面对面交流、网络交流等方式,发现小区内存在的问题,收集居民的意见和建议,共同商定小区自治及管理议题。根据议题情况召开居民议事会议,涉及专业管理问题的,邀请管理部门如上海公积金中心、杨浦公租、延吉物业、社区民警、街道有关部门等参加会议,就小区管理议题,寻求解决方案。这样,大到小区大门的改造、小区监控的设置、小区垃圾房的改造,小到小区文明养狗的宣传管理、高空抛物和楼道堆物的治理都得到有效解决。

(二)"四海一家"尚景论坛,凝聚居民齐奉献

小区中活跃着一批热心公益、有志于奉献小区建设的志愿者,发挥自身的特长为其他居民带来精神文化上的福利。其中,复旦大学两名教授创建了文创天地微信群,成立了"四海一家"尚景论坛,组织了25名居住在本小区、在复旦大学等高校工作的教授,在小区开办讲座。他们自发组织、自主安排,每个月在小区开展一次讲座。讲座内容通俗易懂,涉及易经文化、对联故事、中秋节故事、儿童发展心理学等,备受小区居民欢迎。现在,尚景论坛已经成为小区重要的自治品牌项目,越来越多有一技之长的居民加入其中,居民通过互相学习,增长了知识,学会了分享,更融洽了小区氛围。

（三）"四海一家"迎新会，新老住户一家亲

尚景园小区平均每个月有超过20户的新居民入住，为了让新入住的居民更好地了解小区、融入小区，尽快找到家的感觉，自治委员会每季度召开一次迎新会。自治委员会制定出一套处理决策的固定程序，每当新居民入住时就可以按照既定程序进行处理，提高工作效率。在迎新会上，新老居民一起沟通交流小区情况，发放《"四海一家"便民手册》，从交通路线、菜场水果摊、购物场所到社区自治团队、居委会服务项目、文化活动表、便民通讯录等应有尽有，方便了居民生活，也让每一个新入住的尚景人都感受到了来自小区"大家庭"的阵阵暖意。同时，自治委员会引导新居民签订由自治委员会联合居民骨干共同讨论制定的《"四海一家"文明公约》，内容涉及饲养宠物、整洁安全、邻里团结、群防群治、车辆停泊、禁止群租等各个方面。此外，在老居民的引领下，新居民还自愿加入志愿者队伍，充实志愿服务力量。

（四）"四海一家"智联地图，乡愁融入家园情

尚景园小区居民来自五湖四海，为此，自治委员会开发了"四海一家"智联地图，该系统主画面是一幅中国地图，地图上哪个省区市有亮点，就代表着现有或曾经有该省区市的人入住过尚景园；继续点入，可看到具体的居民信息和入住感言。此外，系统还设置了志愿者自治团队介绍、自治文明公约、文化活动表、居委会服务项目、便民服务信息等；继续点击，还可以找到老乡，找寻他们的生活痕迹，体会他们的感触感想，分享各自的感悟，感受来自彼此的温暖。一个个亮点也代表了尚景人热切的心、温馨的情，组成了尚景人追寻梦想、热爱生活的足迹，展现了来自五湖四海的人融入尚景家园的生动画面。

（五）引入专业社工项目，协助自治组织发展

居民区充分利用社会组织在社会治理中发挥的作用，主动引进需求量较大的社会组织：专注于幼儿和青少年教育的专业社工团队，通过各类活动拉近与居民之间的距离。自治委员会还在社会组织的协助下开展了社区LOGO的征集活动，让居民自己构思、绘图、评选出社区的LOGO，推动

着小区自治向更高的层面发展。在专业社工项目的引领下，越来越多的自治团队得以成长。如确保小区安全平稳的安全巡逻队、互相交流育儿心得的尚景妈妈群、提倡节能环保的二手物品交换群、交流各地美味的厨艺班等。共同的目标和愿景让这些团队充满活力，也让尚景园成为充满生机的和谐家园。

四、启示·展望

小区的建设，通过居民自治充分调动了居民的积极性和主动性，入住的居民不仅有家的感觉，还把小区当作自己的家来爱护和经营，从而让整个社区更加和谐、美满，通过鼓励居民共同参与到小区建设中，更好地为居民提供服务。

（一）"以文化带动睦邻"多点开花

类似的"以文化带动睦邻"的措施在新江湾城多个小区都有体现。比如，新江湾城的九龙仓小区是新型高档住宅小区，入住居民普遍是中青年高收入人群，居民中的新上海人占到了50%左右，这些新上海人参与社区活动、融入新小区、融入上海的意愿较高。居民中全职妈妈占比达到80%以上，这些妈妈大多呈现出高学历、高素质、年轻化的特征，她们对提升居住环境、参与社区事务、邻里和睦相融的愿望较强烈。在育儿过程中，她们非常关注孩子阅读习惯的培养，并且想为自己的孩子营造一个集体阅读的氛围，甚至可以互相交流阅读心得，因此就萌生了成立读书会的想法。全职妈妈们将诉求反映到居民自治团体——"爱·馨工作室"后，经过集体商议，通过线上微信群聊与线下居民走访对居民想法有了大致了解，最终决定成立"爱·馨妈妈图书室"。

九龙仓玺园居民区的"爱·馨妈妈图书室"自治项目是在广大居民的共同商议下，根据小区需要儿童图书室的实际需求，集思广益开展而成。经过自治团队、居委会及小区妈妈代表们多次协商，从方案设计、人员组织、物料准备、经费管理到监督实施等一系列环节，都由自治团队和志愿者们共同完成。图书室项目的成功运作离不开居民自治力量，从前期的设计装修,中期的主动捐赠精美书籍,后期的志愿者报名,都体现了居民对该项目和小区的认同感和奉献意愿。

(二) 通过丰富的文化活动,增强居民的归属感、获得感

在尚景园小区,很多居民都是通过小区开展的活动才逐渐认识邻居、熟悉居委会干部,因此要搭建平台,给居民们提供融入社区的途径,让居民融入大家庭。不少搬离小区的居民还经常回来看看,有的是来参加活动,与老邻居聊聊天,有的是来当老师,继续奉献小区。正是这些文化活动,使居民对小区的归属感大大增强,生活上的获得感得以强化。

(三) 通过搭平台,增强居民自主性、创造性

居民区党组织和居委会要搭建平台,引导居民群众自发形成符合居民需求的自治项目,以调动居民的主人翁精神和自治能力,更好地为小区治理做出努力。比如尚景园的拳舞班、育儿群、厨艺班、图书交流会等都是居民群众自发开展的,深受百姓喜爱。

(四) 通过做引领,增强居民奉献力、自治力

居民区党组织和居委会要在搭好平台的前提下,积极做好引导居民群众参与小区管理事务,要把小区中的优秀人才挖掘出来,更好地发挥他们的作用。比如,尚景园有居民自发成立的"自治委员会"与产权方、物业方的有效互动,解决了不少小区管理中存在的问题,同时,"自治委员会"还开展一系列自治活动,让更多的居民走出家门参与小区建设,并通过各项活动提高了居民的素质,小区建设更加文明、和谐。

(五) 寻求专业力量支撑,更好发挥社会组织的纽带作用

在未来的工作中,新江湾城街道还需要更多的专业力量支撑和配合。在群众与居委会的融合度方面,尤其需要加大工作力度。下一步,新江湾城街道也会更好地发挥社会组织在社会治理中的纽带作用,利用社会组织专业化的调处机制、沟通技巧和项目服务使得居民更好地与居民区党组织和居委会建立良好的关系,从而达到资源共享、优势互补的社会治理作用。

案例评析

　　本部分的六个案例分别从协作文化、创新文化、家园文化、品牌文化、礼治文化、自治文化的角度探索了杨浦在睦邻文化上的实践。这些实践大到社会力量的协同合作、小到楼组之间的互帮互助，均体现了杨浦区在睦邻文化的引导下，各个层面的文化落地开花。在城市的建设中，应始终探索人民的需求，了解人民的痛点，关注人民的感受，从而确定治理的方向，树立治理的重点，检验治理的成效。超大城市有其特殊性，因而更是需要政府心怀敬畏之心，努力走出一条符合超大城市特点和规律的治理道路，通过科学化和精细化的手段，坚持以人民为中心，不断改善民生、增进人民福祉，让市民的生活也更美好。六个案例从政府主导和带动，到基本由居民自治和共建，体现了睦邻文化从自上而下的推动，发展出自下而上的路径，体现了杨浦区在睦邻文化建设上的成果，展示了杨浦在为人民服务上的决心。

　　案例《协作文化："三区联动"引领杨浦创新驱动发展》，描绘出杨浦区如何从一个具有深厚历史文化底蕴的近代工业发源地之一，发展出以创新驱动的新实践。改革开放以来，杨浦区的传统工业逐渐失去优势地位，大批工厂的关停并转使得区域内的失业人口大幅增多，区域发展陷入困境。然而从21世纪初开始，杨浦区抓住了建设知识创新区、首批国家创新型试点城区、上海科创中心重要承载区的契机，创造性地提出了大学校区、科技园区、公共社区"三区融合、联动发展"的理念，至今已建成20家科技园区，集聚了科技型中小企业7 800余家。其中，大学校区负责科研创新和人才培养，是区域创新发展的原动力；科技园区承担科技孵化、技术创新的职能，是产学研结合以及大学师生、科研人员创新创业的重要场所；公共社区则是为大学校区和科技园区提供公共服务，创造宜居的城市环境。在科学的发展规划的指导下、良好的生态系统的促进下、完善的政策保障下，创新驱动发展战略为杨浦区带来了全新的可能性，在取得了众多荣誉的同时，更是被许多具有类似情况的片区所借鉴。从狭义上讲，睦邻文化是指在政府的领导下，邻里之间互相帮扶以及街道（镇）和委办局为居民所提供的暖心服务。从广义上说，睦邻文化更是意味着不同职能之间、不同部门之间乃至不同社会力量之间相互协调、共同发展的协作文化。"三区联动"推动了杨浦区不同机构与政府部门之间的睦邻关系的发展，这种多方协调包容的精神，也会在城市当中不断传承和发展下去。

案例《创新文化："人文行走"传承杨浦"三个百年"文明》，体现了杨浦区学习办如何整合工业遗存、高校场馆、优秀的市政建筑，设计"人文行走"的路线，从而为市民提供丰富的教育资源，促进市民终身学习。"人文行走"是2017年由上海市教委终身教育处于推出的自主创新型学习项目，倡导的是除了课堂、网络、团队、体验四种学习方式之外的第五种学习方式——在行走中学习。杨浦作为全国社区教育示范区，有着完善的社区教育体系，市民参与终身学习的意愿相对强烈，有扎实的群众基础；同时，杨浦拥有百年工业、百年大学、百年市政的"三个百年"文明，有丰富的教育资源。因此，杨浦区在2017年被上海市教委选定为开展"人文行走"的试行区。学习办围绕"赏""学""探""悟"四个方面，邀请市民欣赏杨浦美景、学习背景知识、探索发现答案、感悟"人文行走"。同时，学习办建立由指导员、管理员和讲解员组成的"三员队伍"，保证活动有序开展，借助街道社区内的各类平台鼓励市民参与活动，加强对于"人文行走"学习性质的强调。目前，"人文行走"主要的活动对象是社区居民和中小学生，对社区精神文化建设起到了推动作用。建筑是可以阅读的，"人文行走"利用了杨浦区"三个百年"文明的深厚积淀，依托"三区联动"的发展优势，整合了大量工业遗存、历史建筑、场馆设施等社会资源，为社区教育所用，丰富了杨浦社区教育资源供给，满足了杨浦市民对于优质终身教育的需求。如果说协作文化的案例体现了杨浦区不同机构与政府部门之间的睦邻关系，那么创新文化的案例则是学习办创新地盘活政社、政企等各类资源，探索共建共享模式，整合利用杨浦区已有的教育资源，为市民提供终身学习的平台。

案例《家园文化：睦邻家园建设提升杨浦温度》，体现了睦邻家园如何破解社会参与度低、多元治理格局难以形成的问题，将中国传统睦邻文化与现代社会治理理念相融合，构建睦邻文化体系。杨浦区文化局围绕市委关于创新社会治理加强基层建设"1+6"文件精神，推进睦邻家园建设，自治共治德治法治并举，不断完善公共文化服务能级，从阵地建设、文化配送、基层群文团队培育、创新工作机制等方面入手，建设"敦亲睦邻、守望相助"的和谐关系。文化资源配送项目承接主体由单一的街道社区文化活动中心进一步延伸至睦邻中心、居委活动室，文化资源配送模式也以居民的需求为中心，文化资源配送内容包括了文艺演出、特色活动、展览展示、文化讲座、文艺辅导等市民喜闻乐见的文艺活动。睦邻家园作为努力探索睦邻文化传播新模式，是杨浦区向上海乃至全国展示的重要标志和品牌。在睦邻文化的指导下，杨浦区营造了"睦邻亲善、里仁为美、谦恭礼让"的家园文化，打造了睦邻家园文化新形态，建立了平等互助、团结友爱、热心公益、奉献社会的新型邻里关系和社会氛围。

案例《品牌文化："多代屋"概念打造控江社区教育新内涵》，体现了杨浦区控江路街道建设以家庭代际服务为内涵，通过密切不同代际的关系，实现社区的自治和共建，促进居民的终身学习。控江路街道的社情民生概括起来具有"一高三多"的特点：人口密度高，老年人口多、低收入人口多、老房子多。同时，辖区内具有教育资源丰富的优势。控江路街道围绕杨浦的"三区联动"理念，以控江的多代家庭服务为抓手，挖掘辖区教育资源，引入市区专业文化资源，同时与专业社会组织携手，以区域共治与自治实现社区共建和共享，将社区教育融入社区管理和治理。团队联盟发挥所长服务社区，体现了"老有所学、老有所乐、老有所为"。控江路街道还与上海歌舞团结对共建，提升社区教育课程吸引力；与上海电视台结对共建，丰富社区教育平台活动载体；与市区专家智囊团合作，引领社区教育良性发展；与高校联动发展，构建社区教育活动平台实现双赢。多代屋的概念原本来自上海世博会德国馆，德国推行的"多代屋"项目力图应对老龄化、少子化等社会问题，旨在让不同代际的人们在一起互动交流，发挥自身的长处和优势。多代屋由政府提供经费资助，其日常管理由社区负责，为居民提供无偿服务。控江路街道的多代屋借鉴了外国的经验，打造出属于杨浦自己的品牌文化，实践了睦邻文化"多代融合、互帮互助、共同发展"的理念，在融入上海特色的同时，结合控江自身的特点，让不同代际的人群在一起互动交流，形成多代和谐共处的氛围。

案例《礼治文化：礼治社区实践推动殷行睦邻家园建设》，体现了殷行街道面对邻里之间交流较少、问题增多的社会趋势，由政府牵头，在礼治文化的引导下，通过先进个人的带动和支撑，带动整个楼栋居民参与自治共治。为了创新社会治理加强基层建设，杨浦区社建办、殷行街道会同复旦大学当代中国研究中心发挥"礼治"传统文化的精髓，共同探索礼治社区建设，按照"以点带片—片区引领—全面铺开"的"三步走计划"，形成了"礼治楼组—礼治小区—礼治片区"的礼治社区建设形态，通过制定"一居一礼"的方案，带动礼治精神、礼治平台、礼治规约和礼治景观四要素的落地实施。遵循礼治文化的观念，殷行街道结合住宅小区综合治理工作，在硬件设施上下功夫，通过"拆、改、建"的手段给小区"变魔术"；注重协商，让礼治平台各显神通；培养能力，提高社区能人创新意识。通过礼治社区的实践试验，殷行街道转换思路，从通过行政手段让居民去做，过渡到让居民自己想做，实现更可持续的社会治理，从而切实促进了睦邻关系的发展，解决邻里之间的问题，也为政府的后续工作和其他服务打下了良性基础。礼治文化不仅促进现代城市社区与传统文化有效对接，探索社会治理与传统儒家思想的结合点，还通过文化建设打造睦邻关系，探索有中国特色的社会治理新模式。

案例《自治文化：新江湾城居民自治委员会打造和谐社区》，展现了为了解决公租房小区居民地域差异大、流动性强，普遍缺乏归属感的问题，新江湾城街道尚景园小区成立了由居民中的热心社区公益的积极分子和志愿者自发组成的"四海一家"居民自治委员会，了解居民需求，依托社会组织在居民之间沟通交流，从而形成完善的居民自治机制。尚景园小区建于2012年5月，是上海市首批公租房小区之一，共有住宅2 201套、居民4 000余人。小区居民呈现以下四个特点：来自五湖四海，"新上海人"居多，流动性大，年轻白领居多。小区多样化的居民构成给居民区管理带来了难题：较大的地域差异和较强的流动性使得小区居民更需要归属感。同时，尚景园小区产权属于上海公积金中心，小区没有业委会，居民缺少参与小区物业管理的平台与途径。居民之间接触少、邻里之间联系少，居委工作推进起来应者寥寥。针对尚景园小区治理中存在的难题，小区于2014年成立了由居民中热心社区公益的积极分子和志愿者组成的"四海一家"居民自治委员会，并明确了"海派文化聚人心，四海一家创和谐"的工作目标。通过一系列的活动，居民自治运行机制逐渐成熟："四海一家"居民议事厅，多元治理解民忧；"四海一家"尚景论坛，凝聚居民齐奉献；"四海一家"迎新会，新老住户一家亲；"四海一家"智联地图，乡愁融入家园情；引入专业社工项目，协助自治组织发展。自治文化在新江湾城多个小区都有所体现，这些小区的建设都是通过居民自治，充分调动居民的积极性和主动性，使得居民能够把小区当作自己的家来爱护和经营，从而让整个社区更加和谐。

以上六个案例并非杨浦区睦邻文化的全部实践，而只是一个开始。睦邻文化的概念，已经在杨浦多点开花、全面落地。例如，"四平元宵行街会"，是清末民初苏北移民的元宵节习俗与杨浦当地元宵风俗融合在一起形成的具有城市文化特色的元宵行街会，这一活动形式在四平社区的控江地区保留下来。从2005年起，这一民俗活动更是从民间自发举办进而获得政府支持，形成了元宵民俗活动文化品牌。经过多年实践，该活动已经成为社区民俗文化团队和非物质文化遗产项目展示的大舞台。每年组织的花车巡游、踩高跷、舞龙狮等特色行街以及巧妙有趣的灯谜、传统趣味的弄堂九子游戏，还有包汤团、滑稽戏演出、江南丝竹等传统节目，展示了一幅立体的闹元宵民俗文化画卷。随着活动的不断开展，参与对象也从最初的社区居民，逐步发展到辖区大中小学、辖区企事业单位职工和其他人群。参加非遗行街展演和非遗大街展示的项目也逐步从本区项目扩大到全市各区非遗项目。元宵行街会作为地方文化和传统文化的代表，不仅丰富了居民的节庆文化生活，保护和传承了传统文化，更提高了大众对于传统文化的理解。

城市是人民的城市。在睦邻文化的引导下，杨浦区不仅提高了城市管理的水平，更在市民的参与和共治下，满足了人民日益增长的文化需求，提升了人民的满意度和获得感。睦邻文化不仅将传统文化与城市文化相结合，更是将城市发展与人民需求相结合，为市民提供了宜居的生活环境。未来，杨浦区还将有更多以睦邻为核心的实践，给杨浦区居民带来更为丰富的文娱体验、更为温暖的邻里关系、更为有效的政府服务，打造杨浦区睦邻文化的多重内涵。